本书出版的资金来源于四川文理学院对2022年度四川省省级知识产权专项资金项目——《知识产权纠纷多元化解机制和能力建设》提供的配套经费

九州文库

知识产权纠纷多元化解机制研究

杨　宏　主编

九州出版社
JIUZHOUPRESS

图书在版编目（CIP）数据

知识产权纠纷多元化解机制研究／杨宏主编．－－北
京：九州出版社，2024.3
ISBN 978－7－5225－2759－8

Ⅰ.①知… Ⅱ.①杨… Ⅲ.①知识产权—民事纠纷—
研究—中国 Ⅳ.①D923.405

中国国家版本馆 CIP 数据核字（2024）第 065451 号

知识产权纠纷多元化解机制研究

作　者	杨　宏　主编	
责任编辑	姬登杰	
出版发行	九州出版社	
地　址	北京市西城区阜外大街甲 35 号（100037）	
发行电话	（010）68992190/3/5/6	
网　址	www.jiuzhoupress.com	
印　刷	唐山才智印刷有限公司	
开　本	710 毫米×1000 毫米　16 开	
印　张	16	
字　数	206 千字	
版　次	2024 年 3 月第 1 版	
印　次	2024 年 3 月第 1 次印刷	
书　号	ISBN 978－7－5225－2759－8	
定　价	95.00 元	

序　言

2021 年 10 月，国务院印发《"十四五"国家知识产权保护和运用规划》，明确提出要加强知识产权协同保护，完善知识产权纠纷多元化解机制。为此，四川文理学院政法学院、知识产权学院和四川省知识产权培训（四川文理学院）基地举办了"知识产权纠纷多元化解机制和能力建设论坛"，受到众多学者及高校学生支持。会务组对收到的学术论文，经过精心组织遴选，将获奖论文及部分参赛论文汇编成集，嘱为作序。

知识产权纠纷多元化解机制是现有多元化纠纷解决机制在知识产权领域的实践，其基本制度原型来源于美国的"Alternation Dispute Reso-lution"，即替代性纠纷解决制度（ADR）。相较而言，中国语境下的多元化纠纷解决机制更突出社会治理，党的十八届四中全会和党的十九大提出要完善多元化纠纷解决机制，深化司法体制综合配套改革，实现共建共治共享的社会治理格局。由此可见，多元化纠纷解决机制建设已经成为国家现代化治理体系建设的重要内容和重要任务。

当前，各地区纷纷开展试点探索知识产权纠纷多元化解机制，形成了一些运行效果良好的典范，如"义乌模式"和"宁波模式"等。总体而言，这些探索都注重知识产权纠纷化解的协作共治和调解体系建设。作为一种尚未普遍建立的多元化纠纷解决机制，其建立和运行存在的问题仍显而易见。

本论文集收集的学术论文，呈现出以下特点。一是选题广泛，理论性较强。本书汇编的论文涵盖了知识产权纠纷多元化解机制、知识产权保护体系、数字经济与知识产权保护机制创新、滥用知识产权行为的法律规制等多方面的内容。二是紧跟热点，突出现实需要。本书积极响应国家知识产权强市建设的号召，从多个角度探讨了知识产权强市建设的路径和方式。三是强调数字技术在纠纷化解中的应用。本书紧跟数字经济时代的新变化，突出了数字技术在知识产权保护和纠纷化解中的重要地位。

本论文集的出版，旨在推动知识产权纠纷多元化解机制的研究和交流。在国家知识产权强市建设试点城市建设过程中，如何构建知识产权纠纷多元化解机制，如何实现多元纠纷化解机制的落地运行，还需探索一条符合地区实际的路径。

四川文理学院政法学院、知识产权学院作为川东区域唯一的省属普通本科院校中的法学类人才培养单位，自2005年起便开设了法律事务专科专业，为地方经济社会发展输送了大量法律实务人才。近年来，学院先后与达州市中院、达州市检察院、达州市公安局等政法系统开展合作，服务地方法治事业。2021年5月，挂牌成立四川省知识产权培训（四川文理学院）基地，在四川省知识产权服务促进中心指导下开展知识产权培训及相关工作，是川东北区域首个集知识产权教学、科研、实践三位一体的机构，立足于服务地方经济社会发展。2022年10月，达州市有幸获批成为首批国家知识产权强市建设试点城市，我们相信，四川文理学院将为达州创建国家知识产权强市建设试点城市增添"无限风光"。

衷心祝愿我国早日完成知识产权法治保障体系建设的宏伟蓝图！

是为序！

西北政法大学教授、《法律科学》副主编

孙尚鸿

2023 年 8 月 16 日

目 录
CONTENTS

1

重大专利侵权行政裁决制度的困境与出路

——兼评首个国家知识产权局重大专利侵权案件裁决

牛俪静*

一、问题的提出

重大专利侵权行政裁决是中国特色专利"双轨制"保护中行政保护的重要部分，而"双轨制"模式从设立之初到现在一直争议不断①。专利侵权行政裁决制度专指行政管理机关如国家知识产权局对专利侵权纠纷进行处理，本质上属于行政机关作出的行政行为，同行政调解性质一致，属于专利权的行政执法行为②。如纠纷当事人对行政机关裁决结果存有异议，则可以向相应法院已作出行政裁决的行政机关为被告提起行政诉讼。专利行政裁决作为一种行政机关解决民间知识产权纠纷的手段，被认为具有效率高、专业性强、成本低、与司法保护形成互补关系等优势。由于实践中行政裁决存在"九龙治水"、标准不一的问题，在

---

* 作者简介：朱俪静，上海交通大学凯原法学院硕士生、《交大法学》助理编辑。

① 毛昊，陈大鹏，尹志锋.中国专利保护"双轨制"路径完善的理论分析与实证检验 [J].中国软科学，2019（9）：2-5；刘银良.论专利侵权纠纷行政处理的弊端：历史的选择与再选择 [J].知识产权，2016（3）：33-34.

② 李永明，郑淑云，洪俊杰.论知识产权行政执法的限制——以知识产权最新修法为背景 [J].浙江大学学报（人文社会科学版），2013（5）：161.

立法中已有行政裁决规定被纷纷废止，"法律称谓不统一，种类性质不明确"① 成为行政裁决被诟病的缺陷。部分学者认为知识产权仅靠民事诉讼保护就够了②，专利侵权的行政处理在当今时代并没有足够的必要性与合理性③。但是，行政裁决在处理专利侵权案件中具有得天独厚的优势。本文从《重大专利侵权纠纷行政裁决办法》入手，具体分析我国行政裁决的优势与不足。结合首批国家知识产权局重大专利侵权案件裁决，剖析行政裁决之中可能存在的问题，并最终提出对解决现存困境可能有效的路径设计。

二、重大专利侵权纠纷行政裁决制度分析

2021 年 5 月 26 日，中国国家知识产权局以第 426 号公告发布了《重大专利侵权纠纷行政裁决办法》（以下简称《办法》），并同时在 5 月 28 日宣布自 2021 年 6 月 1 日起即 2020 年新专利法实施之日，正式按照《办法》受理重大专利侵权行政裁决案件。这标志着中国重大专利侵权在向法院提起民事诉讼与请求第三方知识产权局处理两种方法之外，第三种纠纷解决方式的确立，即请求国家知识产权局对该侵权纠纷进行行政裁决。在本次出台的《办法》中，明确了重大专利侵权行政裁决的正当性，同时也进一步优化了专利侵权行政裁决制度构架，明确了重大专利侵权纠纷的范围，确立了国家知识产权局作为此类案件的受理部门，并规定了包括证据调查、技术鉴定以及技术调查官在内的相关制度，为行政机关落实重大专利侵权纠纷的行政裁决铺平了道路。

---

① 王文惠. 行政裁决法律制度主要问题探究 [J]. 法学杂志，2010（2）：35-38.
② 孔祥俊. 全球化、创新驱动发展与知识产权法治的升级 [J]. 法律适用，2014（1）：34-43.
③ 刘银良. 论专利侵权纠纷行政处理的弊端：历史的选择与再选择 [J]. 知识产权，2016（3）：33-44.

（一）明确重大专利侵权案件国家知识产权局主管以及"重大"标准

如前文所述，我国专利保护一直处于"双轨制"运作状态，司法保护与行政保护各司其职协调运作。专利行政保护的执法具有程序简便、高效、成本低的优势。但是相较于民事侵权程序，专利行政执法机制并没有在重大专利侵权案件中得以普及。专利侵权行政裁决的主管部门系地方各级专利局，但是囿于参差不齐的专利纠纷处理能力，属于中西部等经济欠发达地区的地方专利局技术专业性不足，特别是在重大复杂的专利侵权处理上欠缺具有专门技术经验的行政执法人员，对较为复杂专业的技术要求与技术方案理解不够充分到位，进而导致作出相应的侵权判断并不正确；加之重大专利侵权纠纷涉及标的额往往较大，较低层级的行政处理可能并不足以使得当事人信服。国家知识产权局对该类重大专利侵权案件进行主管，能够较好避免地方行政机关因为能力欠缺而导致行政裁决在重大专利侵权案件中失灵的难题。虽然首次规定国家知识产权局对于上述案件裁量权的文件系《专利行政执法办法》，但该文件并未配套相应的实施细则，也无法在实践中具体应用，鲜少有具体的适用案例。

《办法》对国家知识产权局主管的"重大专利侵权"案件进行了明确规定，分别规定在第二条、第三条。其中第三条对《专利法》第七十条"国务院专利行政部门可以应权利人或者利害关系人的请求处理在全国有重大影响的专利侵权纠纷"中的"全国具有重大影响的专利侵权纠纷"进行定义，具体分为四种情形：（一）涉及重大公共利益的；（二）严重影响行业发展的；（三）跨省级行政区的；（四）其他可能造成重大影响的专利侵权纠纷。同时根据第五条，在请求国家知识产权局对重大专利侵权纠纷进行行政裁决时，除了应当依据《专利行政执法办法》的有关规定提交请求书及有关证据材料之外，同时还应当提交"被请求人所在地或者侵权行为地省、自治区、直辖市管理专利工作的部门出具的符合本办法第三条所述情形"的证明材料。对于没有提供证明或经审查不属于上述四种情形的案件，国家知识产权局不予立案，并且告知请求人可以向有管辖权的地方管理专利工作的部门请求处理。

同时，《办法》规定了案件的受理与裁决人员构成。重大专利侵权纠纷应当由国家知识产权局统一受理并且由其组成合议庭。相比于"国家知识产权局必要时受理"，《办法》将重大专利侵权纠纷中选择裁决机构的权利交予权利人与利害关系人。当事人申请国家知识产权局受理专利侵权纠纷案件时，不需要考虑是否"必要"以及可能的管辖权冲突问题，只要所涉纠纷属于《办法》第三条规定的四种情况之一，国家知识产权局就应当受理。同时，在《办法》的征求意见稿中存在"可以委托地方知识产权局办理""办案人员从地方管理专利工作的部门中遴选"等表述，在正式文件中删掉了这一表述，明确了国家知识产权局为唯一的重大专利侵权受理与裁决机构。值得一提的是，正式稿中删掉相应表述并不意味着国家知识产权局在处理案件时不能委托地方知识产权局进行调查取证或者要求其从事辅助工作，而是要求在委托下处理应由国家知识产权局负责并对案件进行最终处理。

上述的统一管辖不仅能更好发挥行政裁决处理专利侵权案件的专业性与高效性，同时也有利于解决涉及复杂的专利技术性问题，提高裁决的一致性。如前所述，行政裁决在重大专利侵权案件中难以大展拳脚的主要原因在于地方专利主管部门的专业能力有限，其能够胜任的专利侵权纠纷多以实用新型为主，缺乏解决复杂技术类专业的能力。将此类案件上升至国家知识产权局不仅仅有利于实质纠纷的解决，还能够进一步促进"同样案件同样处理，相似案件相似处理"。

（二）发挥行政裁决处理重大侵权案件中的"高效"与"低成本"

《办法》明确了重大专利侵权案件处理的时限以及调查手段、程序协同问题，凸显行政手段解决侵权纠纷的"高效"与"低成本"特征。

在案件处理时限方面，根据《办法》第二十三条，管理专利工作的部门应当自立案之日起 3 个月内结案。案件特别复杂需要延长期限的，由专利行政部门负责人批准可最多延长不超过 1 个月。仅在案情特别复杂或其他特殊情况下，可以超出上述时限。也就是说，就大部分案件而言，可以期待在 3—4 个月内做出可执行的生效裁决。即使考虑相关案件可能由于专利无效程序被中止，也可期待根据《办法》的专利侵权行政执法程序在 9—12 个月内作出可执行的生效裁决。与之相对比，如当事人直接提起民事侵权诉讼，两审程序通常需要 18—24 个月。《办法》规定了重大专利侵权行政裁决的裁决时限，能够较好控制纠纷在行政程序中行进的时间，从而充分发挥行政保护在处理专利侵权案件中的"高效"优势。

在费用方面，专利侵权行政纠纷不收取诉讼费用，在案件标的额较大时能够节约较为高昂的诉讼费用。同时，取证和执法程序均不收取相应费用，进一步降低了权利人及利害关系人维护自身合法权益的成本，督促当事人在专利权受到侵害时采用法律的手段惩治侵权违法行为。当然，行政裁决的高效率，短时限特征也能够帮助当事人节约例如诉讼费、误工成本以及参与到庭审过程中的食宿等费用，充分发挥行政裁决的"低成本"优势。

在调查手段以及司法协同上，《办法》规定了行政机关即国家知识产权局在取证上的手段权限以及与侵权程序、行政诉讼程序等后续司法程序的衔接与协同。《办法》第十二条和第十三条规定了相关行政执法程序中办案人员调查、检查以查明案件事实的权力以及具体职权范围，包括现场勘验、调查侵权行为和侵权产品以及询问当事人等。对比侵权民事诉讼，法院只有在涉及特定领域时才能主动进行调查取证，包括但不限于国家社会他人利益、程序性事实以及身份关系等。但知识产权行政管理部门在行政执法中不仅仅包括作出行政裁决，还包括查处知识产权违法行为①。因此在处理专利侵权纠纷时能够更为主动，采用的手段更为多样。同时兼具行政执法功能的部门在裁决前的调查环节中更具执法与证据收集的经验，对侵权产品查处的力度更大，效率更高。在司法协同上，《办法》首次规定了行政裁决的申请强制执行权力，对行政裁决执行的主体与申请程序进行了较为明确的规定。根据《办法》第二十三条，在国家知识产权局认定专利侵权行为成立的，被请求人应立即停止侵权，其不停止侵权的，国家知识产权局可以向人民法院申请强制执行。同时，《办法》严守专利法行政裁决的相关规则，行政机关在执法过程中仅能够责令停止侵权，而不能裁决权利人的侵权损害赔偿请求。如当事人之间存在尚未解决的损害赔偿争议，则可以提起民事诉讼，行政裁决所认定的侵权结论可以作为证据对案件事实进行证明。

（三）重大专利侵权行政裁决书公开制度对标司法判决书公开

裁判文书公开能够维护司法公正与透明，促使"同案同判"与"类案类判"。《办法》中规定了重大专利侵权行政裁决的公开模式与公开依据，为行政裁决透明以及公开公平提供了执行准则。根据《办法》第二十三条，行政裁决作出后，应当按照《政府信息公开条例》及有关规定向社会公开。行政裁决公开时，应当删除涉及商业秘密的信息。《中华人民共和国政府信息公开条例》（国务院令第711号）（以下简称《公开条例》），第五条规定"行政机关公开政府信息，应当坚持以公

---

① 李芬莲. 中国知识产权行政执法的困境及出路 [J]. 广东社会科学，2014（3）：232-239.

开为常态、不公开为例外，遵循公正、公平、合法、便民的原则"，第十三条规定"除本条例第十四条、第十五条、第十六条规定的政府信息外，政府信息应当公开"。因此，无论是认定侵权还是不侵权的专利侵权纠纷行政裁决案件，如果不属于《公开条例》中涉及的内部信息、过程性信息以及涉及国家秘密的信息，应当进行政府信息公开。

综上所述，《办法》为行政机关落实重大专利侵权纠纷的行政裁决提供了切实可行的制度，为权利人提供了更加丰富和便捷的维权途径选择，有望充分解决此前专利行政执法过程中地方各级专利局处理复杂、重大纠纷能力不足，经验缺乏，标准不一的痛点。专利权人可以根据侵权纠纷的情况选择司法程序解决，也可以选择单独适用行政程序，也可以结合行政程序与司法程序，以满足不同的维权需求，更好地维护自己的权利。但是，通过现有公开的行政裁决实践可以看出，现有的重大专利侵权行政裁决体系中尚存一定不足。虽然《办法》为专利权人以及利害关系人提供了第三种纠纷解决方式，也促进了行政裁决与司法程序的衔接，但是在具体的案件处理中，尚存在较为明显的问题。

三、现有重大专利侵权行政裁决实践

2022 年 8 月初，国家知识产权局以政府信息公开的方式公布两件重大专利侵权纠纷行政裁决案件，系《办法》出台后首批由国家知识产权局裁决的专利侵权案件。两个案件的请求人为德国企业勃林格殷格翰制药两合公司，被请求人分别为广东东阳光药业有限公司和宜昌东阳光长江药业股份有限公司（两家为关联公司），均系对药品专利同一侵权行为针对不同被请求人提起的行政裁决案件。

（一）案件基本情况

两个案件均涉及发明名称为"8-〔3-氨基-哌啶-1-基〕-黄嘌呤

化合物，其制备方法及作为药物制剂的用途"的发明专利（专利号：ZL201510299950.3，以下称"涉案专利"）。请求人为德国企业勃林格殷格翰制药两合公司，即涉案专利的专利权人。被请求人分别为广东东阳光药业有限公司（以下称"广东东阳光公司"）和宜昌东阳光长江药业股份有限公司（以下称"宜昌东阳光公司"）。

请求人称广东东阳光公司（被申请人）于2020年7月8日获得了国家药品监督管理局针对仿制药利格列汀片上市许可。2021年2月起，广东东阳光公司开始在多个省（区、市）的药品采购平台挂网公示并向区域内的医疗机构许诺销售被控侵权产品。两个被请求人系关联公司，二者共同从事仿制药的研发、生产、销售和分销业务。由于药品上市许可持有人转让申报尚未完成，宜昌东阳光公司仍委托广东东阳光公司生产被控侵权产品，并以广东东阳光公司的名义在药品采购平台申请挂网，宜昌东阳光公司是被控侵权产品的实际生产、销售和受益者，属于专利侵权行为。请求人请求责令被请求人立即在全国范围内停止制造、销售、许诺销售侵犯涉案专利权的产品，同时责令被请求人从已申请挂网的药品采购平台立即撤回其被控侵权产品的挂网申请。

被请求人辩称：涉案专利为ZL03819760.X号专利的分案申请，请求人已基于ZL03819760.X号专利向上海知识产权法院起诉。请求对重大专利侵权纠纷行政裁决所应具备的条件包括"当事人任何一方均未向人民法院起诉"，故本行政裁决请求不满足重大专利侵权纠纷行政裁决的受理条件。广东东阳光公司在各地药品采购平台挂网被控侵权产品的行为属于专利法规定的侵权例外行为，不构成许诺销售。

国家知识产权局于2021年11月5日受理上述请求，并组成五人合议组对两个案件进行审理，并最终认定被请求人存在制造、销售、许诺销售被控侵权产品的行为，侵害了请求人在专利有效期内对涉案专利的合法独占权益。因上述两个案件被申请人公司系关联公司且案情基本一致、争点问题相同而合并审理。从最终公布的判决书来看，两个案件基本相同，故本文并不对两个案件单独予以区分，而是将其合并进行分析。

（二）争点问题的解决

合议组经过审理认为，本案的争议焦点在于请求人提出的行政裁决请求是否属于重大专利侵权纠纷行政裁决的受理范围；案件是否基于案涉专利无效申请而中止处理；被控侵权产品是否落入案涉专利的保护范围以及被请求人是否实际实施了侵权行为。由于本文主要讨论重大专利侵权行政裁决在实践中尚存的问题，因此聚焦于前两个程序性争议焦点进行分析。对于是否构成侵权以及侵权行为的专利实体问题认定不做过多评述。

1. 请求人提出的行政裁决请求是否符合重大专利纠纷行政裁决的受理条件

在案件是否属于"重大专利侵权"案件方面，根据《办法》第三条，本案属于"跨省级行政区划的重大案件"。请求人指控侵权产品已经在上海、广东、江西等地进行销售，在上海等24个省（区、市）已经被公告、公布、执行或者公示挂网，属于跨省级区划的重大案件。

在涉及重复诉讼的方面，合议组认为本案的子案与母案并不构成可能冲突的行政裁决与民事诉讼。为防止行政裁决与司法程序发生冲突，《专利行政执法办法》明确规定当事人申请管理专利的工作部门处理专利侵权纠纷时，不能够同时就该专利侵权纠纷向人民法院提起诉讼。《办法》中也明确规定，对重大专利侵权申请行政裁决时，人民法院应当未就该专利侵权纠纷立案。本案中，请求人已经向上海知识产权法院起诉被请求人侵害发明专利权纠纷，该案件涉及 ZL03819760. X 专利，系母案与分案之间的关系。因原专利不符合单一性的要求时，权利人在申请期内将原专利提出分案申请，所分案的专利即为母案与子案。本案中，针对子案已经提起的诉讼不影响母案申请行政裁决。母案与子案的保护范围以及技术要求并不一致，因此子案是否侵犯专利权不影响对母案是否侵权的判断，不会形成实质性冲突的判决，不属于《办法》第四条排除行政机关主管的"人民法院未就该专利侵权纠纷立案"。

2. 关于本案是否需要中止审理

本案中申请人于 2021 年 12 月 10 日因被请求人提出专利无效请求案而中止审理，次年该专利无效请求案被请求人撤回而结案，本案于2022 年 5 月 16 日恢复处理。2022 年 5 月 18 日被请求人再次提出因专利另一无效宣告请求案请求中止本案审理。合议组认为，案涉专利取得时间系 2017 年 11 月 7 日，根据《最高人民法院关于审理专利纠纷案件适用法律问题的若干规定》第十一条，人民法院受理的侵犯发明专利权的纠纷案件，被告在答辩期间内请求宣告该专利权无效的，人民法院可以不中止诉讼。同时，本案中被请求人已经就专利效力提出一次无效宣告请求，且经过无效宣告程序审理后，该发明专利仍处于有效状态。综合考虑专利侵权行政裁决的公平与效率，本案中合议组并未再次中止本案审理。

（三）本案映射《办法》尚未完善的问题

1. 国家知识产权局统一管辖并未起到协调纠纷解决的作用

行政机关对本案进行报道时对外宣传本案用时仅仅 4 个月（去除中止审理的时间）就完成了行政裁决的全过程，意在彰显行政手段处理专利侵权纠纷的高效率，能够最大程度上缩短处于争议与不确定状态的时间，最大程度上保护专利权人的利益。但是，高效率的审查保护背后可能是实质性公平的牺牲。本案中合议组考虑到专利行政裁决的公平与效率，在案涉专利尚处于无效审查阶段时并未中止审理，而是直接作出了确认侵权并责令停止侵权行为的裁决。在 7 月 27 日作出上述裁决之后，国家知识产权局在仅仅 40 天后（9 月 6 日）即完成了最终专利无效决定的结果。按照中止时间不计算在裁决时间内的原则，如国家知识产权局裁决中止审查等待无效宣告的结果，并不会导致案件超过审查期限。同时，40 天的时间对于被申请人的药品"许诺销售"行为来说，不属于制止侵权行为的"紧迫"时间。本案中被申请人仅将药品挂网进行公示，无论如何在 40 天内也无法卖出大量药品对被申请人享有的专利权进行巨大损害。如国家知识产权局合议组在审理过程中知晓大概 40 天的时间就可以完成相应的审查，是否还会作出不予中止的决定？因此，作为同时审理行政裁决与审查专利无效的行政机关，国家知识产权局统一管辖看似并未起到实质上协调纠纷解决的作用，反而是不同部门各自为政、各顾各的，并未实现内部办案机关的协调与配合。

2. 对是否中止专利审理作出的决定不甚合理

对于专利侵权案件而言，专利自身的效力是影响案件审查最重要的事实之一。如果案涉专利被专利主管机构认定为无效，则自然不产生任何涉及侵权的问题。因此，在审理过程中如被申请人已经对专利效力提出质疑并申请国家知识产权局无效认定，无论是行政裁决抑或是司法程序均应当中止等待对专利效力的审查结果。虽然相关司法文件中有规定法院系"可以"中止诉讼而非"应当"中止诉讼，即是否中止本案等待专利效力审查是基于主管机关的自由裁量，但是该自由裁量权行使的合理性也应当成为评价对象。从现行规范出发，先作出行政裁决再完成无效决定并不违反法律，从司法审判的角度来看也有大量实务案件并未实际等待专利无效决定，例如格力与扬子空调案、宁德时代与中创新航案。但本案的独特之处在于，申请人案涉专利并未经过任何一次完整的无效审理，行政裁决机关理论上并不能仅仅从最初的一份授权性文件推知专利的稳定性。且本案申请人勃林格殷格翰公司于中国申请的专利具有多项被宣告无效的记录，如 2022 年年初与本案相同的糖尿病药物欧唐宁（利格列汀）的多晶型专利（ZL2007800016135.5）、SGLT2 抑制剂降糖药"恩格列净"的化合物专利（ZL201310414119.9）、尼达尼布两件专利（ZL20098012106.8 和 ZL201510660732.8）已经被宣告无效。可见，本案被申请人勃林格殷格所拥有的中国专利稳定性并非较高。国家知识产权局在对案涉专利并未进行一次完整无效审理的情况下，以"有罪推定"认为被申请人具有拖延诉讼以及中止可能导致不公平，是否欠缺公正裁决的理念，以"保护专利权人"的利益倾斜性视角处理重大专利侵权案件。

3. 行政裁决法律适用的选择尚欠指引

本案中，国家知识产权局合议组在审理过程中参照适用了《最高人民法院关于审理专利纠纷案件适用法律问题的若干规定》，而并未参照适用本应当适用的《办法》第十八条①。暂且不论《办法》第十八条的规避适用背后是否具有国家知识产权局保护专利权人的主观倾向性，单就法律适用问题来说，在行政相关裁决具有明确法律规定的情况下，参照适用司法文件是否具有其合理性。《办法》系国家知识产权局指定的部门规章，法院在审查行政行为合法性时应当"参照"规章，即适用合法的规章作为审查行政行为合法性的依据。行政机关在作出"类司法"的行政裁决时，是否可以越过能够直接适用的规章，转而参照并不属于行政体系中的最高院规定处理案件。同时，最高院规定的适用是否意味着合议组并未严格遵循法律适用三段论，即先确定大小前提继而推导法律结论，而是先形成法律结论（不中止审理）继而为该法

---

① 第十八条 有下列情形之一的，国家知识产权局可以不中止案件处理：（一）请求人出具的检索报告或专利权评价报告未发现实用新型或者外观设计专利权存在不符合授予专利权条件的缺陷；（二）无效宣告程序已对该实用新型或者外观设计专利作出维持有效决定的；（三）当事人提出的中止理由明显不成立的。

律结论检索法律依据（最高院的规定），该做法一定程度上有悖于案件审查的公平性。同时，《办法》及相关规定并未规定是否可以在行政裁决过程中参照适用司法审查或民事诉讼的相关规定，如果放开行政审查可以适用司法审查相关规范的限制，是否会导致行政裁决向司法审查无限靠近，丧失其作为"双轨制"审查独立纠纷解决机制之一的独特性。同时，如当事人对行政裁决不服，可以提起行政诉讼。如行政裁决与司法审查能够适用相同的法律，是否意味着行政裁决本身是一种突破我国司法两审终审制度的特殊设计，所涉及的规章或规范性文件明显违反法律保留中涉及"司法制度"的规定。因此，我国重大专利行政裁决尚存在法律适用不明确的问题，而该在何种程度上接纳法院规定以及能够适用于司法审查的规范文件，是一个值得具体讨论的命题。

4. 重大专利侵权行政裁决公平性难以保证

在本案的处理过程中，行政机关以行政裁决的方式处理专利侵权纠纷，从以下三个方面体现出了其可能欠缺一定的公正合理。首先，先作出行政裁决后完成专利无效决定，而且行政行为系同一个行政机关作出，那么既作为"运动员"，又作为"裁判员"的国家知识产权局，将会如何面对在后的无效审理，是一个难以厘清的话题。其次，针对法律适用的选择也间接体现了行政机关"先有结论后寻依据"的非公正倾向性。最后，知识产权报在上述案件公布后，发布了一篇《中国首批重大专利侵权纠纷行政裁决受关注》的文章，对此案件的国际影响力进行了报道。此报道中对行政裁决高效性以及低成本的特征进行赞扬，并采访了本案当事人勃林格殷格翰以及国家知识产权局相关负责人，二者无一例外地支持重大专利侵权以行政裁决的模式处理，但是报道中并未对被申请人意见进行采访。同时，报道中的用语表明国家知识产权局并未站在公正的角度裁决案件，"有力震慑侵权违法行为""及时有效维护权利人的利益"等表述展现出重大专利侵权裁决制度的设立，是为了服务专利权人群体，保护专利权人利益。在司法程序中，"以事实为根据，以法律为准绳"是最重要的裁判逻辑起点。但是在行政裁决中，目前倾向于将其设计为一个以"保护专利权人利益"的非公正性程序，这是否意味着相比于选择司法保护，选择行政保护能有更大概率在案件或裁决中获得胜利。行政裁决似乎已经变成了一个打击侵犯专利的手段，但是其本身的性质应当是作为一个中立公正的纠纷解决者。手段所具有的行政性并不能改变其实质处理民事侵权争议的公正性。因此，在本案中行政裁决透露出的非中立倾向是未来制度研究中需要重点关注的对象。

5. 与司法程序以及行政保护程序并未完全衔接

在行政裁决作出后，其非终局性的特征可能导致当事人维权周期的延长①，在可以预见的被申请人将就此提起行政诉讼时，如果不能较好地与司法程序相衔接，将反而导致维权成本过高。行政机关仅能就是否侵犯专利权以及责令停止侵权行为作出裁决，不能够判决当事人之间的侵权损害赔偿纠纷。值得注意的是，2021年10月8日，前述请求人曾对利格列汀的原料药企业专利侵权请求行政保护，并得到了地方专利主管部门的支持②。而在案件中，行政保护与行政裁决之间的关系也并没有进一步明确。因此，在行政裁决、行政诉讼以及民事诉讼同时发生的情况下，现有法律体系并未明确规定案件之间可能发生的案件冲突该如何处理，亦未明确行政机关在行政裁决案件中作出的裁决该以何种程度被法院所接受。在民事诉讼中，已经生效的行政裁决书系作为证据使用抑或是作为免证事实采纳，法院是否需要对侵权行为本身进行审查，如进行实质审查是否可以作出与行政裁决相反的结论，以及是否侵权的审

---

① 邓建志.《TRIPs协定》对知识产权行政保护的规定及启示［J］.知识产权，2013 (1).

② 沪知法裁字〔2021〕0026号行政裁决书。

查与侵权数额的审查是否可分，单独审查侵权数额是否具有现实可行性。我国行政裁决系独立于司法审查的专利侵权纠纷解决机制，在认可行政非终局性的前提下，如果没有完善程序之间的运行衔接机制，将极大可能导致现实应用中行政裁决制度的无所适从。程序衔接问题不仅仅是《办法》本身的缺漏之处，也是行政裁决未来适用可能存在的最大困境。

四、重大专利侵权首批案件中体现的行政裁决制度困境及回应

从专利法的制度理性来看，专利制度的运行无论是不利于专利权人还是不利于被控侵权人，皆非制度设计者希望看到的理性运行结果。在专利侵权纠纷解决机制的设计过程中，对一方当事人的过分利益倾斜就是对另一方当事人利益的损害，从而可能导致该纠纷解决机制彻底偏离理性轨道，进而导致行政权力侵入民间纠纷解决。因此，我国重大专利侵权行政裁决机制最重要的就是明确行政机关中立公正的角色定位，在确保制度理性的前提下进一步完善与司法程序如行政诉讼与民事侵权诉讼的衔接机制，确保行政裁决制度的有效运行。

（一）确立行政裁决行政机关独立性

行政裁决在性质上体现的是一种司法性，但实行主体又是掌握行政权力的行政机关。在西方发达国家，赋予行政机关准司法权力是必要且可行的。但是，这种必要和可行性是建立在西方国家法治已经得到高度发展的基础上的。反观中国经历了两千多年的封建社会，有着诸权合一、行政兼理司法的传统①，执法者同时也是审判者，这是违背基本法治理念的。但是并不是说将行政裁决权力赋予行政机关是违反宪法的，不可否认知识产权领域行政机关处理侵权纠纷具有天然的专业性，因此

---

① 王小红. 行政裁决制度研究［M］. 北京：知识产权出版社，2011：100.

需要建立更加完善的机制对行政机关进行限制，并完善行政裁决的监督机制。值得一提的是，在行政裁决的宏观优化制度中，有学者认为应当以社会有权机构裁决代替行政裁决①。这种代替或许在其余行政裁决领域可行，但在知识产权领域特别是专利领域，行政机关所具有的审查专业性暂时无法被社会有权机构代替，有权机构裁决目前在我国尚不具有推广的可行性。因此，完善现有行政裁决制度，保证行政机关裁决独立性与中立公正，是比寻求替代性方法更为高效可行的方案。

应当明确区分行政机关在行政执法者与裁判者两身份之间的区别。专利侵权行政裁决是一种区分于行政执法行为的行政司法行为，是裁判权的行使，系具有准司法性质的具体行政行为②，与专利执法行为泾渭分明。专利侵权行政裁决是为了解决当事人之间的民事纠纷，专利执法行为是对专利侵权行为的查处和处罚。《办法》所确立的行政机关询问当事人、对当事人涉嫌专利侵权行为的场所实施现场检查以及检查与涉嫌专利侵权行为有关的产品的执法手段，以及行政机关内部所认定的行政裁决目标，已经明显超出了"居中裁判者"应当具有的职权范围。如果说在现行《专利法》中，专利管理部门的裁决者与执法者角色冲突尚为"隐性"的话，那么在《办法》中，两种角色的冲突就完全演变为显性，并且导致即使在专利侵权纠纷处理中专利"行政"部门的执法者角色亦远超其裁决者角色，从而使专利管理部门演变为严厉的行政执法者和处罚者。同时，行政机关集多种职能于一身，这种情况可能导致的后果就是行政机关在先期调查过程中或者在与当事人一方的单方接触中已经对案件有了一个基本印象和裁判倾向，可能会因此作出不公

---

① 陈锦波. 我国行政裁决制度之批判：兼论以有权社会机构裁决替代行政裁决［J］. 行政法学研究，2015（6）：86-98.

② 骆开元. 论行政裁决的性质［J］. 法学研究，2019（8）：85-86，93；陈朝晖. "终局性"行政裁决的制度设计研究［J］. 法制与社会，2019（9）：27-28；金多才. 我国专利行政执法制度的完善［J］. 河南社会科学，2014，22（3）：49-54，123.

正的裁决。行政裁决机构作为行政机关介入民事纠纷，从中立性层面来说存在先天不足。因此，应当在重大专利侵权纠纷中明确管执分离，行政执法行为与行政司法行为应当分离，明确以不同部门或不同机构分别对专利侵权行政裁决以及专利侵权执法行为负责，在处理专利裁决案件时又相互配合，在保证独立性的情况下最大化行政裁决的高效性。

（二）赋予司法机关对行政裁决监督的审查权与变更权

专利行政裁决诉讼的根本目的是要解决专利民事纠纷当事人之间的侵权纠纷，行政机关进入诉讼程序是因为行政机关已经对该纠纷作出处理，而当事人对行政机关所作出的行政裁决结论不服而提起行政诉讼。根据《行政诉讼法》法院在审查行政机关作出行政行为时应当主要审查其合法性。行政裁决视角下，行政诉讼并不需要审查具体的民事实体问题。同时，行政裁决属于羁束性行政行为还是裁量性行政行为并未有明确的答案①。所以司法机关在审查行政行为时是否能够作出变更判决，目前也没有明确的法律规范。但是在实践中，有可能也有必要将行政裁决纳入法院得以变更行政行为的种类之内。专利侵权纠纷行政裁决引起的争议既有行政争议性质又有民事争议的性质，既有主张采用民诉或行政诉讼单一救济也有主张采用行政附带民事诉讼方式一并解决争议。② 不论采用何种方式解决争议，人民法院既有权对行政主体做出的具体行政行为进行合法性审查，更有权对民事争议作出最终裁判。赋予法院对专利侵权行政裁决的变更权显然具有其合理性。

赋予司法机关对行政裁决的变更权在域外已有先例。英国1971年

---

① 郑春燕. 论行政行为补充说明理由 [J]. 行政法学研究, 2004 (2)：69-75.
② 何海波. 行政行为对民事审判的拘束力 [J]. 中国法学, 2008 (2)：94-112；章剑生. 行政行为对法院的拘束效力——基于民事、行政诉讼的交叉视角 [J]. 行政法论丛, 2011：319-415；马怀德, 张红. 行政争议与民事争议的交织与处理 [J]. 法商研究, 2003 (4)：120-127；成协中. 行政民事交叉争议的处理 [J]. 国家检察官学院学报, 2014 (6)：67.

的《裁判所与调查法》规定了对于工会会员资格等争议，即使属于事实问题，也可以提起司法审查，请求法院直接对裁决作出变更判决①。美国纽约州的《示范州行政程序法》则明确规定，如果因为法定事由而导致行政机关作出的裁决显失公正，那么当事人就可以向州法院请求变更裁决，法院受理后只能直接改判，而不能责令裁决机关重新作出裁决②。在日本，如果该诉讼是由行政机关行使权力违法或者不当而引起的，那么就直接以民事纠纷的对方当事人为被告③，行政机关不列入被告，但行政机关将会受到法院判决的约束④。同时，检察机关也应当享有对司法和执法部门的全程监督权力⑤。

赋予司法机关变更行政裁决的权利能够促使行政机关中立公正地履行职责。行政机关在作出行政裁决时能够预见如不依法办事，将会导致裁决结果被法院变更。如果不秉持中立、公正的视角进行裁决，将会导致自己成为被告并接受司法审查。法院拥有行政裁决变更权的情况下，将促使行政机关在作出行政裁决时更加中立公正。

通过司法机关变更行政裁决同时也可以实现行政裁决的"高效性"，节约司法资源。如果法院对行政裁决没有变更权，那么可能会导致的状况是：撤销、裁决、再撤、再裁，该情况将会造成司法资源和社会成本的浪费，加重政府承担的知识产权执法成本，有动用公共资源为少数人利益之嫌⑥。同时，2000年以来，靠拢《TRIPs协定》等国际条

---

① 张越. 英国行政法 ［M］. 北京：中国政法大学出版社，2004：606-608.
② 鲍叶. 美国行政法和行政程序 ［M］. 长春：吉林大学出版社，1990：76.
③ 史华松. 我国行政裁决诉讼中司法变更权的可行性：基于对英国、美国和日本的比较研究 ［J］. 中共杭州市委党校学报，2009（4）：41-46.
④ 杨建顺. 日本行政法通论 ［M］. 北京：中国法制出版社，1998：59-63.
⑤ 张道许. 知识产权保护中"两法衔接"机制研究 ［J］. 行政法学研究，2012（2）：103-108.
⑥ 李顺德. 对加强著作权行政执法的思考 ［J］. 知识产权，2015（11）：17-24.

约的要求，司法裁判日益成为解决专利侵权纠纷的主要模式①，故将审查改变权赋予法院符合专利侵权纠纷解决机制的发展。

因此，赋予法院对专利行政裁决的变更权，不仅在理论上可以成立，而且具有积极的现实意义，发挥行政裁决效率性优势、避免案件反反复复在行政机关和司法机关之间悬而未决，同时也可以最大程度上保证行政裁决的中立与公正。

（三）完善重大专利侵权行政裁决与司法程序的衔接

行政程序是行政法的一种形态，与行政实体法具有紧密的联系，但与行政执法尚存一定差异②。行政裁决作为法律赋予专利管理机关的行政职权，只有在保证程序公正和实体公正的前提下，才能充分发挥其制度功能。从制度设计层面来看，专利侵权行政裁决与民事诉讼程序存在混同交叉，因专利裁决而提起的行政诉讼与后续民事程序的关系亦未得到明确，行政确权与司法审查之间缺乏衔接，行政执法与刑事司法的衔接也不够顺畅③。因行政裁决的相关规范已经明确，如法院已经受理相关专利侵权纠纷，则行政机关不得受理行政裁决案件，同时行政机关并不对当事人之间的损害赔偿纠纷进行裁决，故实践中可能出现的情形是在行政裁决未作出时提起民事侵权诉讼、当事人在行政裁决生效后提起民事侵权诉讼（非赔偿）、在就行政裁决提起行政诉讼时同时提起民事侵权诉讼（非赔偿）。

首先，无论当事人处于行政裁决的何种阶段，均可以向法院提起民事侵权赔偿之诉，请求侵权人就侵权行为造成的损失或实际获利予以赔偿。法院均应当受理上述案件，并在受理后裁定中止审理等待行政裁决

---

① 贺志军. 知识产权侵权行政裁决制度检视及完善 [J]. 知识产权，2019（12）：64.

② 关保英. 大行政执法的概念及精神解读 [J]. 江西社会科学，2020（9）：149–161.

③ 姜芳蕊. 知识产权行政保护与司法保护的冲突与协调 [J]. 知识产权，2014（2）：76–81.

所认定的是否侵权结果，属于"本案必须以另一案件的审理结果为依据而另一案尚未审结的，应当中止审理"。

其次，当事人在行政裁决未作出时提起民事侵权诉讼或者含有确认侵权请求的民事诉讼①，法院不应当受理。考察现有文件规范，并未有明确规定行政裁决尚未作出时，当事人向法院起诉应当如何处理。参考《办法》中对行政机关受理行政裁决的前提是法院未对专利侵权纠纷受理，主要依据是民事诉讼优先，行政诉讼谦抑的特征。但是如行政裁决已经开始进入实质审理程序，法院亦应当尊重行政机关已经进行的程序，应裁定不予受理。

再次，如当事人在行政裁决已经生效后认为其有错误，向法院提起民事诉讼，法院应当不予受理。在行政裁决已经生效的情况下，如认可法院能够改变行政机关作出的决定，显然将实质性架空行政裁决在解决专利侵权纠纷上的作用。如任何一个行政裁决都可以被民事裁判推翻，行政裁决将丧失其权威性，也丧失了专利性领域建立行政裁决制度的必要性。值得一提的是，生效行政裁决如具有错误，当事人错过行政诉讼起诉期就不再具有司法层面的审查救济途径，只能通过行政机关内部纠错程序进行，这与具体行政行为的审查体系具有一致性。这一判断并非对当事人权利的限缩，而是法律不应当保护躺在权利上睡觉的人。如认为已经作出的行政裁决具有错误，应当在指定期限内向指定法院提起行政诉讼，而不应当放任该行政裁决发生效力。

最后，如当事人已经就行政裁决提起了行政诉讼或者行政诉讼作出了维持判决，当事人是否仍然可以提起含有侵权认定的民事诉讼。本文认为当事人并不能够据此提起民事诉讼，理由大致与行政裁决未作出时

---

① 管荣齐.专利侵权纠纷的行政处理和司法审判之间的竞合：福州海王福药公司与辽宁省知识产权局等专利行政纠纷案［J］.中国发明与专利，2019（5）：111-115.

的理由相似。为了避免行政机关与司法机关作出截然相反的结论，亦是为了节约行政与司法成本，法院不应当受理上述案件。

综上所述，由于行政机关不解决专利侵权赔偿问题，故行政裁决不影响当事人就赔偿问题另行提起诉讼，如民事诉讼提起时行政机关还尚未作出裁决或裁决尚未生效，应当中止民事赔偿诉讼并等待行政裁决的生效。对于已经进入行政裁决领域的专利侵权纠纷，法院不应当受理当事人就确认侵权行为提起的诉讼。现有《办法》明确了已经进入民事诉讼领域的侵权纠纷行政机关不应当受理，但民事诉讼相关规范并未明确规定行政机关已经受理的案件法院不得受理。因此，应当在未来对行政裁决制度进行完善时明确行政诉讼与民事诉讼的衔接，以避免在现实中出现程序的冲突。

五、结　论

行政裁决制度的出现，是现代社会下国家机关之前权力分工局部调整的结果。它为当事人提供了一条更为简便、高效的解决纠纷的途径。2021 年 5 月 28 日，国家知识产权局发布了《重大专利侵权纠纷行政裁决办法》。该办法对《专利法》第七十条第一款作出了具体规定，呼应了国家知识产权局加大专利侵权纠纷行政裁决工作力度的方针，为权利人提供了更加丰富和便捷的维权途径选择，有助于我国专利侵权多元纠纷解决机制的构建，但是，国家知识产权局 2022 年 8 月 6 日公布的首批重大专利侵权行政裁决案件中，显现出较为明显的实践问题，如国家知识产权局统一管辖并未起到协调纠纷解决的作用、对是否中止专利审理作出的决定不甚合理、行政机关欠缺独立性与中立性以及未考虑行政裁决与民事诉讼的协同等。就此，本文提出了专利主管机关执法部门与裁决部分职权分离、明确司法机关对行政裁决监督的审查权与变更权以及完善行政裁决与民事诉讼程序衔接的完善建议。

　　作为一项法治发展政策，重大专利行政裁决是我国培育和发展知识产权纠纷多元化解决机制的重要组成部分，要致力于立足我国的现实国情与法治发展建设实际，推进建设思路与发展理念的更新，以不断满足社会主体解决纠纷的法治需求为出发点，进一步完善我国行政裁决解决专利侵权纠纷制度，努力在专利侵权领域提供具有中国特色的纠纷解决方案。

知识产权纠纷多元化解决机制研究

——以达州市国家知识产权强市建设为例

龙 伟 田 洋*

知识产权保护是国家治理体系和治理能力现代化建设的重要一环，2021 年 10 月，国务院印发《"十四五"国家知识产权保护和运用规划》，明确提出要加强知识产权协同保护，完善知识产权纠纷多元化解决机制。为此，国家知识产权局发布了《关于确定国家知识产权强市建设试点示范城市的通知》，达州市成为首批国家知识产权强市建设试点城市。该通知明确，试点城市要按照《知识产权强国建设纲要（2021—2035 年）》和《"十四五"国家知识产权保护和运用规划》等文件的要求，打造区域知识产权工作高地，引领带动全省知识产权高质量发展。

知识产权强市建设是一个系统性工程，不仅涉及知识产权创造和知识产权运营，还涉及知识产权保护，其中区域知识产权纠纷多元解决机

* 作者简介：龙伟，1993 年生，男，汉族，四川巴中人，四川文理学院政法学院、知识产权学院助教，四川师范大学法学硕士，研究方向：知识产权法学。
田洋，1993 年生，男，汉族，四川内江人，成都文理学院文法学院助教，四川师范大学法学硕士，研究方向：知识产权法学。

制建设是知识产权保护的重要一环。如何构建知识产权的多元纠纷化解机制，如何实现多元纠纷解决机制的实质化运行，探索一条符合本地区实际的知识产权纠纷多元化解"达州模式"，对达州市创建国家知识产权强市意义重大。

一、制度基础：源起、发展与困境

（一）知识产权多元化纠纷解决机制的源起与发展

知识产权多元化纠纷解决机制是现有多元化纠纷解决机制在知识产权纠纷解决领域的一次创新实践，其基本制度原型来源于美国的"Alternation Dispute Resolution"，即替代性纠纷解决制度（ADR），该制度也可称为非诉纠纷解决机制，是指法院诉讼以外的其他争议解决方式的总称。随着各国多元化纠纷解决制度的建立和发展，ADR 机制逐渐引申成为民商事纠纷化解方式或制度的总称。我国学界一般不称 ADR 机制，而是使用多元化纠纷解决机制的概念，其理念基本一致，都强调民商事纠纷高效和分流化解，一方面是为了应对以诉讼为中心的纠纷解决方式导致的法院案件积压，实现纠纷的分流化解；另一方面也是追求效率理念下，实现民商事纠纷的快速解决，满足多元化纠纷解决方式的需求，避免当事人的讼累。

ADR 机制最为常见的几种方式：调解、仲裁、小型审判、早期中立评估、简易陪审团审判等①，相比较而言，中国语境下的多元化纠纷解决机制则更突出社会治理。党的十八届四中全会和党的十九大明确提出要完善多元化纠纷解决机制，深化司法体制综合配套改革，实现共建

---

① 美国 1998 年《替代性纠纷解决机制法》（Alternative Dispute Resolution Act of 1998）的定义是替代性纠纷解决方法包括任何主审法官宣判以外的程序和方法，在这种程序中，通过诸如早期中立评估、调解、小型审判和仲裁的方式，中立第三方在论争中参与协助解决纠纷。

共治共享的社会治理格局，多元化纠纷解决机制建设已经成为国家现代化治理体系建设中的重要内容和重要任务。各地方在落实国家政策文件的过程中，颁布了一系列地方性法规或指导意见，如 2019 年四川省就出台了《四川省纠纷多元化解条例》，从化解主体和化解机制出发，提出要整合乡镇（街道）、村（社区）等各类基层力量开展纠纷化解，引导社会力量参与纠纷化解。同时，突出社会矛盾纠纷的发现、分流、调处、管控机制建设。经过多年的发展，目前我国部分地区已经形成了以"诉讼—仲裁—调解"为主线，以纠纷的诉源治理为理念，以调解机制建设为中心思路的、各制度有效衔接的矛盾纠纷多元化解决机制。

知识产权纠纷多元化解决机制正是在矛盾纠纷多元化解机制改革中应运而生的，从政策文件的表述中，可以一窥达州市、四川省乃至全国的知识产权纠纷多元化解决机制的发展建设思路（详见表1）。

表1 知识产权纠纷多元化解决机制相关文件

时间	发布机关	文件	相关内容
2020 年 9 月	四川省委办公厅省政府办公厅	《四川省强化知识产权保护实施方案》	建立健全知识产权纠纷非诉讼调解协议司法确认机制，健全纠纷多元化解决机制，鼓励当事人通过非诉讼方式化解纠纷，积极推进知识产权纠纷诉前委派、诉中委托调解
2021 年 9 月	中共中央国务院	《知识产权强国建设纲要（2021—2035 年）》	探索依当事人申请的知识产权纠纷行政调解协议司法确认制度；完善跨区域、跨部门执法保护协作机制
2021 年 10 月	国务院	《"十四五"国家知识产权保护和运用规划》	完善知识产权纠纷多元化解决机制，推动完善知识产权纠纷投诉受理处理、诉讼调解对接、调解仲裁对接、行政执法与调解仲裁对接等机制

时间	发布机关	文件	相关内容
2021 年 12 月	达州市人民政府	《达州市"十四五"知识产权保护和运用发展规划（2021—2025 年）》	健全四川（达州）知识产权举报投诉与维权援助中心工作机制；构建多元共治机制；培育和发展仲裁机构、调解组织和公证机构，完善知识产权仲裁、调解、公证工作机制
2021 年 12 月	四川省人民政府	《四川省"十四五"知识产权保护和运用规划》	加强知识产权纠纷人民调解组织网络体系建设，健全知识产权非诉纠纷解决机制，健全人民调解与司法调解、行政调解、行业性专业性调解衔接联动机制
2022 年 10 月	达州市人民政府	《达州市创建国家知识产权强市建设试点城市工作方案（2022—2025 年）》	畅通纠纷多元解决渠道，加强行刑衔接和诉调衔接，建立知识产权保护专家库，健全完善人民调解、司法确认制度。加快知识产权举报投诉与维权援助工作平台建设

从表 1 可以看出，无论是国家还是省市地区在知识产权纠纷多元化解决机制建设上都沿着两条主线：一是注重知识产权纠纷化解的协作共治，在调解领域建立优势互补、有机衔接、协调联动的大调解工作格局，在维权援助上，探索社会共治模式，鼓励高校、社会组织等开展维权援助工作；二是强调知识产权非诉纠纷解决机制，特别是知识产权纠纷调解机制建设，形成人民调解、行政调解、行业调解、司法调解体系。

实践中的做法也是如此，以义乌知识产权纠纷多元化解决机制建设为例。2015 年 7 月，在浙江省高院、省知识产权局的指导下，义乌市人民法院吸纳社会中介组织，联合各职责成员单位设立了义乌市知识产权诉调对接中心（以下简称义乌中心）。

依托义乌中心，义乌市在传统诉讼、仲裁纠纷解决路径下，将协作共治和突出调解理念相结合。在调解队伍建设方面，吸纳联席成员单位中有知识产权从业经验的人员担任调解员，由法院进行业务指导，并附带纳入相关职能部门的培训体系中；在日常工作运行方面，依靠互联网协会调解中心义乌分中心承担，有效地将现有调解中心的服务职能发挥出来；在案件来源方面，创设委托调解模式，根据案件实际，通过"诉前引调"机制，实现繁简分流，最大化发挥义乌中心的调解服务功能。

（二）知识产权纠纷多元化解机制的困境

知识产权纠纷相比于其他民商事纠纷具有自身独特性，主要体现在三个方面：一是案件的复杂专业性，知识产权本身的专业技术性使得建立在其上的规则体系与普通人的认知存在一定差异，如没有专业人员的介入难以做到法律与事实的统一；二是损失的易逝性，知识产权的无形财产属性决定了其侵权损失无法用传统的方法计算，侵权人的收益在一定程度反映了权利人的损失，如果不快捷、高效地解决权利纠纷，将加剧知识产权市场价值的消耗和减损；三是社会影响的多元化，例如四川"青花椒案"，如果法院判定侵权，将导致法律理解适用上的错误，更会扰乱现有市场"店招"的正常秩序，最终四川高院驳回诉讼请求，这不仅满足了人民群众对"公平正义"的期待，亦是法治宣传的典型事例。正因如此，学界研究和制度建设都倾向于建立一个知识产权纠纷多元化解方式，来弥补传统纠纷化解方式的不足。

作为一类尚未普遍建立的多元化纠纷解决机制，在实践中，其建立和运行存在的问题仍是显而易见的。

首先是知识产权纠纷多元化解机制运行情况堪忧。目前，我国矛盾纠纷多元化解机制仍处于探索阶段，对于如何构建多元参与和多元方式的纠纷解决路径未能规范化，局限于单一争议解决方式的延伸。例如上文中提到的"义乌中心"，其本质是一个调解平台，形式上吸纳了各类相关主体，实质上纠纷解决方式仍是单一的。同时，知识产权纠纷多元化解机制强调的是协作共治，是"诉讼—仲裁—调解"或者"司法—行政—民间"方式的统一，是多种争议解决方式的发展和衔接互动。但要注意的是，有的县城建立了所谓的"矛盾纠纷多元化解决中心"，试图整合和构建一种多元化的纠纷解决路径，而实际上起到作用的方式与制度设想差距过大，造成"中心"职能空化。另外，有的地方还推出过线上平台，但建设过于超前，未考虑实际需求，如义乌中心的第三方平台 www. ywipp. yw. gov. cn，如今已经搁置无法访问。

其次是社会认同和影响力不足。司法裁判的终局性和强制性决定了当事人选择的优先性，这一方面是因为法律传统的影响，群众更相信法院裁判的公信力；另一方面是非诉争议解决方式尚未深入人心，社会宣传力度不够，当事人不了解、不知道非诉争议解决方式的承载平台、提出方式、解决流程和效果，认同感和影响力低，自然会导致很多非诉纠纷解决平台受案率低。

最后是缺乏对诉源治理的关注。党的十八届三中全会提出，"坚持源头治理、标本兼治、重在治本，以网络化管理、社会化服务为方向，健全基层综合服务管理平台，及时反映和协调人民群众各方面各层次利益诉求"。矛盾纠纷源头治理是多元化纠纷解决的重要举措，是社会治理法治化、规范化、实质化的集中体现。以前，有实际需要的地区通过建立知识产权多元化纠纷解决机制来治理知识产权纠纷，实现分流与效率，其结果是仍无法从根本上降低知识产权纠纷发生率。大量的知识产权纠纷案件涌入，成为这些"平台"或"中心"的业绩和纠纷多元化解机制运行良好的证明，这正是缺乏知识产权纠纷诉源治理的侧面印证。

二、路径考察：区域实际与实践

为深入了解区域知识产权纠纷多元解决制度的运行情况和发展现状，笔者翻阅了文献资料、进行了实地调研，相关情况如下。

（一）区域知识产权纠纷多元解决机制建设情况

2016年12月，国务院印发《"十三五"国家知识产权保护和运用规划》，明确表示要在知识产权领域构建多元化纠纷解决机制。在此之前，不少地方也在探索将多元化纠纷解决机制运用于知识产权案件，如宁波作为我国多元化纠纷解决机制改革的前沿，探索出了一条独具特色的"宁波模式"。

宁波是中国东南沿海重要的港口城市、长江三角洲南翼经济中心、浙江省经济中心之一，主要支柱工业有汽车制造、电气机械业、化学原料制品业等。根据《宁波市知识产权（专利）"十三五"发展规划（2016—2020年）》，"十二五"期间，全市专利申请量达到321872件，年均增长17.4%，全市发明专利申请、授权量保持年均41.2%和35%的增长幅度，其中企业发明专利申请量、授权量年均增长50.2%、52.8%，占全市的62.8%、61.1%，2013年成为国家知识产权示范城市，2015年成为国家首批知识产权区域布局试点地方。工业产权多、侵权纠纷多成为宁波建立知识产权多元化纠纷解决机制的客观动因。

2016年7月，宁波市知识产权民事纠纷诉调对接中心（宁波市知识产权综合运用和保护第三方平台）正式成立，在联席会议成员上，除了传统职能部门外，还吸纳了宁波大学法学院和浙江大学宁波理工学院（宁波市知识产权研究中心）；在目标任务上，提出要探索人民法院参与社会管理创新的新方式，以及整合解决纠纷的各方力量，合理配置纠纷解决资源；在诉调对接工作操作流程上，平台案件来源于法院"诉前引调"，行政部门"执法引调"和中心自行受案，根据调解结果的不同分类处理，从而建立了相对完善的对接工作流程①。

其后，宁波市知识产权多元化纠纷解决机制不断经过完善健全，2018 年 11 月，中国（宁波）知识产权保护中心正式揭牌运行，开展知识产权预审确权、快速维权、保护协作、综合运用等工作。2020 年，"宁波律师调解中心"入驻市中院诉讼（调解）服务中心，重点服务知识产权案件调解。

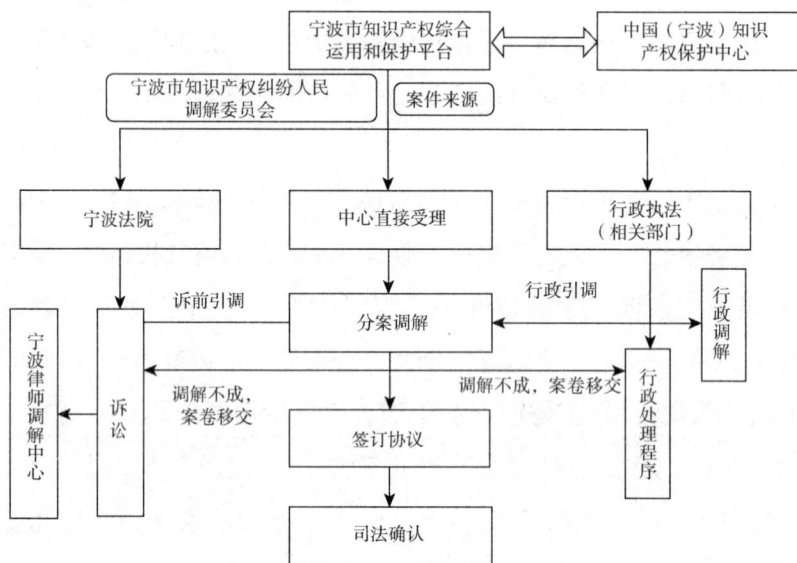

图 1 宁波市知识产权多元化纠纷解决机制示意图

相较于沿海的知识产权强市，达州地处川东北一角，作为川东北地区的"经济重镇"，在"十三五"时期，知识产权创造数量突飞猛涨，全市累计注册商标 22794 件、地理标志保护产品 14 件、地理标志证明

---

① 宁波市知识产权民事纠纷诉调对接中心工作流程管理办法（试行）[EB/OL]. 浙江法院网，2016-06-24.

商标 19 件、授权专利 9463 件、有效发明专利 246 件、版权著作登记
12919 件①，这为达州市开展试点示范建设奠定了重要基础。但无论是
经济体量还是发展前景都不能与经济发达地区相提并论，知识产权保护
领域也是如此，因此，在知识产权保护和纠纷方面与不发达地区存在区
域共性。

首先，知识产权纠纷发生率低。根据中国裁判文书网查询，截止到
2022 年 11 月 30 日，达州中院共发布 419 篇文书，从发布年份上看，主
要集中在近五年；从文书类型上看，其中判决书为 73 篇，基本上为商
标侵权纠纷，判决结果多为败诉，侵权形式为未经许可，在相同或相似
商品上擅自使用与其注册商标相同或近似的商标，如原告四川仁众投资
管理有限公司诉被告俞某侵害商标权纠纷一案②，就属于擅自使用了注
册商标"小龙坎"而被判侵权。在赔偿数额上，基本数额千元到万元
不等，赔偿额较小。裁定书 211 篇，基本上是因和解或调解而撤诉的裁
定。总之，全市知识产权纠纷类型单一，纠纷案件少，知识产权纠纷发
生率低。

其次，知识产权保护意识有待提高。根据笔者的走访调研，某些企
业虽然重视知识产权保护，但是碍于各种客观原因，对知识产权侵权持
放任态势，这可能与企业产权意识薄弱有关，但另一个方面也是源于企
业生存现状。一个企业的平均存在期为 3~5 年，如果企业经营者没有
长期运营或远期战略打算，局限于短期收益，会降低企业产权布局的现
实利益驱动。另外，从上文所述的知识产权侵权形式也可看出，企业或
经营者尚未真正树立产权意识，对侵权与否存在不了解的情况。

最后，知识产权纠纷化解途径单一，以传统法院诉讼方式解决占多

---

① 达州市"十四五"知识产权保护和运用发展规划（2021—2025 年）[EB/OL]. 达州
市人民政府网，2021-12-06.

② 参见四川省达州市中级人民法院（2019）川 17 民初 57 号民事判决书。

数。在与某县的主管部门座谈中了解到，近三年来，经过行政调解的知识产权纠纷仅一件，这一方面是知识产权纠纷发生率不高，依靠法院途径就可满足纠纷解决需求；另一方面是行政调解影响力、认同感和规范化尚达不到社会期盼度。同时，达州早在 2017 年就设立了"四川（达州）知识产权举报投诉与维权援助中心"，后续又在各区县设立知识产权举报投诉与维权援助工作站，负责接收对侵犯知识产权案件线索的投诉、举报和咨询服务，但终究是一个"挂牌"行为，实际作用和效果值得深思。

（二）经验与启示

1. 知识产权多元化纠纷解决机构亟待健全。健全的纠纷化解机构是知识产权矛盾纠纷化解的制度支撑，纵观各地区的知识产权纠纷多元解决机构设立情况，无不是聚焦在"调解"上，无论是义乌市知识产权诉调对接中心，还是宁波市知识产权综合运用和保护第三方平台都身兼"调解功能"，属于民间调解的一种形式，而"四川（达州）知识产权举报投诉与维权援助中心"虽有负责接收对侵犯知识产权案件线索的投诉、举报和咨询服务，但无专业化调解职能。同时，民间和行业协会（商会）也未组织类似的相关机构，很多地方还属于一片空白。因此，要创建国家知识产权强市重视知识产权保护是重要一环，而多元化纠纷解决机构的建立健全将成为必要。

2. 知识产权多元化纠纷解决流程需要建立并规范化。有知识产权多元化纠纷解决机构就需要有规范化的纠纷化解流程，实现诉调衔接、行刑衔接。由于没有统一或专门的多元化纠纷解决机构，纠纷解决流程方面也是一片空白。达州市人民政府印发的《达州市创建国家知识产权强市建设试点城市工作方案（2022—2025 年）的通知》，提出要加强诉调衔接，建立知识产权保护专家库，健全完善人民调解、司法确认制度，扎实开展纠纷"大调解"工作。这意味着要做到"衔接有效、联动合力"，必将有一套相对完备的衔接流程和程序，否则将陷入"联而不动、有联无实"的传统困境。

3. 知识产权纠纷需诉源治理。诉源治理，就是要把非诉讼纠纷解决机制挺在前面，加强矛盾纠纷源头预防、前端化解、关口把控，完善预防性法律制度，尽量避免纠纷发展至"诉"之层级，以达到从源头上减少诉讼增量的目标①。诉源治理强调的是预防层面，注重把纠纷化解提到第一线，积极避免纠纷的产生。归根结底，诉源治理是意识层面的提升，它关注人们法治意识和以和为贵思想的提倡与发掘，从而形成内心规范意识。2021 年 2 月，中央全面深化改革委员会第十八次会议审议通过了《关于加强诉源治理推动矛盾纠纷源头化解的意见》，"诉源治理"成为国家治理体系现代化建设的重要策略。就纠纷形式来看，达州市知识产权纠纷多以商标侵权为主，这类纠纷很多均可以通过"诉源治理"得到解决，国家知识产权强市建设下区域群众的产权意识和法治精神提升将助力矛盾纠纷化解。

质言之，区域知识产权纠纷多元解决在经验借鉴和制度建设上，要遵循一个原则，即"符合区域实际"，在没有经济支撑和实际需要的情况下，要考虑人力和物力，以精简节省和集约化构建符合本地实际的知识产权纠纷多元解决机制。

三、路径选择：立足实际与展望未来

从知识产权纠纷多元解决机制的区域实践与区域实际为出发基点，其路径构建应遵循三个原则：一是"符合区域实际"，避免"中心"职能空化或泛化；二是"符合政策标准"，要与国家和省级规划相适应；

---

① 李占国. 诉源治理的理论、实践及发展方向 [J]. 法律适用，2022（10）：3-16.

三是"符合前瞻性",路径选择除了要立足当前还应展望未来。

（一）健全知识产权纠纷多元化解决机构

知识产权纠纷多元解决的机构健全是国家知识产权强市试点建设的必由之路。如前所述，相较于其他示范建设城市而言，达州的区域实际决定了机构建设不能遵循单列化，单独成立一个所谓的知识产权保护中心，而应当依靠现有机构，如"四川（达州）知识产权举报投诉与维权援助中心"。首先，优化和扩展中心职能。多元纠纷解决体系的构建需要将"调解"作为主要发力点，突出中心的纠纷解决功能，其中将调解职能融入相关平台或中心属于各地区实践的通常做法，达州也可以将现有中心职能扩展，在有效组织调解队伍的基础上，承担中心的日常工作和调解职能。其次，纠纷解决上移。纠纷解决上移不同于将纠纷化解在基层，知识产权纠纷也不同于一般的社会纠纷，在现有资源和形势下，不宜采取现有行政手段中的层层压实责任的方式来构建多元纠纷解决机制，相关中心和市级相关部门应主动承担知识产权纠纷化解的主要责任，而不是区县部门具体落实。最后，多元调解合一。现有中心作为行政体制之下的维权援助平台，在中心职能扩展的前提下，可以将平台性质半行政化、半民间化，将行政调解、民间调解、行业调解合一，在一个平台下实现多种调解方式的集约化。

同时，知识产权纠纷多元化解决机构应与其他纠纷多元化解机制建设相协调。2019 年，四川省人大常委会通过《四川省纠纷多元化解条例》，普遍意义上社会矛盾多元化解决机制将相续健全和完善，知识产权纠纷多元化解决机制作为社会矛盾多元化解工作的一部分，必然要处理好普遍性与特殊性的关系。因此，要将知识产权纠纷多元化解决机构的建立健全融入社会纠纷多元化解中，采取附设或附带的方式，引导知识产权纠纷多元解决。

（二）规范知识产权纠纷多元化解决流程

纠纷解决流程的建设是落实知识产权纠纷化解协作共治的具体举措。以"四川（达州）知识产权举报投诉与维权援助中心"或者达州市知识产权强市建设方案中的"中国（万达开）知识产权保护中心"为诉调协调机构，构建中心调解流程和诉调对接流程，具体而言：

1. 调解队伍遴选与建设。在市知识产权局的组织领导下，相关中心的具体落实过程中，规范调解员遴选流程，建立完备的知识产权调解人员库，依托四川文理学院知识产权学院为"专业化"人才培训基地，吸纳地方协会（商会）、高校学者、律师、基层法律服务工作者等专业人员作为调解员。同时，考虑到诉调对接机制下，纠纷最终可能落入诉讼流程，应避免将市县法院和检察院的法官、检察官纳入其中。

2. 规范诉调对接流程。在案件来源上，除了由中心自行受案外，可以接受法院或行政机关的引导受案，通过委派、委托、邀请、移送等方式开展纠纷化解工作，实现知识产权纠纷的多元分流。在调解流程规范方面，应建立完善的调解制度，快速确立调解组成人员、一般时间规范要求以及调解简易程序适用等。在调解结果确认和处理上，要建立专门的司法确认制度，对于已经调解成功的，根据当事人的需求，由中心或当事人自行向法院申请司法确认，法院应将相关的确认流程和要求公示，并做好对接处理。

3. 处理好与其他纠纷多元化解机制的关系。知识产权多元化纠纷解决机制突出的是"多元"，一方面是知识产权纠纷的"多元"化解，强调"诉讼—仲裁—调解"方式的关系以及不同调解方式的内部关系；另一方面是知识产权纠纷多元化解与一般多元化纠纷解决机制的关系，如果知识产权纠纷解决"上移"，那么重点将放在协调不同调解方式的运行关系，如果知识产权纠纷解决不"上移"，则除了需要考虑在现有条件下"中心或平台"的职能和作用问题,还需要考虑与现有纠纷多元化解机制的内部逻辑关系,附带抑或是独立,重点考虑是否符合现实要求。

当然,知识产权多元化纠纷解决机构和流程的规范健全需要宣传与认同度,如果当事人不了解相关纠纷解决机构或平台,对其解决方式或结果不认同,那么机构的设立将失去实际意义,这需要长期的运营和宣传推广。

(三)强化知识产权纠纷诉源治理

知识产权纠纷作为社会矛盾纠纷的一类,离不开我国社会治理的重要理念,即诉源治理。如上文所述,诉源治理关注的是矛盾纠纷预防层面,这意味着诉源治理需要从以下几个方面努力。

首先,诉源治理需实现协作共治。习近平总书记指出:"要善于把党的领导和我国社会主义制度优势转化为社会治理效能,完善党委领导、政府负责、社会协同、公众参与、法治保障的社会治理体制,打造共建共治共享的社会治理格局。"① 作为一个系统性工程,仅靠某个部门或机构的努力难以为继,因此,市县人民政府及其有关部门、高校、人民法院、人民检察院、人民团体、基层群众性自治组织等要深度统一到知识产权纠纷诉源治理工作中去。特别是要发挥高校在维权援助和诉源治理领域的优势,现有高校应当将学科建设和服务地方相结合,主动参与,在区域知识产权纠纷多元化解和能力建设,以及基层治理上下功夫。当然,市县政府作为诉源治理的直接责任者,要按照顶层设计要求,结合本地区实际,将知识产权纠纷化解作为诉源治理的一个方面。

其次,诉源治理重在纠纷预防。市县部门或机构在社会纠纷集中排查、专项排查和经常性排查相结合的排查分析工作,以及纠纷源头发现

---

① 本报评论员. 坚持党对政法工作的绝对领导 [N]. 光明日报, 2019-01-17 (001).

和预警机制中发现的知识产权侵权或可能存在侵权风险的，可以实行逐级报告情况，由"中心"协调相关部门，及时采取风险提醒、劝谏、说明情况、立即纠正等方式，或者提出预防和化解纠纷的对策建议，交由有关机关和组织研究处理。例如，在四川仁众投资管理有限公司诉俞某侵害商标权纠纷案中①，如果在纠纷排查或市场监管过程中，能够及时发现"小龙坎"这类具有一定知名度的商标侵权风险行为，并进行风险提醒与说明，将在一定程度降低本地区知识产权诉讼发生率。

最后，诉源治理需要群众知识产权意识的提高。市县人民政府及其有关部门要开展经常性或定期性的知识产权宣传活动，重点关注知识产权侵权较为突出的领域，通过活动进校园、进社区等方式实现活动效果的实质化。人民法院可采取巡回审理、公开宣判等方式审结涉知识产权的典型案件，用以案释法服务地方产权意识宣传。

---

① 参见四川省达州市中级人民法院（2019）川 17 民初 57 号民事判决书。

电商平台下知识产权纠纷的诉源治理

——应对商标恶意诉讼诉前调解机制的适用

栗　萌*

一、问题的提出：电商平台下商标恶意诉讼现状与法律规制困境

近年来，我国电子商务蓬勃发展带来电商平台知识产权领域新问题。《中国电子商务报告（2020）》显示，2016年至2020年，全国电子商务交易额从26.1万亿元增长到37.21万亿元，年均增长率为9.3%，全国网购用户规模达7.82亿。我国已经连续多年保持全球规模最大、最具活力的网络零售市场，电子商务发展呈现出显著的规模效应①。

随之而来的电子商务领域的知识产权诉讼数量也与日俱增。以浙江全省法院为例，2018年审结的涉电商平台的知识产权案件的数量较2014年增长了近13倍，年均增幅为88.46%②。在涉电商平台的知识产权纠纷中，部分维权者通过抢注商品通用词、热搜词或抢注他人在先使

　＊　作者简介：栗萌，北京科技大学文法学院法律（法学）硕士研究生。

①　商务部电子商务和信息化司．中国电子商务报告（2020）［R/OL］．商务部网站，2021-09-15．

②　浙江省高级人民法院联合课题组．关于电商领域知识产权法律责任的调研报告［J］．人民司法，2020（7）．

用并具有一定影响力的商标，随后发起商标侵权投诉以向经营者索取高额授权费、撤诉费的现象屡见不鲜。例如，在杭州市余杭区人民法院审理的拜耳公司诉李某不正当竞争纠纷一案中①，李某将拜耳公司享有在先权利的标识注册为商标，并向 121 个销售拜耳正品的电商平台商家发起侵权投诉共计 249 次。此外，李某共囤积商标 113 个，向电商平台投诉达 2605 次，其社交账号的自动回复中公然标注"付费撤诉，五万起"②。这一商标领域权利人以提起恶意投诉谋取不正当利益的乱象所造成的不良影响在具有规模效应的电商平台里被不断放大，成为严重扰乱商业秩序、破坏营商环境的"商业水军"，给电子商务法治化营商环境的建设造成了不良影响。

（一）电商平台下商标恶意诉讼行为的界定

商标恶意诉讼行为是知识产权侵权案件司法审判中法院对权利人滥用诉讼权利损害他人权益行为的判定。商标恶意诉讼属于恶意诉讼在知识产权领域的表现。不同于学界和诉讼法律与实务中对恶意诉讼的界定③，商标恶意诉讼的判断直接体现在司法审判实践。在比特公司"TELEMATRIX"商标侵权系列案件中④，北京市朝阳区人民法院认为，比特公司在侵权诉讼中虽然形式上具有商标局合法的商标注册证，但是不具有实质合法性，主观上具有恶意，且起诉后显然损害美爵公司的合

---

① 浙江省余杭区人民法院（2017）浙 0110 民初 18627 号民事判决书。
② 浙江省余杭区人民法院（2017）浙 0110 民初 18627 号民事判决书。
③ 肖建华.论恶意诉讼及其法律规制［J］.中国人民大学学报，2012（4）：13-21.
④ 案情简介：比特公司系美国美爵信达公司前身美国赛德公司委托的酒店专用电话机加工商，双方合作未涉及"TELEMATRIX"商标电话机。2004 年，比特公司在代工结束后一年申请注册"TELEMATRIX"商标，核定使用商品类别为电话机、可视电话等，并于 2007 年获得注册。后比特公司以侵犯商标权为由对美国美爵信达公司在华经销商美爵信达公司及代工商中讯公司、立德公司提起商标侵权之诉。后被诉侵权人以比特公司恶意提起知识产权诉讼为由提起反赔诉讼。

法权益，破坏其竞争优势，构成恶意诉讼①。

在个案中，商标恶意诉讼行为的表现形式突破了一般民事恶意诉讼和虚假诉讼的概念。不同于当事人提起无事实与法律根据之诉或者恶意串通之诉，提起商标恶意诉讼的行为人通常具有形式合法的商标注册证书，被诉侵权人亦符合使用涉案注册商标的行为要件，权利人提起维权诉讼并非无根据。但是，基于诚实信用原则的要求，权利人提起侵权之诉的权利基础不稳定，维权目的不具有正当性。

基于商标恶意诉讼同一般恶意诉讼之间权利基础和行为表现呈现出的不匹配和个案判断的现实情况，学界不乏关于商标恶意诉讼行为的探讨。姜南从权利人提起商标侵权之诉的权利基础与主观状态的角度指出，商标恶意诉讼是以商标权为基础提起的恶意诉讼，限于一方针对另一方的"恶意"行为，动机在于商标权利人侥幸利用"问题商标"获取不正当利益并借此抑制竞争对手②。由于权利人维权的基础为取得注册商标专用权，在其具有合法权利外观的情况下，商标恶意诉讼则是以恶意注册或非使用性特征为前提的诉讼③。宋健基于对最高人民法院指导案例82号和比特公司"TELEMATRIX"商标侵权案等典型案例的考察，将恶意诉讼的内涵限于以恶意抢注所得商标为基础的诉讼④。徐明采用事实与价值的二元结构对商标恶意诉讼行为进行定义，认为恶意要素与诉讼行为要素之间的联系可以被解释为事实与价值的关系。在事实层面上，商标恶意诉讼以侵害他人合法权益为客观构成；在价值层面

---

① 北京市朝阳区人民法院（2015）朝民（知）初字第22620号民事判决书。

② 姜南．商标恶意诉讼的认定与法律规制［J］．江西财经大学学报，2021（4）：125-134.

③ 王雅芬，韦俞村．商标恶意诉讼的识别与法律规制［J］．电子知识产权，2019（8）：4-13.

④ 宋健．商标权滥用的司法规制［J］．知识产权，2018（10）：33-39.

上，商标恶意诉讼表现为对诚实信用原则的违背①。前述概念界定在表述上虽有差异，但是对商标恶意诉讼行为本质的概括均体现为商标权利人违反诚实信用原则的权利滥用行为。

结合司法实务中商标恶意诉讼的表现形式与电商平台的特征，本文将电子商务领域的商标恶意诉讼行为界定为商标权利人违反诚实信用原则，滥用注册商标专用权，通过对电子商务经营主体提起商标侵权之诉的方式意图谋取不正当利益，致使他人合法权益遭受损害的行为。该行为包含两种类型：其一，抢注商标后对电商平台商户提起侵权之诉。即恶意诉讼行为人在明知是他人在先使用的商业标识的情况下，仍然以自己的名义抢先申请注册商标，在获取商标专用权授权之后，又向使用商标的电商平台经营者提起侵权之诉意图遏制竞争者或者谋取不正当利益的行为。其二，不以使用为目的囤积商标并提起侵权之诉，即恶意诉讼行为人不以实际使用为目的、没有正当理由进行大批量囤积性商标注册，并且意图通过提起侵权之诉的手段实现转让商标权谋利或者获取其他不正当利益的行为。

（二）电商平台下商标恶意诉讼的司法手段化解纠纷困境

现行法律尚不能有效应对商标恶意诉讼行为，司法手段解决争议的作用十分有限②。基于争议解决流程的时间考察逻辑，司法层面应对电商平台下的商标恶意诉讼行为主要存在四个阶段的现实困境，分别为立案阶段的案件增量上升、法院审判阶段具体规范缺失、裁判阶段的恶意诉讼判断标准不明、对被诉侵权人的救济机制不完善。面对前述规制困境，亟待在司法解纷机制以外探索应对商标恶意诉讼的诉源治理机制。

① 徐明. 我国商标恶意诉讼的司法规制优化研究——以民事抗辩权为展开进路［J］. 知识产权，2020（11）：86-96.

② 袁旺然. 商标权恶意诉讼的侵权法规制［J］. 西安石油大学学报（社会科学版），2020（5）：94-100.

1. 立案阶段：案件数量多降低司法审判效率。互联网环境下电子商务发展的优势在于能够突破空间界限与降低经营成本，因而受到许多中小型经营者的青睐，大量商户的入驻又促进了电商平台经营规模的形成与扩展。基于立案登记制改革和"智慧法院"建设进程的推进，诉讼便利化使得针对电商平台经营者的商标恶意诉讼行为呈现出批量化、爆发式增长的局面①。商标权利人通常针对电商平台上使用其注册商标的商户提起侵权之诉，造成大量案件涌向法院，这直接造成法院受理案件增量的上升，对司法审判效率造成挑战。

2. 审判阶段：具体规范缺失导致法律适用性不强。实体法层面，《商标法》第三十二条对以不正当手段抢注商标行为的描述与界定不充分，实践中认定标准难以统一，直接导致了司法领域的裁判不一，无法有效阻断恶意囤积和抢注行为的出现。《商标法》第六十八条第四款规定"对恶意提起商标诉讼的，由人民法院依法给予处罚"，赋予人民法院对商标恶意诉讼行为予以司法制裁的权力。但是，该条款仅为概括性规定，且纵观我国商标立法体系和民事诉讼程序法等规范，并未有明确与其相链接的处罚依据。原则性的规定增加了法律可操作性的难度，该条款的司法适用依据和相关适配机制还未完善，仍然面临立法空白的困境②。程序法层面，《民诉法》第一百一十五条将恶意诉讼行为界定为当事人双方恶意串通的情形并不适用于商标恶意诉讼的司法实践，且现行规范呈现出概括性和抽象性的特点，商标恶意诉讼行为表现的程序规

---

① 面对各种恶意投诉 阿里巴巴拟建投诉分层级制［EB/OL］．中国新闻网，2017-02-17.

② 徐明．我国商标恶意诉讼的司法规制优化研究——以民事抗辩权为展开进路［J］．知识产权，2020（11）：86-96；石新中，齐懋哲．论商标权滥用的信用规制［J］．法学杂志，2022（3）：71-84.

范阙如①。立法对行为界定的不清晰导致规制恶意诉讼的法律条款适用性不强。

3. 裁判阶段：恶意诉讼判断标准不明导致裁判结果不统一。商标恶意诉讼的本质是滥用权利损害他人合法权益的侵权行为。司法实践对商标恶意诉讼的界定遵循侵权法一般构成要件的判断思路：第一，商标权人以提起知识产权诉讼的方式提出某项请求；第二，商标权人具有损害他人利益或为自己谋取不正当利益的主观恶意；第三，诉讼行为造成他人合法利益的损失；第四，商标权人提起诉讼的行为与损害结果之间具有因果关系。在前述构成要件中，"主观恶意"判断标准的模糊造成了法院裁判的不一致。例如，在比特公司"TELEMATRIX"商标侵权系列案件中，朝阳区人民法院、山东省高级人民法院与江苏省高级人民法院先后对比特公司的起诉行为是否构成恶意诉讼作出不同认定②。差异存在的主要原因在于对比特公司提起商标侵权之诉是否具有恶意的判断。不同法院对主观"恶意"判断存在的分歧，印证了商标权利取得存在"注册在先"与"使用在先"的分野之下，司法实务中因判断标准不明而造成的裁判不统一的现实困境。因此，在难以精准识别商标恶意诉讼的情况下，司法裁判的不统一将导致对该行为规制不力的局面。

4. 损害救济：被诉侵权人损害救济机制不完善。我国商标恶意诉讼的救济程序主要为事后救济，并且呈现出复杂性的特征。最高人民法院指导案例 82 号确认了以商标权滥用作为不侵权的抗辩事由：商标权利人滥用权利提出的诉讼主张不应得到法律支持，当事人可以此

---

① 廖中洪."恶意诉讼"立法规定与规制的技术及其原理：兼评《民事诉讼法》第112 条规定的合理性［J］. 甘肃政法学院学报，2016（2）：93-103.

② 北京市朝阳区人民法院（2015）朝民（知）初字第 22620 号（美爵信达公司案）、山东省高级人民法院（2016）鲁民终 2271 号（立德公司案）、江苏省高级人民法院（2017）苏民终 1874 号（中讯公司案）民事判决书。

为由请求法院驳回原告的侵权主张①。《商标法》第六十八条第四款规定人民法院可对商标恶意诉讼行为给予处罚②。此时，被告只能通过另行提起新诉的方式寻求损害救济。③ 为此，学者徐明指出，法律权益救济模式与法律秩序维护模式应当是规制商标恶意诉讼的并行路径，主张在制度规范与司法适用中设置"恶意诉讼抗辩权"，以期达到"二权制衡"的良性使用商标权的局面④。对被诉侵权人损害救济路径的探讨反映了商标恶意诉讼法律规制的不完善，亟待通过构建有效的前置性纠纷解决措施遏制商标恶意诉讼现象，维护电商平台经营者的合法权益。

二、对电商平台下商标恶意诉讼进行规制的必要性

（一）恶意诉讼违反诚实信用原则，破坏良好营商环境的根基

诚实信用是市场经济活动中形成的道德规则，它要求个体在追求自己利益的同时尊重他人合法权益及社会公共利益⑤。诚实信用被引入成文法进而成为法律规范的直接动因是对自由市场放任主义的约束与调节⑥。其背后蕴含的价值追求是对公平正义的维护⑦。因此，诚实信用原则的基本功能就在于对市场主体行为的约束，即行为准则的功能⑧。

---

① 参见最高人民法院（2014）民提字第 24 号民事判决书。
② 《商标法》第六十八条第四款内容规定的原则性，导致法院在对商标恶意诉讼进行制裁时，缺少明确的处罚依据。该条款在规制商标恶意诉讼时发挥的作用有限。
③ 2011 年，最高人民法院《民事案件案由规定》明确在民事侵权案由中将"因恶意提起知识产权诉讼损害责任纠纷"列为其一，为商标恶意诉讼案件当事人损害救济提供立案依据。
④ 徐明. 我国商标恶意诉讼的司法规制优化研究——以民事抗辩权为展开进路［J］.知识产权，2020（11）：86-96.
⑤ 梁慧星. 诚实信用原则与漏洞补充［J］. 法学研究，1994（2）：22-29.
⑥ 梁慧星. 诚实信用原则与漏洞补充［J］. 法学研究，1994（2）：22-29.
⑦ 徐国栋. 诚实信用原则二题［J］. 法学研究，2002（4）：74-88.
⑧ 赵群. 论诚实信用原则及其适用范围［J］. 中央政法管理干部学院学报，1999（3）：12-15.

这一功能要求当事人在行使权利、履行义务时，应兼顾对方当事人利益和社会一般利益，使自己的行为符合诚实商人的标准，只在不损害他人利益和社会利益的前提下追求自己的利益①。

商标权作为法律赋予权利人垄断的权利，其背后不仅包含私人利益的属性，还兼具维护消费者与社会公共利益的价值取向②。商标权的行使必须恪守诚实善意，以实现稳定交易环境和维持交易秩序的基本目标③。对于商标恶意诉讼行为，其本质是权利滥用。权利人以提起商标侵权之诉的方式谋求不正当利益的行为侵害了其他市场主体的合法利益，超越了诚实信用原则背后公平正义之价值理念所涵盖的正当行为边界，破坏了市场经济赖以稳定运行的道德基础④。

（二）商标抢注行为侵犯他人在先合法权益，破坏公平竞争的市场秩序

基于使用商标而积累起来的商誉及其背后的劳动投入是商标权人获取商标权的正当性基础。洛克的财产权劳动学说为知识产权提供了正当性⑤。商标的基本功能在于标示与区别商品的出处，商标使用者通过广告宣传、营销活动以及对商品质量的不懈追求，以在商品和服务上实际使用商标的方式，利用商标信息建立起同消费者之间的认知联系，进而获得消费者对产品的信赖，从而不断积累市场利益和形成竞争优势。这种竞争利益是通过经营者对商标实际使用和正当劳动所形成的，具有法

---

① 梁慧星. 诚实信用原则与漏洞补充 [J]. 法学研究，1994 (2)：22-29.
② 张玉敏. 诚实信用原则之于商标法 [J]. 知识产权，2012 (7)：40-45.
③ 罗晓霞. 论商标法的多元价值与核心价值：从商标权的"行"与"禁"谈起 [J]. 知识产权，2010 (2)：63-67.
④ 李平，张芳霖. 论习近平诚信观：渊源·内涵·特点 [J]. 江西财经大学学报，2020 (5)：3-11.
⑤ 易继明. 评财产权劳动学说 [J]. 法学研究，2000 (3)：95-107. 罗晓霞. 竞争政策视野下商标权取得制度研究 [J]. 法学杂志，2012 (6)：117-121；彭学龙. 寻求注册与使用在商标确权中的合理平衡 [J]. 法学研究，2010 (3)：149-162.

律保护的正当性①。《商标法》第三十二条规定："申请商标注册不得损害他人现有的在先权利，也不得以不正当手段抢先注册他人已经使用并有一定影响的商标。"对于抢注他人在先使用并具有一定影响力的商标的行为，一方面构成对他人在先权利的侵犯，另一方面也属于不正当竞争的行为。由此对市场经营秩序带来的恶劣影响是商标抢注人分割商标背后蕴含的市场利益，使商标在先使用人丧失原有的市场份额，最终遭受经济损失。对于消费者而言，抢注商标的行为增加了消费者识别商品与服务来源的成本②，伤害了消费者的知情权与选择权。

（三）不以使用为目的的商标囤积行为破坏商标价值产生的"使用"基础

商标权人实现商标价值的行为逻辑起点在于对商标的使用，即使用产生价值③。商标并非天然存在，只有将符号化的信息经由具体的商品或者服务在消费者头脑中产生直接联系，商标才能最终形成④。虽然商标权利取得存在"注册主义"和"使用主义"的区别，但是单纯的使用主义和绝对的注册主义均有缺陷⑤。商标使用对于商标法构造具有原理上的重要性，⑥ 当前我国对注册主义的调试中采取了通过加强使用以缓和注册效力绝对化带来的不利影响⑦。根据我国《商标法》的规定，

---

① 罗晓霞.竞争政策视野下商标权取得制度研究［J］.法学杂志，2012（6）：63-67.
② 王润华.知识产权法律保护学说概论［M］.北京：知识产权出版社，2022：92-93.
③ 王太平.商标法上商标使用概念的统一及其制度完善［J］.中外法学，2021（4）：1027-1047.
④ 王太平.商标法上商标使用概念的统一及其制度完善［J］.中外法学，2021（4）：1027-1047.
⑤ 彭学龙.寻求注册与使用在商标确权中的合理平衡［J］.法学研究，2010（3）：149-162.
⑥ 蒋万来.商标使用的恰当定位与概念厘清［J］.政法论坛，2016（3）：176-184.
⑦ 张玉敏.论使用在商标制度构建中的作用：写在商标法第三次修改之际［J］.知识产权，2011（9）：3-11.

商标使用贯穿于商标法的各项基本制度①。申请注册商标需要以使用为目的；商标权的存续必须以使用为基础；使用他人商标是构成商标侵权行为的要件②。不以使用为目的的商标囤积行为构成了商标领域的反公地悲剧，即公共领域的诸多标志存在对其拥有商标权利主张的主体，而实际的商标权人并未充分利用该商标，市场上其他意图使用该商标的主体又不能自主使用，进而导致该商标无法得到充分利用，造成资源的浪费③。

因此，商标注册人不以使用为目的，在商标注册之后利用注册商标对他人正当使用的行为进行恶意投诉和"维权"的行为具有两方面的不正当性：一方面直接违背了商标价值产生来源的事实基础，不正当地占用公共资源和扰乱商标注册秩序；另一方面又降低了电商平台商户对期待利益的合理预期，造成交易机会的减少和消费者识别与选择商品的交易成本的增加。例如，商标囤积者将"水桶"等词汇注册为商标后，平台商户则不能将水桶用于对潮流商品的描述，这也将增加消费者的信息检索成本，违背电子商务高效便捷的服务目标。

（四）恶意诉讼案件关涉主体多，影响电商平台运营活力

商标恶意诉讼的对象大多涉及电商平台维权能力弱的中小型经营者。相较于应诉能力强的大型品牌商户，数量庞大且对抗能力较弱的中小型经营者成为恶意诉讼人起诉的对象。被诉商户收到起诉材料之后，在缺乏完善有效的诉中法律规制手段的情况下，迫于诉累、恶意诉讼人的权利凭证等证据材料、对诉讼结果的预判和稳定运营的压力，中小型

---

① 孔祥俊. 论非使用性恶意商标注册的法律规制：事实与价值的二元构造分析 [J]. 比较法研究，2020（2）：54−71.

② 相关制度分别规定于《商标法》第 4 条、第 49 条、第 57 条。

③ 张一泓. 论商标领域反公地悲剧现象及其对策 [J]. 湖南人文科技学院学报，2020（3）：74−79.

经营者往往极易接受恶意诉讼人提出的和解或者撤诉方案，这种现象直接打击了中小型经营者的积极性，最终在事实上助长了电商平台商标恶意诉讼行为的泛滥，破坏了电商平台运营的稳定性①。

互联网环境下，电子商务领域矛盾纠纷的化解和法治化营商环境的营造是社会治理的重要方面。商标恶意诉讼行为违背了商标法的制度价值、侵犯了电子商务经营者的市场利益，对电子商务营商环境造成了恶劣影响。在当前诉讼增量上升和法律规制手段亟待完善的情况下，本文提出以诉前调解机制应对电商平台商标恶意诉讼的诉源治理方案，构建诉讼与非诉讼分层递进、有机衔接、协调配套并向电商领域延伸的纠纷解决体系，为应对商标恶意诉讼、助力法治化营商环境建设提供创新路径。

三、商标恶意诉讼的诉源治理：诉前调解机制的适用

基于司法解纷手段应对电商平台下商标恶意诉讼存在的现实困境，诉前调解机制的提出能够为电商平台下商标恶意诉讼的治理提供路径借鉴。诉前调解的直接目标是推动纠纷的分流与化解。在司法解纷方式之外，本文建议利用知识产权调解组织的专业优势，搭建起同电商平台、人民法院沟通的桥梁，发挥不同组织在解纷中的优势，同时促进调解与诉讼程序间的有效衔接。

（一）诉前调解的性质

商标恶意诉讼的诉前调解机制隶属于"诉源治理"的范畴。当前"诉源治理"在学界尚无准确定义②。本文采中观层面的"涉诉纠纷治理"概念，即对可能进入诉讼领域的纠纷运用诉前调解机制，主张通

---

① "商标流氓"频现，商标局出重拳［EB/OL］."澎湃新闻"微信公众号，2021-02-09.
② 徐楠轩，陶丽琴.电子商务领域诉源治理机制的反思与重构［J］.法律适用，2021（2）：24-30.

过调解的实施建立调解组织同人民法院、电商平台的协同治理和沟通机制，形成应对商标恶意诉讼的合力，发挥诉前调解在商标恶意诉讼纠纷立案前的识别、分流与化解作用，弥补商标恶意诉讼司法规制中的不足，有效提升纠纷解决效率。商标恶意诉讼的诉前调解机制属于法院委派调解，即由法院引入第三方专业知识产权调解组织对进入立案程序之前的知识产权纠纷案件先行调解。通过专业化调解主体与审判者相分离的调解模式，对传统司法调解模式予以补充①，克服传统司法调解模式强制调解、以调代审的弊端，同时建立起调解员与审理法官之间的沟通联结机制，推动商标恶意诉讼案件的分流与彻底解决。

（二）诉前调解机制的解纷流程

适用诉前调解机制的商标恶意诉讼案件，其解纷流程主要分为纠纷受理与调解准备阶段、调解实施阶段、调解终结与总结反馈阶段②。不同阶段中体现出应对知识产权纠纷尤其是针对电商平台上多发的商标侵权纠纷特点，而构建出的专业性强、成本低、解纷效率高与彻底解决纠纷的解纷机制优势。

整体解纷流程设计见图1。首先，人民法院自收到当事人提交的民事起诉状后，暂缓受理并建议当事人进行诉前调解。其次，在取得当事人同意的情况下，法院完成诉前登记后将案件委派给专业的知识产权调解组织先行调解③。最后，在调解实施过程中，双方当事人若达成和

① 詹映，邱亦寒. 我国知识产权替代性纠纷解决机制的发展与完善［J］. 西北大学学报（哲学社会科学版），2018（5）：75-83.

② 徐波. 知识产权纠纷人民调解工作的探索总结与思考［J］. 电子知识产权，2017（9）：58-66.

③ 根据最高人民法院于2020年1月15日印发的《关于进一步完善委派调解机制的指导意见》，此处的"委派调解"为人民法院正式立案前的特邀调解制度。人民法院通过委派法院外部专业的知识产权调解组织或者调解员，发挥行业、专业组织、有关专家的专业优势，提升调解专业水平。

解，则可以申请撤诉或者依据和解协议向人民法院申请进行司法确认①或者向人民法院申请出具调解书；若一方当事人不同意进行诉前调解，或者当事人无法在诉前调解期限内达成和解，人民法院将正式受理案件，并转入诉讼程序审理。应对电商平台的商标恶意诉讼诉前调解机制的解纷流程及特点主要体现在以下三个阶段中。

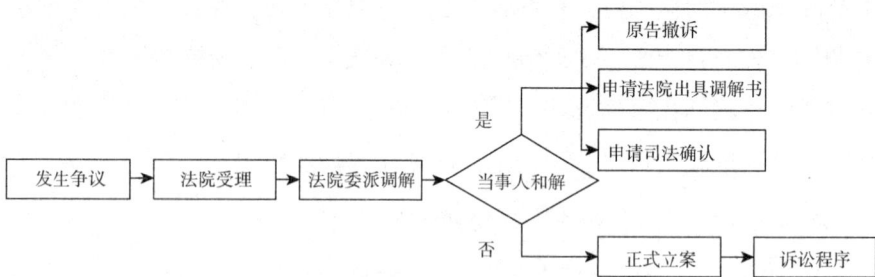

图1　诉前调解机制解纷流程图

1. 纠纷受理与调解准备阶段。人民法院受案后，将涉电商平台的商标侵权纠纷分配至调解组织并委派调解员对案件进行先行调解。调解准备阶段的程序保障措施和专业化调解员的参与将为诉前调解机制作用的发挥提供保障。在程序保障与调解专业化方面，将通过以下举措提升调解程序的规范化和解纷实效。

第一，法院应当加强电子送达的适用。依托电商平台属地法院的多元调解平台，建立起调解员同法官与电商平台关于电子送达信息的沟通机制和一键操作平台，规范由人民法院实施电子送达的主体资格②。法

---

① 最高人民法院于2009年7月24日印发的《关于建立健全诉讼与非诉讼相衔接的矛盾纠纷解决机制的若干意见》（法发〔2009〕45号）中确立了调解协议的司法确认制度，搭建了多元化纠纷解决机制之间良性互动的桥梁。

② 2016年6月28日，最高人民法院印发《关于人民法院进一步深化多元化纠纷解决机制改革的意见》，明确提出"要根据'互联网+'战略要求，创新在线纠纷解决方式，推动建立在线调解、在线立案、在线司法确认、在线审判、电子督促程序、电子送达为一体的信息平台"。

院积极引导电商平台在与经营者签订商务合作协议时纳入"送达地址确认条款",事前约定商户认可并可确认收悉的电子送达地址,电商平台及时向法院反馈涉诉经营者的送达信息。规范并加强使用电子送达,能够克服传统邮寄送达效率低与电子送达程序不规范的弊端。在法院主导下,建立起适应互联网环境的电子送达程序规范和平台保障,有利于充分发挥电子送达即时、便捷的优势,有效应对电商平台下商标侵权诉讼涉及被告数量多、地域范围广、存在送达地址变更或者不准确的情况,提升电子送达工作的实际效果①。

第二,法院应当重视对当事人自由选择解纷方式的尊重。在有效送达和保障当事人诉讼权利的基础上促进双方达成调解纠纷的合意,充分保障当事人选择解纷程序的意思自治。法院在委派调解的同时,应当坚持调解自愿原则,履行调解的引导与告知义务,确保当事人知悉诉前调解的优势、程序、法律效力、诉讼费用的减免等事项②。在当事人同意调解的情况下,由当事人签署《委派调解告知书》,以书面形式确认当事人调解的自愿性。对于当事人意见分歧大、无法达成调解纠纷合意的情形,法院不能强制当事人适用调解程序,而应由当事人在《委派调解告知书》上签署明确意见,以充分尊重当事人的诉权。

第三,调解组织应当组建专业化、多元化的调解员队伍,并规范调解实施前的调解员选任流程。调解组织可以积极吸纳互联网、电子商务领域的行业调解员、律师、专家等作为特邀调解员,组成多元化的调解员队伍。同时,调解组织还应当规范调解员选任流程,引入当事人对委派调解员的异议程序和重新选任程序,保障当事人对调解员的选择权。

---

① 吴献雅,赵克南.关于涉电商平台知识产权侵权案件的调研报告 [J].法律适用,2017 (12):98-103.

② 最高法相关负责同志就《关于进一步完善委派调解机制的指导意见》答记者问 [EB/OL]."最高人民法院"微信公众号,2020-01-22.

在形成程序保障的基础上，对于进入调解程序的商标侵权纠纷，具备专业知识的调解员将会根据原告方提供的案件材料，与当事人就案件事实进行沟通，了解当事人的争议事实和利益诉求，为调解实施做准备。由当事人选择调解员，能够克服当前因职业伦理规范缺位导致的调解员可能存在徇私的弊端①。多元化专业调解员队伍的组建，能够发挥行业内调解员具备专业知识或从业经验的优势，提升解纷过程中对事实判断的说服力，在有效识别恶意诉讼的基础上，促进权利人规范行使诉权，即时化解纠纷。

第四，相关部门应当加强对调解员专业能力的培养，提升现有调解员的专业化水平。利用调解组织同法院之间沟通合作的优势，法院可以定期开展司法审判与调解实务的交流与法律业务培训活动，搭建起"法官释法"等法律知识交流平台，推动调解员同法官之间就恶意诉讼行为的识别与规制建立起有效即时的沟通。调解员与法官间沟通机制的构建，有利于在诉调对接机制下打通诉前调解与司法审判之间的交流渠道，促进商标恶意诉讼的即时化解与法律规制进程的推进。

2. 调解实施阶段。在调解实施阶段，调解员通过对案件事实的判断与分析，协调并引导当事人达成和解合意。首先，由调解员对纠纷的基本事实进行梳理与判断。调解员应当充分发挥自身具备的专业知识优势和行业实践背景，根据当事人的争议事实、自身特点，结合司法实践案例，形成对电商平台由商标抢注行为和不以使用为目的的商标囤积行为引发的恶意诉讼的判断与筛选路径，初步识别恶意诉讼，推动案件分流。其次，由调解员促进当事人达成和解合意。对于不符合恶意诉讼特征的纠纷，由调解员主动开展释法说理，根据法律对商标侵权行为判断

---

① 费艳颖. 枫桥经验视域下我国知识产权纠纷人民调解制度及其完善 [J]. 东北大学学报（社会科学版），2019（4）：398-403，427.

与赔偿标准的相关规定，结合被诉侵权人对涉案商标的使用情况、获利情况、主观恶意程度等，促进双方当事人达成和解方案，即时化解矛盾纠纷。对于符合恶意诉讼行为特征的案件，调解员则将运用专业法律知识与调解技巧，根据当事人的诉求给出客观意见，对双方当事人在诉讼中可能存在的优势与劣势进行评估，对诉讼结果进行预判。同时，调解员通过借助与法官之间的沟通机制，形成对商标恶意诉讼的判断与筛选，引导当事人理性维权，即时推动当事人撤诉，减轻电商平台经营者的诉累，推动矛盾纠纷的化解。

3. 调解终结与总结归纳阶段。调解实施过程终结后，调解员应当及时向法院反馈案件情况，推进案件分流。第一，由调解员对调解成功与失败的案例进行汇总分析，提炼案件特征，总结调解规律，形成应对电商平台商标侵权纠纷的调解经验。第二，就调解实施过程中识别出的恶意诉讼案件，调解员在实现初步筛选之后，与受理案件的法官进行沟通与反馈，推动案件由调解程序转为审判程序，由法院发挥司法裁判对恶意诉讼行为的规制作用。第三，我国应建立多元解纷程序与商标无效和撤销程序之间的协同治理机制，通过调解程序的过滤与筛选，建立起由调解员到人民法院再到商标评审委员会的沟通渠道，推动涉案商标的无效与撤销程序，即时彻底解决纠纷，避免潜在的诉讼增量。第四，调解组织应当建立恶意诉讼行为人黑名单，并推进实现其与电商平台之间的信息共享，及时应对囤积商标的行为人在不同电商平台上提起侵权之诉的行为。

四、商标恶意诉讼诉前调解机制的必要性与优势

电商平台下庞大的经营主体规模增加了潜在的商标恶意诉讼的案件数量，缓解案件增量给人民法院带来的审判压力是诉前调解机制的直接目标。调解组织、人民法院等解纷主体应利用互联网环境下电商平台和

线上调解平台程序实施的便捷性，实现高效的信息交流以发挥诉前调解机制的效率优势。同时，基于电商平台所具有的平台沟通优势和知识产权调解组织的专业优势，人民法院通过加强诉前调解机制的应用，有助于形成电商平台、调解组织、人民法院与行政机关之间应对商标恶意诉讼行为的合力，提升纠纷解决的有效性。

（一）电商平台下商标恶意诉讼数量引发对诉源治理机制的现实需求

诉前调解机制是促进矛盾在源头预防、前端化解，进而从源头上减少诉讼增量的纠纷解决路径，能够为化解涉电商平台的知识产权纠纷和规制破坏电子商务营商环境的恶意诉讼行为提供有益思路。诉源治理的直接目标是减少法院诉讼案件增量、缓解法院"案多人少"的矛盾[①]。面对电子商务领域线上解纷模式的构建和互联网法院建设带来的诉讼便宜，电商平台批量化商标恶意诉讼案件涌向法院，直接增加法院案件增量，尤其在主流电商平台的属地法院中，相关案件增量巨大，为司法资源的使用带来巨大压力。在立案登记制改革减弱立案环节过滤功能的情况下，人民法院和调解组织亟待加强对电子商务领域商标侵权纠纷的诉源治理。针对电商平台涉及商标恶意诉讼的案件，诉前调解机制的应用能够发挥在法院正式立案之前的过滤与筛选作用。通过专业化的调解员对案件事实和证据的考察、调解员与法官之间沟通机制的建立，充分发挥诉前调解机制在案件筛选中的前置作用，即时化解电商平台事实清楚的简易商标侵权纠纷。同时，针对可能构成商标恶意诉讼的案件及当事人，调解员积极推动案件进入诉讼程序和商标无效或撤销程序，进而在减少法院案件增量的情况下实现彻底解决纠纷的诉源治理目标。

---

① 徐楠轩，陶丽琴. 电子商务领域诉源治理机制的反思与重构［J］. 法律适用，2021（2）：24-30.

（二）程序保障下提升诉前调解的规范性和效率

构建规范的电子送达程序，并加强人民法院对电子送达的使用，能够提升电子商务领域纠纷诉前调解的效率和保障当事人的诉讼权利。互联网环境之下，电商平台经营者的商标侵权诉讼关涉主体数量多、涉及地域范围广的特征对送达效率及有效性提出了更高的要求①。国家通过建立完备的电子送达程序规范，加强人民法院对电子送达的使用，有利于保障送达主体和送达行为的规范性和送达实施的准确性。在人民法院的主导下，搭建法院电子送达平台与多元解纷平台间互联互通、电商平台与解纷主体即时有效的信息共享机制，不仅能够契合电子商务平台纠纷解决的特点与需求，而且更能实现对当事人诉讼权利的保障。

（三）吸纳多方主体参与提升协同治理的有效性

调解组织通过组建专业化、多元化的调解员队伍，落实电商平台、调解组织、司法与行政机关之间的协同治理理念，有利于提升涉电商平台知识产权纠纷解决的效率和有效性②。相关调解组织吸纳具有专业知识背景或者行业从业经验的调解员作为诉前解纷主体，能够发挥专业化调解员的解纷优势。由调解员对恶意诉讼行为形成前置性判断，根据案件的现实情况推动当事人和解撤诉或者进入司法规制程序，及时推动案件分流。建立调解员与法院之间的沟通机制，可以形成诉前调解阶段调解员对案件事实的判断与司法裁判相对接。对于明显的恶意诉讼案件，调解员可以及时推动司法裁判规制作用的发挥，以及涉案商标无效与撤销程序的推进，遏制潜在的诉讼增量，实现彻底解决纠纷的目标。在调

---

① 吴献雅，赵克南. 关于涉电商平台知识产权侵权案件的调研报告 [J]. 法律适用，2017（12）：98-103.

② 徐波. 知识产权纠纷人民调解工作的探索总结与思考 [J]. 电子知识产权，2017（9）：58-66；郭艳. 调解为国内外知识产权纠纷解决领域带来广阔发展空间 [J]. 江西警察学院学报，2021（6）：40-41.

解组织吸纳专业调解员和建立同法院之间沟通机制的同时，电商平台参与协同治理的体系，能够发挥平台与电子商务经营者之间信息沟通便捷性的优势，实现在信息共享基础之上提升纠纷解决效率的目标。

五、商标恶意诉讼诉前调解对调解机制的调整与优化

应对商标恶意诉讼诉前调解机制是在提升电子商务领域商标侵权纠纷诉源治理效率和有效性的目标之下构建的。它能够在实现传统调解纠纷机制非对抗性效果和兼顾双方当事人利益优势的同时，充分发挥程序保障和吸纳多方主体参与、协同治理的优势，疏解传统调解模式适用于知识产权纠纷调解过程中存在的对当事人调解自愿性确认不足和对调解员单一化绩效考核机制①的弊端。应对商标恶意诉讼的诉前调解机制对传统调解机制的优化具体体现在两个方面，分别为以书面确认程序落实调解自愿原则和调整调解员绩效考核的标准。

（一）调解自愿原则确认规则的完善

应对商标恶意诉讼的诉前调解机制通过明确法院的告知义务，由法院引入书面形式确认当事人调解的自愿性，以弥补传统调审合一模式中职权主义对调解自愿造成的影响②。实践中，法院存在原则上必须进行诉前调解，调解不成再行立案的现象。特别是在年末结案期间，因诉前调解案件并不计入未结案件，部分法院为提升结案率等质效指标，会存在一定程度的强制当事人启动诉前调解的现象，导致当事人对诉前调解的开展产生不满情绪，甚至引发其他矛盾③。当前，基于提升纠纷解决

---

① 转引自费艳颖，赵亮．枫桥经验视域下我国知识产权纠纷人民调解制度及其完善 [J]．东北大学学报（社会科学版），2019（4）：398-403，427.

② 孙载京．自愿原则在法院调解中的实现路径 [J]．厦门广播电视大学学报，2020 （4）：64-68.

③ 王丽．诉前调解的原则、程序及应用：以 J 省为例 [J]．江西警察学院学报，2021 （6）：125-128.

效率和实现实质正义的价值取向,明确法院在委派调解时的告知义务和调解自愿性的书面确认①,有利于弥补案件分流阶段对当事人的自愿性确认不足。同时,对自愿原则的落实也是对案件筛选的过程,从中可以考察当事人尤其是被告对于侵权事实的态度,进而有利于调解员考察原告商标权利的正当性基础,发挥对恶意诉讼案件的前置筛选作用。

对此,针对电商平台商标恶意诉讼案件而提出的诉前调解机制,在调解实施启动前,引入人民法院对调解自愿原则的书面形式确认,能够以具体明确的书面形式保障当事人对程序选择的自愿性②。在当事人达成自愿调解的基础上,针对不同情况启动相应的案件处理流程。在当事人达成和解时,调解员积极推动当事人即时履行,或者由当事人申请司法确认或向法院申请制作调解书;而当事人拒绝调解时,调解员则结合对案件事实的审查和对恶意诉讼的判断,即时将案件转至诉讼程序。在案件进入诉讼程序后,通过调解员与法官在事实判断基础上对法律判断的沟通机制,有效提升裁判结果的公信力和可执行性。

(二)调解员绩效考核与激励机制的调整

针对电商平台商标恶意诉讼案件,调解组织应当建立完善的知识产权调解员收入考评标准和经费保障制度,从而有效克服因缺乏内在职业伦理约束机制和外在的程序保障机制的弊端。传统调解模式以调解成功率作为调解员绩效考核与收入的参考标准③。当前,在缺乏调解员职业伦理规范的情况下,调解成功率作为外在的考核指标难以对调解员发挥恶意诉讼案件的筛选与分流作用提供有效的约束。在特殊情况下,调解

---

① 最高法相关负责同志就《关于进一步完善委派调解机制的指导意见》答记者问 [EB/OL]. "最高人民法院"微信公众号,2020-01-22.

② 张怡歌. 知识产权纠纷诉调对接机制的理论逻辑与实践路径 [J]. 江苏大学学报》(社会科学版),2020(2):76-86.

③ 转引自费艳颖,赵亮. 枫桥经验视域下我国知识产权纠纷人民调解制度及其完善 [J]. 东北大学学报(社会科学版),2019(4):398-403,427.

员甚至会成为恶意诉讼人的帮凶①，使诉前调解的解纷实效大打折扣，进而不利于电商平台营商环境的改善。因此，为了克服传统收入考评标准对商标恶意诉讼的规制带来的不利影响，诉前调解机制可从两个方面予以完善：一方面，调解组织应当加强程序保障，可通过规定调解员回避等基本程序规范保障当事人选择调解员的自主性；另一方面，调解组织应当变更绩效考核制度，打破传统调解绩效考核依据调解成功率的标准，促进调解员恪守合法诚信的原则实施调解工作。

六、结　语

电商经济的规模化使得电子商务领域的商标恶意诉讼对社会矛盾纠纷化解的诉源治理提出了新的挑战，同时对于电商营商环境的稳定性造成了不良影响。在知识产权多元解纷机制的探索与完善过程中，针对电商平台存在的商标恶意诉讼案件，应当构建出符合行业发展需求与营商主体多元化解纠纷诉求的诉前调解机制，以实现对传统调解模式继承基础上的创新，推进诉前调解机制的进一步发展。但是，诉前调解机制优势的发挥还有待于相关体制机制的完善与落实，进而为知识产权纠纷的处理和良好营商环境的营造提供便利高效的选择。

---

① 张怡歌. 知识产权纠纷诉调对接机制的理论逻辑与实践路径 [J]. 江苏大学学报（社会科学版），2020（2）：76-86.

专利侵权损害法定赔偿制度研究

——以北京、湖北、重庆、山西为分析对象

刘海强*

法定赔偿制度具有举证要求宽松、不需要进行复杂的运算、审判速度迅速等特征，但也存在一些不可避免的缺陷，如法律规定不太清晰、审判机关滥用、平均赔偿额和判赔支持率都非常低等，这些因素很显然影响到了权利人维权的积极性。在实践过程中，我国《专利法》的实施不尽如人意，主要体现在维权过程中存在"赢了官司，丢了市场"的现象，以及法定赔偿的滥用等现象，严重打击了权利人维权的积极性。

一、专利侵权损害法定赔偿适用现状的实证分析

（一）实证分析思路与方法设计

1. 实证分析思路

本文的思路是通过搜集北京、湖北、重庆、山西等四地区法院关于专利侵权的案件并将统计的数据进行分类整理，通过最广泛、最真实的实证分析，对我国法定赔偿制度进行研究，以求反映该制度在司法实践运用中的真实情况。

---

* 作者介绍：刘海强，男，1995 年 12 月生，武汉市城郊地区检察院第二检察部干警。

2. 实证样本选取方法设计

2022 年 8 月，国家知识产权局在北京正式发布了 2021 年度的《中国知识产权发展状况评价报告》。该报告显示，全国 31 个地区知识产权综合发展指数非常明显地呈现为阶梯状分布的特征，与我国经济发展的格局非常相似。整体来看，我国知识产权发展最优的是东部地区，其次是中部地区，之后是东北地区，最差的是西部地区；2021 年部分中西部地区与东部地区之间的发展差距进一步缩小。我国知识产权发展状况具体分为四个梯队①：

第一梯队：广东（88.51）、上海（85.30）、江苏（85.11）、北京（85.07）、浙江（83.01）、山东（80.2）的知识产权综合发展指数高于 80，这六个地区综合发展指数在全国排名最靠前。

第二梯队：综合发展指数低于 80，但高于 70 的地区，包括安徽（76.77）、四川（75.52）、福建（75.38）、湖北（75.30）、辽宁（72.79）、陕西（72.12）、天津（71.67）、湖南（70.27）。

第三梯队：综合发展指数低于 70，但高于 60 的地区，包括河南（68.82）、重庆（68.54）、河北（67.00）、云南（64.23）、吉林（63.66）、黑龙江（64.13）、江西（62.57）、广西（62.55）、贵州（60.87）。

第四梯队：综合发展指数低于 60 的地区，包括新疆（59.96）、甘肃（59.64）、内蒙古（58.30）、山西（57.64）、宁夏（56.53）、青海（54.72）、海南（53.64）、西藏（51.23）。

考虑到我国知识产权发展水平不均衡且呈现出梯度推进特点，以及之前学者进行相似实证分析时均选择了我国东部发达省份作为样本，本文认为因为我国知识产权发展水平差距十分大，仅选取东部地区并不能

① 数据来源于国家知识产权局的《2021 年中国知识产权发展状况评价报告》。

真实反映专利侵权的真实情况。因此，为全面反映专利侵权损害法定赔偿制度在司法实践中的状况，本文以中国裁判文书网上公布的专利侵权案件判决书为样本，随机选取第一梯队中的北京（综合指数 85.07）、第二梯队中的湖北（综合指数 75.30）、第三梯队中的重庆（综合指数 68.54）、第四梯队中的山西（综合指数 57.64）等四个省（市）2020—2022 年关于专利侵权损害赔偿案件的判决书作为研究对象。具体检索程序为：

第一，在中国裁判文书官网上打开高级检索，裁判时间选择为 2020 年 11 月 1 日至 2022 年 10 月 31 日。

第二，案由选择分别为侵害发明专利权纠纷、侵害实用新型专利权纠纷、侵害外观设计专利权纠纷；文书类型选择判决书；地区再分别选取以上四个地区。根据以上筛选条件，共计得到 896 篇判决书。

第三，通过人工筛除以下情况判决：（1）法院驳回原告诉讼请求（166 件）；（2）法院认定被告行为侵权但不承担赔偿责任，或认定被告行为侵权但仅支持赔偿合理费用（97 件）；（3）进入二审、再审程序，为避免重复，将相应一审案件进行剔除（69 件）；（4）法官认为不适宜公开或先行判决（20 件）。

第四，最后得到有效样本 532 件，其中侵害发明专利权纠纷 77 件占比 14%，实用新型专利侵权 250 件占比 47%，外观设计专利侵权 205 件占比 39%，如图 1 所示。

（二）专利侵权损害法定赔偿适用的综合分析

样本案例的实证分析主要从以下三个方面进行：第一，通过阅读 532 件案例并进行分析，整理出本文所需的赔偿额、赔偿方式等数据信息；第二，将统计出的数据进行整理归纳，以图形、图表等的方式直观反映法定赔偿制度在实践中不同方面的特征；第三，由于篇幅的限制，

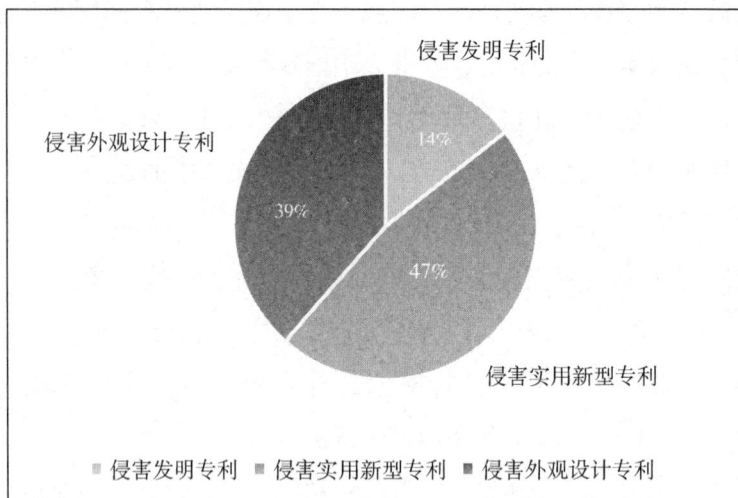

图1 专利类型样本占比

主要从法定赔偿的适用比率、法定赔偿的判赔比率、当事人举证情况，以及法官判案等方面进行重点的统计与分析。

1. 法定赔偿适用的比率

根据笔者的统计，在532件有效案例中，审判机关按照第一顺位即权利人实际损失进行判赔的共计有1件，以第二顺位按照侵权人获利进行判赔的共计有8件，以第三顺位参考专利许可使用费的合理倍数进行判赔的有1件，而另外还有2件案件采用了突破法定赔偿上限100万酌定赔偿的方式。具体案件如表1所示。

表1 未适用法定赔偿样本案例

案件号	涉案专利类型	赔偿方法	专利人的请求赔偿额	实际判赔额
（2021）京民终506号	发明	实际损失	经济损失557万元，合理费用7万元	经济损失557万元，合理费用7万元

案件号	涉案专利类型	赔偿方法	专利人的请求赔偿额	实际判赔额
（2020）京民终454号	发明	许可费使用合理倍数	经济损失3288.7179万元，合理费用47.4194万元	经济损失862.9173万元，合理费用47.4194万元
（2020）京民终734号	发明	侵权获利	经济损失880万元	经济损失80万元
（2020）京73民初190号	发明	侵权获利	经济损失1800万元，合理费用51.7106万元	经济损失350万元，合理费用51.7106万元
（2021）京知民初字第1143号	发明	突破法定赔偿上限，酌定赔偿	经济损失500万元，合理费用0.3万元	经济损失200万元，合理费用0.3万元
（2022）晋民终142号	发明	侵权获利	经济损失5000万元（含合理费用）	经济损失1080万元（含合理费用）
（2021）京民终470号	实用新型	侵权获利	经济损失85万元，合理费用15万元	经济损失85万元，合理费用15万元
（2022）京民终1669号	外观设计	侵权获利	经济损失100万元，合理费用18.5036万元	经济损失60万元，合理费用8万元
（2021）京民终481号	外观设计	突破法定赔偿上限，酌定赔偿	经济损失300万元，合理费用20万元	经济损失300万元，合理费用11.494197万元
（2020）京73民初1762号	外观设计	侵权获利	经济损失50万元，合理费用8.5317万元	经济损失50万元，合理费用8.5317万元
（2022）京知民初字第1622号	外观设计	侵权获利	经济损失2691.613592万元，合理费用31.02万元	经济损失1000万元，合理费用3万元

续表

案件号	涉案专利类型	赔偿方法	专利人的请求赔偿额	实际判赔额
（2021）京73民初1156号	外观设计	侵权获利	经济损失500万元，合理费用20万元	经济损失455万元，合理费用15.1748万元

剩余有522件均采用了法定赔偿的方式确定判赔额①，如表1所示采用许可费使用合理倍数、实际损失判赔以及侵权获利的方式判赔占比总计不超过2%，相反，适用法定赔偿的方式确定赔偿额的占比达到了97.72%。之前也有学者对我国北京以及苏浙沪粤等五地的400多份专利侵权案件进行了实证分析，并得出了这五个地区的法定赔偿的计算方法使用率达到了99%的结论。前文所述统计数据显示532起专利侵权案，适用专利法定赔偿高达522件，适用法定赔偿方法使用率高达98.12%，与笔者实证分析的结果大致相同。法定赔偿制度在审判机关占主导地位的适用，也证实了许多学者的质疑，这种情况的出现引起了专业人士甚至是普通民众对法官选择判赔方式的批评。

表2 判赔方式统计

判赔方式 专利类型	实际损失（件）	侵权获利（件）	许可使用费合理倍数	法定赔偿（件）
发明	1	3	1	72
实用新型	0	1	0	249
外观设计	0	4	0	201

① 《专利法》及最高院发布的指导意见或司法解释均未将突破法定赔偿酌定赔偿的方式作为新的判赔方式，因此笔者在本文将突破法定赔偿上下限的酌定赔偿方式归为法定赔偿进行统计。

判赔方式 专利类型	实际损失 （件）	侵权获利 （件）	许可使用费 合理倍数	法定赔偿 （件）
总计	1	8	1	522
占比	0.19%	1.50%	0.19%	98.12%

2. 适用法定赔偿判赔额情况

如表3、图2所示，笔者将赔偿额的数值区间分为7个，并对落入每个不同区间的案件数量进行统计：法院在1万元以下进行判赔的有52件，占比9.77%，在笔者统计过程中发现这52件专利中大部分存在原告或被告不是企事业的情况。在1万到20万之间进行判赔的达到76.69%，在40万元以下达到90.41%，60万元以上的赔偿达到5.45%，反映出北京、湖北、重庆、山西等地低额判赔居多的司法现状。

如表3所示，522件法定赔偿的案件总计判赔11184.21万元，平均判赔21.02万元。其中侵害发明专利权纠纷总计判赔6982.20万元，平均判赔90.68万元；侵害实用新型专利权纠纷总计判赔1309.74万元，平均判赔5.24万元；侵害外观设计专利权纠纷总计判赔2892.26万元，平均判赔14.11万元。以上数据与三类专利类型赔偿额的分布情况相吻合，不同类型的专利对判赔额的影响很大。

表3　法定赔偿判赔数额 Y（单位：万元）

区间	案件数量（件）分布							总计 判赔 （万元）	平均 判赔 （万元）
	$Y<1$	$1{\leqslant}Y$ ${\leqslant}20$	$20{<}Y$ ${\leqslant}40$	$40{<}Y$ ${\leqslant}60$	$60{<}Y$ ${\leqslant}80$	$80{<}Y$ ${\leqslant}100$	$Y{>}100$		
发明	0	33	12	17	1	9	8	6982.20	90.68
实用 新型	15	224	8	1	1	5	0	1309.74	5.24

续表

案件数量（件）分布							总计判赔（万元）	平均判赔（万元）
区间	Y<1	1≤Y≤20	20<Y≤40	40<Y≤60	60<Y≤80	80<Y≤100	Y>100		
外观设计	37	151	1	4	2	0	3	2892.26	14.11
总计	52	408	21	22	4	75	11	11184.21	21.02

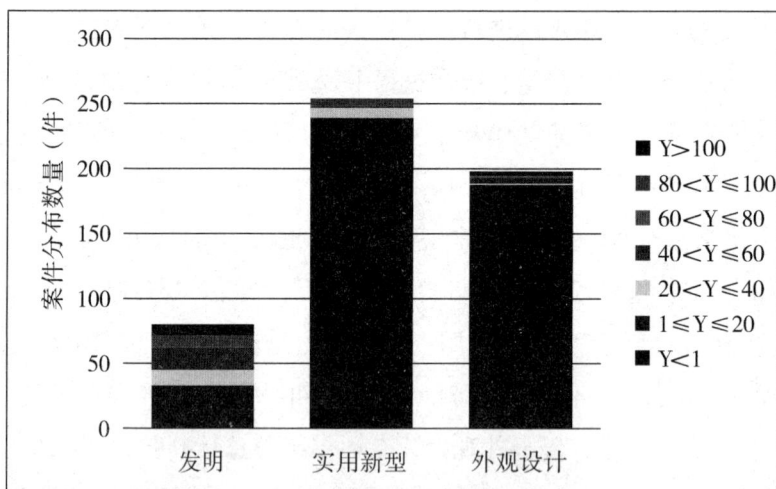

图 2 判赔额不同专利分布

由图 2 可以直观看出，不同的专利类型集中的判赔额的区间不同，发明专利主要集中在 40 万元以上，而关于实用新型专利和外观设计专利虽然也有案件判赔在 40 万以上，但是很少不足 2%，主要还是集中在 20 万以下。在"高价"赔偿区间中，发明专利案件占比具有"绝对优势"，在总计赔偿金额以及平均判赔上与其他两种专利类型相比，专利赔偿同样居于高位。符合专业学者和普通大众对专利"凝结的智慧成果越多，侵权成本相对应的就越高"的认识。

由表 3、图 2 可知，四地区法院三种专利类型适用的判赔支持率 P（判赔额/求偿额）主要都是在 10%～40% 之间，总体占比达到了 59.77%。笔者统计发现实用新型专利以及外观设计专利的许多案件的判赔支持率在 10% 以下分布较多，总体达到了 11.47%，而在中高端判赔支持率在 40%～100% 之间，发明、实用新型外观设计均有分布总体占比达到了 24.06%。在 522 件案例中有 25 件案件完全 100% 支持了诉讼请求数额，占比达到了 4.7%，其中发明专利有 8 件、实用新型有 9 件、外观设计有 8 件，基本上是均衡分布。另外四地区的平均判赔支持率为 35.01%，而不同的专利类型判赔支持率自然也不相同，发明专利的判赔支持率明显高于外观设计专利，达到了 41.05%，实用新型平均判赔支持率为 37.52%，外观设计的判赔支持率低于平均值仅 29.69%，总体上反映了四地区低判赔支持率的司法现状，与前文的三类专利类型低判赔额的分布情况相吻合，不同类型的专利类型影响判赔的支持率分布。另外笔者在统计数据时发现，最低判赔率为（2020）京民终 565 号判决书，孙震与北京付利联科技有限责任公司等侵害实用新型专利权纠纷二审民事判决①。原告孙震请求赔偿责任及合理开支 2500 万元，而在孙震未提供相应有效证据的情况下，原审法院根据其申请两次前往山东安然纳米公司生产厂区现场勘验，但均未发现孙震所指称的侵权设备，北京市高院维持一审判决赔偿原告经济损失 310 元及诉讼中合理支出 2000 元。

3. 权利人举证情况

如表 4 所示，笔者在进行实证分析时发现当事人一般都能举证证明自己的专利被侵权，但是对于自己所请求赔偿数额则很少能够举证并得到法官的认可。另外，当事人很少明确向法院请求按哪种方式进行赔偿

———————

① 参见中国裁判文书网（2020）京民终 565 号判决书。

额的计算，在 532 件样本案例中仅有 27 件案例当事人表示明确适用赔偿方式，有 95% 以上的权利人对于法院适用何种方式判赔未做出表示，除明确适用法定赔偿进行计算外仅有 10 件案例得到了法官的支持，如表 4 所示。

表 4　权利人举证统计

名　称	权利人主张赔偿方式	权利人举证及法官认可情况
（2021）鄂民终 452 号蕲春艾都生物科技有限公司、蕲春楚天蕲艾灸科技有限公司侵害实用新型专利权纠纷二审民事判决书	法定赔偿	原告未对其经济损失没有举证证明，也未对被告侵权获利提交证据，法官适用法定赔偿判赔
（2020）渝 05 民初 1372 号本技研工业公司与天鹰车业公司侵害外观设计专利权纠纷	侵权获利	原告虽然主张适用侵权获利，但未提供充分证据证明侵权人获得的利益，法院参考有关因素确定判赔额
（2020）晋 01 民初 61 号喀什博思光伏科技有限公司与山东豪沃电气有限公司侵害实用新型专利权纠纷一案	法定赔偿	原告主张适用法定赔偿，且未提供关于实际损失、侵权获利的证据，法院综合考虑各种因素，按照法定赔偿的数额方式，酌情予以确定赔偿额
（2022）京 73 民初 130 号亿光电子（中国）有限公司等与北京都城亿光电子器件销售中心等侵害发明专利权纠纷	侵权获利	原告未就相关因素进行举证，法官不支持其请求，将参考各种因素适用法定赔偿确定赔偿额
（2021）京 73 民初 1204 号CJ CGV 株式会社与分众（中国）信息技术有限公司等侵害发明专利权纠纷	许可使用费合理倍数	原告主张的许可费仅为商务洽谈出价，并非实际价格。法院因此对其主张不认可，法官仍以法定赔偿进行判赔

名　　称	权利人主张 赔偿方式	权利人举证及 法官认可情况
（2022）京知民初字第01459号北京英特莱技术公司与上海森林特种钢门有限公司等侵害发明专利权纠纷	实际损失	原告提供的报告无法作为计算公司因侵权行为所受到的损失的依据，法院对其主张的依据实际损失的方法计算不予认可

此外在532件案例中仅有2件案例权利人给出了自己主张赔偿方式的计算方式。第一件是（2021）京民终564号北格有限公司等与布鲁克有限公司侵害发明专利权纠纷，原告布鲁克公司明确在本案中以侵权获利作为计算损害赔偿的依据，并提出了两种损害赔偿计算方式：（1）根据营业收入和参考利润率计算，侵权获利＝销售额×利润率[①]。（2）根据产量、售价和参考利润率计算。侵权获利＝产量×售价×利润率[②]。第二件是（2020）京73民初1204号CJ CGV株式会社与分众（中国）信息技术有限公司等侵害发明专利权纠纷，原告主张的经济损失的计算公式：经济损失＝每个使用专利技术的影厅每年专利许可费的合理倍数×使用影厅的数量×侵权时间[③]。但该两件案例均未得到法官的支持，法官均按照法定赔偿的方式进行判赔。可见权利人举证存在懈怠，一方面是因为关于赔偿计算上举证比较困难；另一方面是因为权利人举证很大

[①] 参见中国裁判文书网（2021）京民终564号判决书"公司年销售额为250万美元至500万美元之间，约合人民币1700万元至3400万元之间，取中值人民币2550万元，两年侵权获利为两年销售额×利润率＝2550×2×43％＝2193万元"。

[②] 参见中国裁判文书网（2021）京民终564号判决书"被诉侵权产品供货能力为每天2000平方米，按照每年200个工作日计算，年产量为2000×20＝40万平方米，根据收据亦可以计算出单价为60元，则两年侵权获利为产量×售价×利润率＝2064万元"。

[③] 参见中国裁判文书网（2020）京73民初1204号判决书"根据前述公式计算所得的许可费为：23290元（人民币）×100（家）×（38/12）（月）＝人民币7375167元，按照许可费的双倍赔偿即为人民币1475万元，故其主张人民币990万"。

程度上得不到法官的认可。这也是上文所提到的法定赔偿适用率高达97.72%的原因之一。

4. 法官确定法定赔偿判赔额的裁判理由

笔者统计发现,审判机关在确定法定赔偿数额时大部分都是缺乏具体说理、论证,裁判理由十分牵强和模糊。如表5所示,笔者在统计数据时发现法官在进行裁判时发现侵权行为性质出现497次、专利类型489次、侵权行为情节477次,分别是法官考虑的重要因素,与《专利法》以非穷尽的方式列举的三大考虑因素基本相符。笔者在进行实证分析阅读判决书时还发现,绝大多数的法院法官在判决书中仅仅是简单地提到法律所规定的参考因素的关键词而没有进一步详细论证和分析,从判决书中很明显地感受到法官判案时说理的随意性。如(2022)京73民初615号北京市华雅衡美五金装饰商行侵害发明专利权纠纷一案,法官在适用法定赔偿规则确定赔偿额时说理情况:"原被告未提出证据证明实际损失或侵权获利,也无专利许可费参考,本法院将会根据法律的规定参考专利类型、侵权行为等最终确定赔偿额。"[①] 仅仅是简单罗列下参考因素而没有对每个参考因素进行详尽的阐述,而基于此进行判赔的数额定然不会太高,相反,进行详细论述相关因素的案件一般判赔支持率很高。如(2022)渝01民终1114号东飞能源公司与深圳市中创公司侵害实用新型专利权纠纷一案中,法官关于判赔说理情况比较充分[②]。法官对参考因素的销售数量、专利价值、专利类型等都进行了详尽的描述,让当事人更加信服。

---

① 参见中国裁判文书网(2016)京73民初615号判决书。
② 参见中国裁判文书网(2022)渝01民终1114号判决书。

表5　法官确定判赔额的参考因素（前10位）

核心词	出现频次
侵权行为的性质	497
专利类型	489
侵权行为的情节	477
侵权行为持续时间	346
侵权产品的售价和数量	340
专利贡献率	235
专利权人可能利润	186
市场贡献及市场份额	105
主观过错	103

二、专利侵权损害法定赔偿制度存在的问题分析

从上文统计分析可以得知，法定赔偿在我国审判机关确定专利侵权损害赔偿数额是运用得最广泛、最主要的计算方法。这种制度的普遍运用促进了司法效率的提高，在我国司法实践中发挥积极、重要的作用，但带来了一些不利的影响。

（一）法定赔偿过度适用

作为一种补偿性赔偿，专利侵权法定赔偿的设立本源是当遇到前三种计算方法都失败时，法官根据自己的法律职业素养，在"事实为基础，法律为准绳"和"填平补齐原则"的框架下自由判断。但在实践中，由于证据不足、法官的专业水平和考虑重点不一致等因素，确定的赔偿数额的大小也就不同，甚至出现判决数额与实际损失数额相差较大，有悖于公平原则和填平补齐原则。我国现行的《专利法》规定在实际损失难以确定时再适用侵权人获利计算，实际损失和侵权人获利都

难以确定时才能适用第三种方法参照该专利许可使用费的倍数合理确定①。法定赔偿计算赔偿额的规则只能在以上三种适用方法都难以适用的情况下才能适用②，但是根据笔者上文的分析可知在司法领域一直存在法定赔偿制度的滥用问题，甚至成了一种"顽疾"。

（二）法定赔偿判赔数额不合理

根据笔者统计的数据来看，北京、湖北、重庆、山西四地平均赔偿额均未超过 50 万，其中北京地区为 47.81 万元，山西地区为 30.08 万元，而湖北、重庆地区平均判赔额更低分别为 3.50 万元、6.06 万元，由此可以看出除北京地区的判赔额高一点外，其他三个地区的判赔额均比较低。从专利类型来看，北京、湖北、重庆、山西地区侵害发明专利纠纷案件平均赔偿额分别为 93.77 万元、26.69 万元、2.33 万元、5.67 万元；侵害实用新型专利纠纷案件平均赔偿额分别为 15.21 万元、1.53 万元、6.01 万元、2.25 万元；侵害外观设计专利纠纷案件平均赔偿额分别为 35.98 万元、2.45 万元、6.367 万元、3.19 万元。而由国家统计局的数据可知 2019 年北京地区生产总值为 35371.28 亿元，人均 164220 元；湖北地区生产总值为 45828.31 亿元，人均 77387 元；重庆地区生产总值为 23605.77 亿元，人均 75828 元；山西地区生产总值为 17026.68 亿元，人均 45724 元③。由此可见，判赔额与当地经济发展水平完全不相称，甚至有的判赔额远低于当地人均国内生产总值。另一方

① 参见《中华人民共和国专利法》第七十一条第一款规定，侵犯专利权的赔偿数额按照权利人因被侵权所受到的实际损失或者侵权人因侵权所获得的利益确定；权利人的损失或者侵权人获得的利益难以确定的，参照该专利许可使用费的倍数合理确定。对故意侵犯专利权，情节严重的，可以在按照上述方法确定数额的一倍以上五倍以下确定赔偿数额。

② 参见《中华人民共和国专利法》第七十一条第二款规定，权利人的损失、侵权人获得的利益和专利许可使用费均难以确定的，人民法院可以根据专利权的类型、侵权行为的性质和情节等因素，确定给予三万元以上五百万元以下的赔偿。

③ 数据来源于国家统计局分省年度数据（地区生产总值、人均地区生产总值）。

面，专利权人成功申请一项发明专利后，还需要向国家知识产权局的相
关部门缴纳大致 10 万元的费用以维持发明专利 20 年的有效性，远远高
于湖北、重庆等地的平均判赔额。专利诉讼的时间长、费用成本高等情
况却十分突出，这就导致在司法实践中"赢官司输钱"的现象非常
常见。

（三）权利人举证困难

从前文的分析可以看出，在司法实践中，权利人举证是很难被法官
认可接受的，一旦举证遇到困难，法院也很少引用相关规则要求侵权人
予以配合。如果主张权利的人不能向法院提供确凿的因侵权受到的损失
等证据，法官就无法根据证据确定具体的赔偿数额，也无法适用具体详
细的量化标准规则。法官只能根据自身对案件的总体认识、自身经验等
多方面因素，适用法定赔偿的规则酌情确定案件的赔偿数额①。在其他
三种赔偿方式均不能适用时法院才会选择采用法定赔偿的方式，但这并
不意味着法院在选择适用法定赔偿的方式进行判赔时，权利人就没有举
证责任。法定赔偿虽然是一种补充性的赔偿方式但仍然是法律规定的确
定赔偿责任的方式之一，因此权利人还应承担对专利权的类型、侵权行
为的性质等损害基本事实的举证责任。否则会影响到法定赔偿金额的确
定，甚至还要承担不支持赔偿的责任。

（四）法定赔偿的适用缺乏认定分析过程

以法定赔偿的方式确定赔偿额在国内司法实践中已成为最主要方
式，但现行《专利法》对于具体专利侵权案件的法定赔偿没有设定具
体的裁量标准，难以把握统一的尺度，不同法官对法律规范和事实认定
的不同认识等原因，导致多数法院在判决中对法定赔偿数额的适用上，
仅作粗略的说理论证，而不作具体的适用说明。审判人员在撰写裁判文

① 徐聪颖. 我国专利权法定赔偿的实践与反思［J］. 河北法学，2014，32（12）：60-71.

书时，一般要求对案件事实进行归纳认定，并对控方和辩方的主张一一作出回应。但是，对裁判文书进行全面统计分析后反映出的问题是法官的说理部分往往侧重于事实认定是否构成侵权，而对于侵权损害赔偿的说理部分则较少，主要体现在对当事人提供的侵权赔偿证据的认定上。例如（2021）京73民初1753号森戴技术公司与北京天启科技公司侵害实用新型专利权纠纷一案，在有关赔偿数额方面，在原告确实提出了相关证据的情况下，仍采用法定赔偿，而不采纳该证据的原因通常被模糊处理，仅仅简单地罗列《专利法》中的第六十条的相关规定，然后指出，考虑到双方都没有因本案侵权行为而导致原告遭受的经济损失或因侵权行为侵权人而获利提供证据，因此适用法定赔偿①。在确定法定赔偿额时，虽然表5显示法官参考了许多因素，但在司法实践中仅是做简要的罗列并未进行深入的分析。在本案中关于参考因素法官描述如下："本院将结合涉案专利权的类型、侵权人的侵权的性质以及涉案产品与涉案专利的高度近似和涉案产品的销售价格和销售量等因素，法官酌情确定本案的赔偿数额为6万元。"

三、专利侵权损害法定赔偿制度完善建议

目前我国超高的法定赔偿适用率证实了一点，即无论实际案件中法官的判案能力如何、参考因素的详略、法定赔偿制度都不容忽视。法定赔偿制度很显然是保护专利权人正当利益的最后一道防线，是《专利法》在专利损害赔偿方面最后的权威。鉴于在我国法定赔偿制度存在的合理性与正当性，如何完善法定赔偿的相关规定，改善司法适用现状，发挥最大制度优势，仍然是今后工作的重点。笔者认为对于我国专利侵权损害法定赔偿制度可以从以下几方面加以完善。

---

① 参见中国裁判文书网（2021）京73民初1753号判决书。

(一) 完善法定赔偿的适用规定

法律本身具有稳定性与可预测性，因此法律总是会滞后于社会实践的发展，想要通过立法涵盖所有法律关系是不可能的。所以，在现实生活中，往往会出现前三种计算方法无法解决的情况，作为专利权保护的最后一道防线，法定赔偿制度发挥了其独特的优势。若无法定赔偿制度进行兜底，侵权者很容易"逍遥法外"，权利人所受到的损失只能自己承担而无法得到赔偿。鉴于法定赔偿的相关规定是在所难免，将法定赔偿单独列为一条法律条款也并无不当。

规定不能适用法定赔偿的情形。笔者认为要从根本上减少法定赔偿的使用频率，可在条文中明确规定何时不适用法定赔偿。各地区已经开始在这些方面进行有益的探索。例如浙江省高级人民法院在发布的《关于审理侵犯专利权纠纷案件适用法定赔偿方法的若干意见》中进一步地限制了法定赔偿制度的适用，即使权利人要求适用法定赔偿的方式，确定赔偿额法官仍要考虑适用其他计算方法的可能性①。除此之外，该指导意见还规定了在被侵权人明确要求审判机关采用法定赔偿制度进行判赔的情况下，侵权人有权利进行抗辩。如果侵权人以适用前三种计算方法为由进行抗辩，并且经法院认定抗辩理由成立的，则审判不能适用法定赔偿。借鉴日本合理损害赔偿金有关规定，合理损害赔偿金的确定就是我们所说的法定赔偿制度。日本的合理损害赔偿金条款在日本《特許法》第 105 条、《实用新案法》第 30 条、《意匠法》第 41 条均有体现，规定在专利侵权案件中，如果法院已经认定侵权行为与损害结果有因果关系，但在确定损害金额的相关事实难以证明的情况下，法院可以根据现有的证据以及在庭审中原被告双方的争辩情况确定一个合

---

① 杨方程. 知识产权法定赔偿数额确定存在困境及完善建议 [J]. 贵州警官职业学院学报，2018，30 (02)：52-64.

理的损害赔偿额。日本《特许法》明确规定了难以举证的情况：

1. 侵权产品的价格降低，无法确切证明是由于侵权人侵权行为还是由于竞争对手。

2. 权利人只对侵权产品中的某项专利拥有专利权，无法确定该专利的贡献率。

3. 即权利人仅对部分地区的侵权产品数量提供了证据。

从日本的相关规定中可以发现，日本的合理损害赔偿金制度与我国法定赔偿制度相似，在其他方式均无法适用时才能适用，但日本并未规定一个明确的赔偿额区间来限制法官的权力，而是以立法的形式规定了举证不能的情况，只有存在举证不能才能适用合理损害赔偿金制度。我国也可以借鉴这种以立法的形式明确规定举证困难的具体情形，并规定只有在这种情况出现时才能适用法定赔偿，其他情况均应适用前三种计算方式。

（二）完善法定赔偿的赔偿额相关规定

最新修订的《专利法》根据我国现阶段的经济发展水平提高了法定赔偿额的上下限，这一举措显示出国家在保护知识产权、尊重智力劳动成果方面的决心，通过本次的修改对于原来的法定赔偿范围不够宽、限额不够高等问题已经较好地解决。但是，对于法定赔偿制度的下限1万元最低标准的限制，却像一把双刃剑，会造成许多立法之前未预料到的情形，而且本次修订也没有触及判赔额过低这个核心问题。本次《专利法》修订引入的惩罚性赔偿制度充分发挥了法律的威慑作用，使侵权人的侵权成本大幅度提高，充分展示了我国打击知识产权犯罪行为严格保护专利权人智慧的态度和决心。同时借鉴了商标法的规定，并与2020年11月通过的著作权法修改相协调，对于侵权人恶意侵权情节严重的，人民法院可以根据实际情况对侵权人处以1~5倍的惩罚性赔偿。

但是笔者认为，惩罚性赔偿制度的引入只是简单粗暴地提高判赔额，增加侵权成本，并不能解决专利侵权损害判赔额低的问题。

区分专利权类型。基于前文分析的数据图 2 可以看出发明、实用新型、外观设计这三类专利在判赔支持率、判赔额等方面差距都是非常大的，因此，应该明确不同专利类型适用不同判赔额的相关规定。笔者认为，不同类型的专利产生的方式不同，所产生的知识成果和对社会的价值不同，保护的内容也有差异，因此应当根据专利侵权的类型来细化赔偿数额标准。笔者认为虽然我国现行的《专利法》规定了法定赔偿的幅度为 1 万~100 万元，但是过于笼统，不利于审判机关在实践中的运用。应当允许各地高级法院根据自己当地的经济发展水平区分不同的专利，在不同专利的基础上设置不同的判赔额区间。例如，如果有一项发明专利被侵害，若当地的发展水平比较高，可以规定赔偿额 30 万到100 万元；如果有一项实用新型被侵害，可赔偿 10 万元到 50 万元；如果有一项外观设计被侵害，可赔偿 30 万元以内。

引入合理许可费率。笔者发现包括美国、德国、韩国、日本等在内的国家，在"实施许可费"这一标准项下，具有一个参照因素叫"许可费率"。这一费率在计算专利实施许可费时尤为重要，甚至可以说是最为关键的一环。依照美国的审判惯例，即为许可费率＝［预期净利润率（被告提出）－相同（或相似）产业标准利润率（或通常利润率）］①。侵权产品销售数量之积的许可费率为合理许可费，这一计算方法不需要双方当事人的同意，只需借助行业标准进行分析。这些国家的专利许可费是由韩国、日本专利协会或相关协会组织颁发的，具有一定的权威性和说服力。反观我国，目前还没有一种行业组织协

---

① 李磊. 美国专利侵权损害赔偿额的计算及借鉴意义［J］. 宁夏社会科学，2016，
（03）：60-68.

会制定的、具有客观权威性的各类专利许可费率表，因而无法将"想象的虚拟谈判"转化为现实的赔偿计算。笔者认为，国家知识产权局相关部门应尽快开展专利许可费率标准的调研和汇总工作，尽早制定出能够适用于绝大多数行业的专利许可收费标准。另外，由权威机构发布的、在全国范围内实行并得到所有法官认可和使用的许可费率，对于解决专利侵权案件中长期存在的同一案件赔偿标准不一致的情况，将起到很好的推动作用。同时，它还能从侧面消除长期被诟病的司法不公和地区差异明显的问题，也有助于推动法治社会的标准化和一体化。

（三）完善举证规定

现行的《专利法》参照了 2013 年修订的《商标法》的相关规定，在第七十一条新增了文书提供令（举证妨碍）制度①，这一制度是立法机关为探索解决司法实践中的举证难的问题的有益的尝试。该制度仅在法院已经确定侵权人侵权行为构成侵权在确定赔偿额时，在侵权人掌握大量的资料而不提交法院时才适用。但是，笔者认为在缓解权利人举证的难度上，文书提供令制度所起的作用是十分有限的。

文书提供令（举证妨碍）制度的增加，虽然是新修订《专利法》修改的亮点之一，但是并未完全的解决权利人的举证难问题，而且早在2016 年最高院发布的《专利法》司法解释（二）中就有关于举证妨碍

---

① 《专利法》第七十一条第四款规定，人民法院为确定赔偿数额，在权利人已经尽力举证，而与侵权行为相关的账簿、资料主要由侵权人掌握的情况下，可以责令侵权人提供与侵权行为相关的账簿、资料；侵权人不提供或者提供虚假的账簿、资料的，人民法院可以参考权利人的主张和提供的证据判定赔偿数额。

制度的规定①，但是至今的实践发现该制度在现实中适用仍有很大的障碍。因此，笔者认为想要更好地解决权利人举证难问题可以大胆引入举证倒置制度。关于侵权责任，《专利法》很早就引入了"举证责任倒置"的概念，但在计算损害赔偿时，仍然还是采用的是传统的侵权责任法规定的谁来主张、谁来举证的责任分配方式。对处于被动地位的权利人来说，这种举证责任分配，需要提供证据充分证明自己因侵权而受到的损失或者证明侵权人因侵权而获得利益并证明与侵权行为有关联。在现实生活中，侵犯专利权人专利的行为只有在造成权利人比较大的损失时权利人才会发现。但是，对于权利人来讲搜集这些证据却异常困难，一方面是因为专利本身的无形性；另一方面则是由于侵权行为往往在很早的时候就存在了，这会导致权利人很难举证予以证明。更不用说在生活中经常会出现被侵权者的销售额往往比上一年有所增加，但实际上，被侵权者的销售额却比预期要低，因为侵权行为对被侵权者的影响。因此，笔者认为根据我国现实的司法实践应大胆地在法律上设置举证倒置条款，这样不仅会解决权利人举证困难的问题，也在一定程度上威慑侵权人的侵权行为，同时也减少了专利侵权二次伤害的发生。当权利人面对侵权行为时，只需对基础的赔偿金计算方式加以证明，然后将举证责任转移到侵权人身上，由侵权人对其侵权行为性质等方面承担举证不力的责任。

由于知识产权客体本身的无形性和复杂的经济活动，专利侵权案件

---

① 最高人民法院《关于审理侵犯专利权纠纷案件应用法律若干问题的解释（二）》第二十七条规定，权利人因被侵权所受到的实际损失难以确定的，人民法院应当依照《专利法》第六十五条第一款的规定，要求权利人对侵权人因侵权所获得的利益进行举证；在权利人已经提供侵权人所获利益的初步证据，而与专利侵权行为相关的账簿、资料主要由侵权人掌握的情况下，人民法院可以责令侵权人提供该账簿、资料；侵权人无正当理由拒不提供或者提供虚假的账簿、资料的，人民法院可以根据权利人的主张和提供的证据认定侵权人因侵权所获得的利益。

中当事人的举证十分困难。例如，侵犯专利权不仅没有降低专利产品的市场价格，反而在一定程度上提高了专利产品的市场价格，专利权人也因此很难获得侵犯专利行为对最终产品的影响证据，受销售方式和地域等限制，侵权产品的市场数据同样很难获取。同德国《民事诉讼法》中的"自由心证"类似，日本针对上述情况，对原来单纯推定侵权者获利是专利权人的损失的做法进行了完善，增加了合理损害额推定制度。的确，权利人要证明其所受损害的数额存在举证困难的情况更为普遍，因此，日本法院的合理损害额推定制度允许侵权行为得到确认时，法院就会根据双方当事人举证以及双方的辩论等方面的情况，合理推定最终适当的损害赔偿数额①。本司法实践中，侵权赔偿数额证据不足，法官根据现有证据无法形成心证确信时，一般由权利人承担不利风险。而若能对部分数量形成心证，则可均取。能够较好地增加损害赔偿数额。这时的损害包括权利人用于调查侵权行为、采取各种措施以弥补损失的合理开支。笔者认为我国在适用法定赔偿的时候可以引用日本的这种合理损害额推定制度，一方面降低原告的举证难度；另一方面可以使法官在判赔时更加科学合理。

（四）强化对法定判赔额的认定分析过程

我国现行的法律以及最高院发布的关于专利审判的相关司法解释中对如何适用专利侵权损害赔偿方式仅仅是作了一个极为笼统的规定。由于没有规范性的指导，法官在进行论证说理过程中，特别是在采纳证据、适用法定赔偿方式、确定判赔额大小等方面变得极为被动。笔者认为可以从以下多方面进行改进。

细化量化法定赔偿的参考因素。《专利法》第七十一条只是规定了

---

① 李扬. 日本解决 IP 侵权诉讼中权利人举证难的组合拳制度［J］. 电子知识产权，2017（8）：4.

法官在确定判赔额时可以根据专利权的类型、侵权行为的性质和情节等因素在 3 万~500 万元区间内确定判赔额。笔者认为为了方便法官在司法实践中更加容易操作，可以将《专利法》规定法定赔偿时的参考因素进一步加以细化如表 6 所示：

表 6 参考因素细化

参考因素	细化参考因素
专利类型	外观设计专利 实用新型专利 发明专利
侵权行为性质	过失侵权 故意侵权 恶意侵权
侵权情节	省（市）范围内侵权 国家（地区）范围内侵权 全球（世界）范围内侵权

笔者仅将《专利法》以非穷尽的方式列举的三个因素，也是法官最重要的参考因素进行了细化，如表 6 所示。需要说明的是，在司法实践中法官进行判赔时可能还会参考其他的因素确定判赔额，例如专利市场价值、专利贡献率等。其中将专利类型细化为外观设计专利、实用新型专利、发明专利，在这三种专利中一般发明专利的价值最高，所以判赔额也应高于其他两种；侵权行为性质如果是故意或恶意侵权要对于侵权人进行严重的惩罚，对恶意侵权的也可以按照法律规定进行惩罚性赔偿；如果存在大范围、产业性的侵权行为，应加大惩罚力度适当提高判赔额。在细化各参考因素的基础上可以将参考因素进一步量化，在全国形成一个比较统一的标准。一方面可以使审判机关在适用法定赔偿制度进行判赔时有一定的计算公式可以参考，提高判赔的科学性和公信力；另一方面可以在一定程度上遏制确定法定赔偿额的随意性。为了将参考

因素量化，笔者将 Z 综合参考因素分为 A 专利权人因素和 B 侵权人因素两个大类，两个大类分别占比 50%，即 Z＝〔A（0%～50%）＋B（0%～50%）〕。关于 A 专利权人的参考因素主要包含专利类型和专利权人实际损失，两者分别量化占比为 30%、20%，即 A＝〔专利类型（0%～30%）＋专利权人实际损失（0%～20%）〕。B 侵权人因素主要包含侵权行为性质以及侵权人获利，分别量化占比为 30%、20%，即 B＝〔侵权行为性质（0%～30%）＋侵权人获利（0%～20%）〕。具体量化如表 7 所示。

表 7　参考因素量化

Z＝A（0%～50%）＋B（0%～50%）		
A＝专利类型（0%～30%）＋专利权人实际损失（0%～20%）		
Ⅰ. 专利类型		
外观设计	实用新型	发明
0～10%	10%～20%	20%～30%
Ⅱ. 权利人实际损失影响程度		
弱	中	强
0%～10%	10%～15%	15%～20%
B＝侵权行为性质（0%～30%）＋侵权人获利（0%～20%）		
Ⅰ. 侵权行为性质		
过失侵权	故意侵权	恶意侵权
0%～10%	10%～20%	20%～30%
Ⅱ. 侵权人获利		
小	中	大
0%～10%	10%～15%	15%～20%

综上，Z（综合参考因素）＝A（专利权人因素）〔专利类型（0%～30%）＋专利权人实际损失（0%～20%）〕＋B（侵权人因素）

［侵权行为性质（0%～30%）＋侵权人获利（0%～20%）］，因此审判机关可以以《专利法》规定的法定赔偿的判赔额上限 500 万元为基数，则最终法定判赔额可以表示为基数 500 万元与综合参考因素的乘积，即法定赔偿判赔额＝法定判赔额上限（500 万元）×Z（综合参考因素）。例如，在一个专利侵权的诉讼案件中，法官适用法定赔偿的方式进行判赔。专利权利人因素方面：专利类型为创造性中等的实用新型专利，则其占比 16%；又由于侵权人的侵权行为，该权利人此类产品销量下降明显，造成很大的实际损失，则占比 17%，则 A＝16%＋17%。侵权人因素方面：侵权人明知自己的行为存在违法而侵权，侵权行为具有主观故意性，则其占比 14%；而侵权人虽然通过侵权获得了一定的利益但是非常少，则占比 13%，则 B＝14%＋13%。那么该案的专利侵权损害赔偿额可以计算为专利侵权损害法定赔偿额＝500 万元×Z＝500 万元×（A＋B）＝500 万元×［（16%＋17%）＋（14%＋13%）］＝300 万元，审判机关可以参考这一赔偿额以及其他因素进行判赔。

四、结　语

我国《专利法》从 1984 年制定到现在已经历经四次修订，每次修订都对在司法实践中出现的问题予以了回应，可以看出国家为了解决专利侵权法定赔偿制度存在的问题不断进行尝试。笔者通过对北京、湖北、重庆、山西四地区 532 件案例进行统计分析，发现法定赔偿制度在司法实践中有过度适用、判赔数额不合理、举证困难、缺乏认定分析过程问题，并经过综合分析从完善法定赔偿制度适用、完善确定判赔额、强化认定分析等方面提出了建设性的意见，以求能提高适用法定赔偿的科学性，尽最大可能地保护权利人的合法权益，将法定赔偿数额与专利价值、侵权行为主观恶意程度等因素相适应，彰显公平公正的司法裁判理念。

我国专利惩罚性赔偿制度落实问题分析

陈一可[*]

一、183 个案例显示专利惩罚性赔偿制度适用少

(一) 问题提出的背景

2020 年 5 月公布的《民法典》中第一一八五条规定了知识产权保护中的惩罚性赔偿制度①。2021 年 6 月 1 号，第四次修改的《专利法》第七十一条规定了专利保护中的惩罚性赔偿制度②。上述法条对知识产权侵权总体的惩罚性赔偿和专利保护的惩罚性赔偿进行规定。惩罚性赔偿又称为示范性赔偿或报复性赔偿，其主要用于惩罚、威慑和遏制侵权行为③。

---

* 作者简介：陈一可，女，1999 年 11 月生，汉族，华南师范大学法学院法律（法学）硕士在读。

① 《民法典》中第一一八五条："故意侵害他人知识产权，情节严重的，被侵权人有权请求相应的惩罚性赔偿。"

② 《专利法》第七十一条："侵犯专利权的赔偿数额按照权利人因被侵权所受到的实际损失或者侵权人因侵权所获得的利益确定；权利人的损失或者侵权人获得的利益难以确定的，参照该专利许可使用费的倍数合理确定。对故意侵犯专利权，情节严重的，可以在按照上述方法确定数额的一倍以上五倍以下确定赔偿数额。"

③ 王利明. 惩罚性赔偿研究 [M]. 北京：中国社会科学，2000：112-122，206-207.

虽然有多位学者对专利惩罚性赔偿制度持反对观点①，但随着相关法条的公布，我国的专利惩罚性赔偿制度初步建立。制度建立后，需要合理落实才能发挥制度作用。在专利惩罚性赔偿制度建立之前，专利案件的整体赔偿支持率不高。以天津市专利案件为例，2021 年维持在 39% 左右，将近 96% 的案件采用的是法定赔偿的方式②。在中美贸易摩擦的背景下，专利保护越发重要，专利惩罚性赔偿的适用落实情况关系到整个专利保护制度和知识产权保护的完善。

（二）183 个案例的选取

为了研究我国专利惩罚性赔偿制度建立之后该制度的落实情况，本文选择以规定专利惩罚性赔偿制度的法条《中华人民共和国专利法》（2020 年修订版）第七十一条为搜索条件，筛选 2021 年 6 月后审结的判决书。

截止到 2022 年 10 月 23 日，在中国裁判文书网上搜索到 337 个判决书，在小包公平台搜索到 301 个判决书，在北大法宝上搜索到 312 个判决书。由于在北大法宝上搜索到的判决书更接近中国裁判文书网上的判决书数量，所以在北大法宝上对案件进行筛选和分析。在北大法宝上根据案由进行知识产权与竞争纠纷筛选后，剩余 183 个案例。

本文将以在北大法宝上搜索到的 2021 年 6 月 1 日至 2022 年 10 月 23 日，引用了《专利法》第七十一条，案由为知识产权与竞争纠纷的 183 个案例作为专利惩罚性赔偿制度落地困境实证分析的总体样本。

---

① 张玉敏，候国跃. 当前中国侵权法（草案）之比较研究 [J]. 现代法学，2010，32（01）：51-62；张广良. 惩罚性赔偿并非破解中国知识产权保护难题的良策 [J]，中国专利与商标，2012（01）：136-144；金福海. 论惩罚性赔偿责任的性质 [J]. 法学论坛，2004（3）：59-63；李晓秋. 专利侵权惩罚性赔偿制度：引入抑或摒弃 [J]. 法商研究，2013，30（04）：136-144.
② 张军强. 民法典体系下专利惩罚性赔偿制度的构建路径 [J]. 北京政法职业学院学报，2022（3）：8.

（三）专利惩罚性制度难落地的现状

在 183 个案例样本中，法院对专利惩罚性赔偿支持的案件数为 31 件，占比 16.9%，不支持的案件数为 152 件，占比 83.1%。

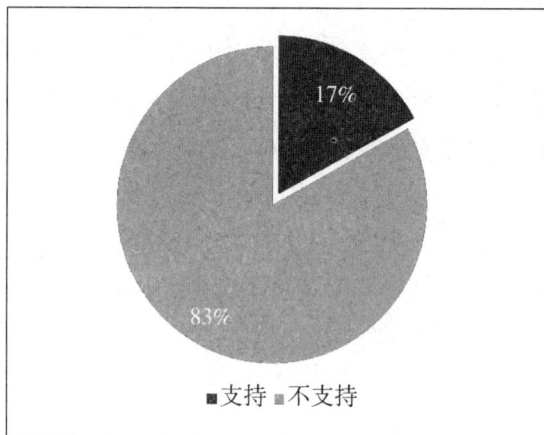

图1 法院对专利惩罚性赔偿支持情况

和专利惩罚性赔偿制度建立之前的数据相比，法院对专利惩罚性赔偿支持率（16.9%）低于法院对专利案件整体赔偿支持率（39%）。法院对专利惩罚性赔偿支持的构成要件和专利案件整体赔偿支持的构成要件增加了"故意"和"情节严重"，使得法院支持专利惩罚性赔偿的条件多于专利整体赔偿，但是该数据仍然显示出法院对专利惩罚性赔偿支持率低的现状，展现出我国目前新建立的专利惩罚性赔偿制度面临落实困境。

本文将尝试分析专利惩罚性赔偿制度难以适用落实的成因，并提出可能解决专利惩罚性赔偿制度落地困境的办法。

二、专利赔偿金额认定的实际困难

(一) 案例显示赔偿金额难证明

在 183 个案例中,有 134 例未证明原告被侵权所受到的实际损失、被告因侵权所获得的利益具体数额或可参考的专利许可使用费。

《专利法》第七十一条规定,侵犯专利权的赔偿数额按照权利人因被侵权所受到的实际损失或者侵权人因侵权所获得的利益确定;权利人的损失或者侵权人获得的利益难以确定的,参照该专利许可使用费的倍数合理确定①。法院进行专利惩罚性赔偿的具体数额需要以得知权利人因被侵权所受到的实际损失、侵权人因侵权所获得的利益或者专利许可使用费为基础②。但是在 183 个案例中,有高达 134 个案例无法证明专利惩罚性赔偿的具体数额,这导致在司法实践中,法院无法适用专利的惩罚性赔偿。

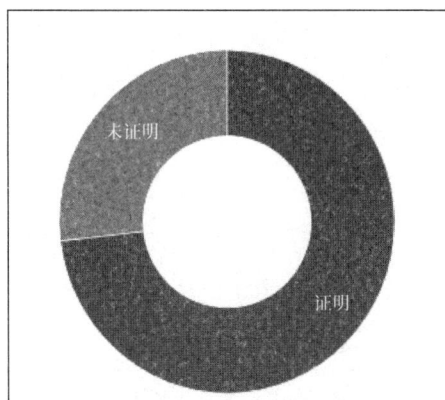

图 2　赔偿金额证明情况

---

① 孙那. 民法典视阈下知识产权惩罚性赔偿与法定赔偿的司法适用关系 [J]. 知识产权, 2021 (04):67-68.
② 程德理. 专利侵权警告函滥用规制研究 [J]. 知识产权, 2021 (5):56-67.

(二) 我国司法上对赔偿金额基数的认定困难

1. 权利人的损失

专利权人损失的计算方法之一，首先计算专利权人因为侵权减少的销售数量，其次确定单件专利商品的利润，通过两者的数据相乘得到专利权人的损失金额。这是最理想的确定赔偿金额基数的方式，排在确定惩罚性赔偿基数金额的第一顺位。

然而，这种计算方式在现实市场中几乎没有办法运行。首先，在一个动态市场中，销售额和单件专利商品价受到专利权人、侵权人之外的商家影响，几乎无法通过建立数学模型或者其他科学方式准确确定受影响的销售额和单件专利商品价在没有侵权情况下的精准数字。其次，单件专利商品的利润涉及权利人制作商品成本等商业机密，专利权人为了保护自身的商业秘密利益，也会选择消极举证。

2. 侵权人获得的利益

专利侵权人获得的实际利益也存在难举证。目前司法实践中，侵权人获得的实际利益的举证往往是通过侵权方自身的销售报告和宣传广告，对侵权人获得的利润进行粗略估计，再通过分析专利技术在获得的总体利润中起到的作用，确定专利利润占比，最终确定专利侵权人通过侵权获得利益。

然而侵权人通常不会主动提供产品的销售量和利润，权利人更不可能通过合法手段获取这些信息。专利技术对总体利润贡献占比部分在市场行业内通常也无法确定标准。因此，侵权人因为专利侵权获得的具体利益也很难举证。

3. 专利许可费

和权利人的损失、侵权人获得的利益相比，专利许可费似乎是涉及变量最少、最容易取证确定的费用。即便如此，也不是所有被侵权的专利都在先有过专利许可。没有过专利许可授权的专利当然缺乏专利许可费的参考，法院只能根据同类专利产品的专利许可费作为参照，估计被侵权专利产品的专利许可费。即使有过专利许可的专利产品，其专利许可费用受到市场动态影响，先例的专利许可费用也仅供参考。在被估计的专利许可费的基础上，法院再根据法律规定，判决赔偿合理倍数，即1~3倍的赔偿费用。这里值得指出的是，此处法院判决的专利许可费的1~3倍费用，不具备惩罚性质。因为此处的倍数是在根据专利许可费的金额，确定专利侵权人的侵权行为的非法所得或者专利权人因为该侵权行为遭受的实际利益损失，该金额通常会高于专利许可费。因此，法院根据专利许可费的1~3倍确定赔偿金额，即使这里存在金额的倍数，但并不属于专利惩罚性赔偿制度的一部分。

在整个确定赔偿金额基数的过程中，法院决定最后的具体赔偿数额的自由裁量权极大。并且从司法实践的案例上看，大多数法院都倾向于最低倍数的赔偿费用。司法实践的法院判决倾向导致使用专利许可费作为专利惩罚性赔偿基数时，判决赔偿的数额倍数和金额普遍呈现较低的情况。

三、司法对专利赔偿的价值倾向

面对司法案例呈现出来的专利赔偿制度新实行以来，在我国司法实践中因为专利侵权案件赔偿金额难以证明，法院在可以适用专利惩罚性赔偿制度的司法审判中还是采取较为审慎的态度，而导致目前专利惩罚性赔偿制度没有在我国得到真正全面落实。要分析法院在司法实践中态度和价值倾向的原因，需要详细分析专利制度中惩罚性赔偿制度和填平制度。

（一）专利保护中的填平制度和惩罚性赔偿制度

在《民法典》确立知识产权惩罚性赔偿的一般性规定之前，专利立法中采取的是法定赔偿。而此次惩罚性赔偿制度的专门规定剖开原法定赔偿是填平补偿规则的性质，设立专门的惩罚性赔偿制度承担惩罚功能。

1. 专利保护中的填平制度

专利保护中的填平制度主要体现在 2008 年《中华人民共和国专利法》修订时确定的法定赔偿制度。当专利权人遭到侵权之后，专利侵权人因为专利侵权行为获得了本不应获得的不符合法律规定的额外利益，且专利权人因为该专利侵权行为受到了利益损失。在专利侵权人通过侵权行为获得的非法利益可以确定，或者专利权人因为该专利侵权行为遭受的实际利益损失可以确定时，按照确定的金额判决赔偿。当前两个具体金额无法确定时，法院按照已有的专利许可费的 1~3 倍进行判赔。当专利许可费无先例的情况下，法院应该按照法律规定的专利侵权人需要承担的赔偿数额幅度，综合考虑专利侵权案件的各方面情节，判断出专利权人应当获得的专利侵权人的补偿，从而判决出专利侵权人须赔偿的具体赔偿金额。

2. 专利保护中的惩罚性赔偿制度

在侵权损害赔偿制度中，惩罚性赔偿制度和填平制度相对应。惩罚性赔偿制度发源于英美法系，我国第一次引入是在 1994 年版的《消费者权益保护法》，首次引入我国知识产权法体系是在 2014 版的《中华人民共和国商标法》。该制度是指对于主观过错存在严重情节的侵权人，除了对权利人的实际利益损失赔偿之外，法院判决侵权人额外的赔偿。在专利制度中，按照专利相关法律的具体规定，该额外赔偿是赔偿金额基数数额的一倍以上五倍以下。

3. 惩罚性赔偿较填平制度合理之分析

填平制度常在传统民事赔偿中用于修补破损的社会关系①。而作为知识产权保护体系中的制度，专利制度中的赔偿显然和普通的传统民事赔偿相比具有自身的显著特点。

首先，专利具有非物质性，它作为一种技术方案本质上是一种具有易获得性和易复制性的信息。所以，这导致专利比起有形财产等实际存在的物质更难以被专利权人控制和保护。其次，专利具有公开性，专利制度中规定了专利需要通过公开换取法律保护。因此，专利技术方案的公开导致在事实层面上，专利权利比起其他的民事权利乃至其他的知识产权更容易被侵犯。最后，专利侵权具有隐蔽性和专利权的行政司法双重性，这导致了专利权人面对专利侵权行为的维权成本一般高于传统的民事侵权。专利侵权的隐蔽性是指当专利侵权行为发生时，专利权人极少能够及时发现自己的专利权受到侵犯。专利权的行政、司法双重性是指根据专利法和相关条例的规定，专利权人在发现专利侵权后除了需要经过司法程序外，还需要经过行政程序的核验才能达到维权的目的。因此，在这样的客观条件下，专利权人面对侵权行为时，付出的维权时间、精力等成本要高于一般的传统民事赔偿诉讼。专利制度种种区别于传统民事赔偿的特性使得它采用和传统民事赔偿常用的填平制度不同的制度存在合理性。

专利制度本身还具有一定的公益性，专利的惩罚性赔偿制度是对专利制度公益性的肯定。专利是技术创新的成果，对社会公众而言，它不同于一般的有形财产。专利能够给社会带来新的发展动力，促进社会向上发展，激励经济增长，最终达到惠及大多数公众的社会效果。专利侵

---

① 王利明. 论我国民法典中侵害知识产权惩罚性赔偿的规则 [J]. 政治与法律，2019
（8）：95-105.

权人侵犯专利权的行为不仅侵犯到了专利权人的私权，还将阻碍技术的创新和发展，破坏积极的创新环境，阻碍生产力的发展。从这个角度看，如果只将专利看作单纯的私权，对被侵权的专利权人进行填平补偿，显然对社会公共利益的保护有所不足。专利惩罚性赔偿制度是在对专利权人私权保护之外对社会发展利益的正当保护。

专利惩罚性赔偿制度能够起到对专利侵权行为的预防作用，而不仅仅只是单纯的事后弥补。填平制度仅仅是让专利权人能够维护自身的权利，使得专利权人有条件有能力维护自身的权利。但是低成本的专利侵权惩罚很容易导致专利侵权人或者有专利侵权想法的人，抱有侥幸心理，肆无忌惮地进行专利侵权。因为在填平制度下，专利侵权人很容易抱有即使被抓到也大概率能通过违法行为收益的想法，所以毫无顾忌地进行专利侵权行为。可以说，填平制度对专利侵权行为的预防起到的作用微乎其微。而在惩罚性赔偿制度的震慑下，专利侵权人将会有所忌惮，以此达到预防可能出现的专利侵权风险的社会效果。

（二）立法理论和司法倾向的不同

从专利保护的多方面看，惩罚性赔偿制度确实合理于填平制度。最终在《民法典》和新版本的《专利法》中立法确立了专利惩罚性赔偿制度。但立法理论和司法倾向有时不能完全步调统一。法官除去实务中对专利判赔金额难确定的实际问题，法院本身在专利侵权案件的判赔中也大多呈现出保守倾向。

1. 司法适用在构成要件上体现不倾向

根据《专利法》第七十一条的规定可知，"故意"是专利惩罚性赔偿的主观要件，"情节严重"是专利惩罚性赔偿的客观要件①。

---

① 蒋筱熙，兰诗文，张苏柳.《关于知识产权民事侵权纠纷适用惩罚性赔偿的指导意见（试行）》解读［J］.中国版权，2021（2）：78-83.

"故意"可以按照意思主义解释为在明知的情况下追求或者放任侵权结果的发生，也可以按照观念主义解释为可以预知侵权结果的发生。有日本学者主张，惩罚性赔偿应当只用于侵权人主观恶性较强的场合①。考虑到专利惩罚性赔偿制度中，"故意"的概念应当具有比较严重的非难性，所以该"故意"应当相当于《商标法》中惩罚性赔偿制度中的"恶意"。

"情节严重"的内容含在《最高人民法院关于审理侵害知识产权民事案件适用惩罚性赔偿的解释》第4条第1款中进行了规定，法院在判断情节严重时，需要考虑侵权手段、时间、地点、规模、次数、后果和侵权人在诉讼中的表现等综合因素。判断情节严重时，既需要做到主客观相统一，又需要避免情节特别轻微需要排除的情况。

根据我国专利法对惩罚性赔偿条款概括的规定，可知面对专利侵权案件，适用专利侵权惩罚性赔偿制度的前提是对"故意"的主观要件和"情节严重"的客观要件进行认定。不考虑到案件后续审理过程中对专利赔偿金额认定的实际困难，法院如果愿意适用专利惩罚性赔偿制度，则应该考虑对专利惩罚性赔偿制度的主观要件和客观要件进行认定。但实际上，在183个案例当中，仅有12个案件对"情节严重"的客观要件进行考量，16个案件对"故意"的主观要件进行考量。并且，12个对"情节严重"客观要件进行考量的案件全部被考量"故意"主观要件的案件包含。换言之，183个案件中，仅有16个案件的审理法院考虑从构成要件出发，对受理的专利侵权案件适用专利惩罚性赔偿制度。

由此可见，在目前的司法实践中，法院整体呈现出适用专利惩罚性赔偿制度的倾向不明显。

---

① 佐伯仁志.制裁论［M］.丁胜明，译.北京：北京大学出版社，2018：217.

2. 立法理论中对惩罚性赔偿的支持

通过国家知识产权局网发布的《惩罚性赔偿：加强专利保护的制度创新》① 文章，可以窥见在专利保护中立法新增专利惩罚性赔偿制度的原因和期望。

在大环境背景下，当前我国的知识产权保护呈现严格的保护趋势。惩罚性赔偿能够切中专利保护的痛点问题，起到惩罚和示范的作用，加大对创新成果的保护力度，保持与现在技术创新发展的投入和专利维权成本适应。对持续不断的专利恶意侵权行为，适用惩罚性赔偿制度能够加强道德层面对专利侵权行为的谴责，彰显法律的权威，发扬创新技术成果为价值的导向。

在专利保护中新增惩罚性赔偿制度后，可以预见对专利侵权的恶劣行为加大惩罚的行为在遏制专利侵权上的有效性。这必然有利于提高全社会的创新积极性，践行习近平法治思想，倡导以创新发展为核心的知识产权价值风向，大大提升我国知识产权保护方面的国际形象。

3. 司法倾向与立法理论不同的原因

面对专利惩罚性赔偿制度，立法和司法展现出不同态度。立法通过新增惩罚性赔偿制度已经展现出了对专利惩罚性赔偿的支持。而司法层面，法院不太积极适用专利惩罚性赔偿制度有可能是因为以下的原因。

专利惩罚性赔偿制度是突破性新制度。惩罚性赔偿制度虽然早在我国消费者保护权益制度中发挥作用，在我国同为知识产权保护制度中的商标保护制度中也有适用，但是对于专利制度而言，惩罚性赔偿是一个全新的、具有突破性的制度。立法者出于预防专利侵权和保护创新等目的，突破性引入惩罚性赔偿制度。在短时间内适应突破性新制度并合理

---

① 国家知识产权局. 惩罚性赔偿：加强专利保护的制度创新 [DB/OL]. 知识产权报，2020-11-04.

运用对法院存在一定实际困难。法院需要一定时间适应新制度的变化，才能正确、恰当地在专利保护中应用惩罚性赔偿制度。

我国长期对专利价值的认定存在思想惯性。在专利惩罚性赔偿制度引入之前，适用法定赔偿方式适用填平制度时，我国专利侵权案件的判赔长期存在"十赔九不足"和判赔绝对值偏低的情况。专利惩罚性赔偿制度的引入某种程度上是为了解决这种状况。但这种情况说明，长期以来，我国法院对专利价值判断偏低。在这种情况下，即使引入了专利惩罚性赔偿制度，法院长期以来的专利价值思想导向误区仍然存在。

根据前文分析，专利适用惩罚性赔偿制度的构成要件只有概括性规定，对适用惩罚性赔偿制度的赔偿金额认定确实存在实际困难。法院即使有意愿适用专利惩罚性赔偿制度，但面对法律适用的种种困难，可能还是会在惯性下继续维持原有的法定赔偿习惯，进行绝对值偏低的判赔，导致我国新增的专利惩罚性赔偿制度没有在我国的司法实践中得到很好落实，也没有达到期望通过专利惩罚性制度适用达到的预防和示范功能，以及创造有利于创新氛围的社会效果。

四、对惩罚性赔偿制度落地困境解决之尝试

（一）比较法中的专利惩罚性赔偿

尽管目前我国的专利惩罚性赔偿制度新设立后，在司法实践中遭遇了一些困境，但在专利保护领域建立一个全新的、突破性的制度不是一蹴而就的。我国专利惩罚性赔偿制度建立时间尚短，面对司法实践中的落实问题，可以考虑结合实际情况，借鉴外国成熟的专利惩罚性赔偿制度的情况。

1. 比较法中的赔偿金额基数认定

美国专利法没有对惩罚性赔偿的规定，但据《美国专利法》第 284

条第2款的规定可知，对故意专利侵权，美国适用的法定赔偿实质上就是法定赔偿。对专利惩罚性赔偿制度中赔偿金额认定的问题，美国司法实践中逐渐形成的是，假设在竞争市场中只有专利侵权人和专利权人双方的情况下，分析市场份额的方式。具体而言，需要满足四个条件，第一，该被侵权的专利产品必须具有实际的市场需求；第二，被侵权的专利产品需要具有专利技术性的不可替代性；第三，专利权人需要具有满足一定市场需要的制售能力；第四，假设专利侵权行为未发生，专利权人能占有部分市场份额。美国司法实践中形成的分析市场份额的方式存在一定的科学性，但是它无法精确定量的确定赔偿金额基数，仅能定性估计损失。

我国目前的司法采用确定专利赔偿金额基数的具体方式和美国司法实践中形成的方法都属于实际利润确定法。2010年在 Monsanto Canada Inc v. Rivett 案①中，加拿大联邦上诉法院在司法实践中没有选择常见的实际利润确定法，而是选择了边际利润确定法。边际利润确定法是考虑在非专利产品已经提供一定价值的情况下，仅考虑专利技术与普通技术之间的利润差。在设想的状态下，边际利润法精准地定义专利技术和对应领域的最佳普通技术之间的技术价值差。从理论逻辑层面看，边际利润比实际利润更为合理。

专利许可费的确定，比较法中比较典型的是20世纪70年代美国判例之间形成的"合理权利金法"，假设在侵权发生前，专利权人与授权人已经达成双方都可以接受的权利金。这是一种假设性的协商情境②。该方法考虑四个主要条件，分别是专利权人的商业运行情况、专利技术

---

① 加拿大联邦上诉法院. 加拿大孟山都公司诉里维特案［DB/OL］. vlex Global 全球法律数据库，2010-08-06.
② Lewis & Clark DURIE D J，LEMLEY M A. A structured approach to calculating reasonable royalties ［J］. *Law Review*，2010，14（2）：627-651.

的贡献价值、非专利技术的技术价值和类似专利技术的产品情况。而根据《欧盟第 2004/48/EC 号指令》，在专利许可费作为专利侵权赔偿基数的问题上，欧盟认为将许可使用费作为专利权人所受损失基数时不应倍数过低。

2. 比较法中惩罚性赔偿构成要件的认定

在"故意"主观要件的认定上，世界范围内都无太大争议。美国司法实践表明，行为人特定的心理状态往往被视为美国部分州法或判决中通常被采用的司法标准。美国法院判决中通常将这些特定的心理状态以恶意的、鲁莽的、轻率的、邪恶的、故意的等词汇形容。换言之，如果专利权人能够提出相应的证据，证明专利侵权行为发生时专利侵权人存在"故意"或"恶意"的主观状态。

在"情节严重"客观要件的认定上，美国司法实际中采取全盘考量所有情节的方法[1]。在美国的 Read Corp. V. Portec, Inc. 案[2]中，对情节严重需要考虑分析的条件包括：是否故意抄袭专利技术；是否明知并调查专利技术的具体内容；在专利侵权诉讼中的行为；专利侵权人的总体财产；侵权行为成立与否；侵权行为持续的时间和规模；专利侵权人的动机；专利权人的起诉动机；专利侵权人是否都有补救措施；是否有掩盖侵权行为的措施；是否存在侵权阻却事由；是否得到专业法律人士的帮助等。同时，美国学者还主张，没有得到实际投产和技术价值较低的专利技术不具备认定"情节严重"的客观要件，因为正义的合同要求给付对价具有等值性[3]。

---

[1] 吕柔美. 美国专利惩罚性赔偿解析——以 2016 年联邦最高法院 Halo Electronically Inc. v. Pulse Electronics Inc. 为中心 [J]. 交大法学评论，2017（2）：230.

[2] Read Corp. V. Portec, Inc 970 F. 2d 816 [Z]. Fed. Cir. 1992：826-827.

[3] 谢尔登·W. 哈尔彭，克雷格·艾伦·纳德，肯尼思·L. 波特. 美国知识产权法原理 [M]. 宋慧献，译. 北京：商务印书馆，2013：238.

(二) 对我国专利惩罚性赔偿制度的建议

结合我国目前专利惩罚性赔偿制度落实实践中遇到的困境，借鉴世界范围内比较成熟的专利惩罚性赔偿制度情况，目前我国专利惩罚性赔偿制度的落实，或许可以从以下几个方面出发。

其一，完善我国的专利惩罚性赔偿制度中有关专利侵权惩罚赔偿金额基数的细则规定。目前我国无论是在《民法典》中，还是在《专利法》中，对专利惩罚性赔偿制度的侵权惩罚赔偿金额的认定都只有概括性规定。在2021年3月发布的《最高人民法院关于审理侵害知识产权民事案件适用惩罚性赔偿的解释》中，对认定专利惩罚性赔偿制度中构成要件"故意"与"情节严重"进行了进一步说明。但该解释仍然回避了在全国各级法院的判决书中几乎要形成托词惯例的专利侵权惩罚赔偿金额基数的问题。面对问题才能解决问题，首先应当尝试从现有路径解决专利侵权惩罚赔偿金额基数难确定的问题。以美国为典型代表的分析市场份额的实际利润确定法，加拿大个案中采取和台湾智慧财产法院在探索的边际利润确定法都有可取之处。两者取其一，还是根据现实案件的情况或者不同专利技术分类的特点确定不同的利润确定法都是可行路径。关键是我国需要推行具有可行性，且实际具体地在专利惩罚性赔偿制度中确定惩罚性赔偿金额的详细规定。

其二，我国司法实践中需要有一个或几个具有示范性的专利惩罚性赔偿的判决。尽管本文通过分析司法实践中构成要件的情况，发现在我国司法实践中，法院认定专利惩罚性赔偿制度构成要件的倾向呈现出低迷的情况，但分析我国对专利惩罚性赔偿制度中主观要件和客观要件的情况，与比较法中的专利惩罚性赔偿制度中构成要件的情况相差不大。我国司法实践中出现怠于认定专利惩罚性赔偿制度构成要件的主要原因应该并非构成要件的法律规定存在缺陷，而是长期以来我国对专利判赔的惯性思维导致。惩罚性赔偿又称为示范性赔偿，建立惩罚性赔偿制度也需要有示范性案例，为打破长期以来的司法惯性提供有力支持。

五、结　语

在《民法典》概括地规定了知识产权惩罚性赔偿制度的相关规定，我国《专利法》对专利惩罚性赔偿制度作出规定后，讨论在我国突破性地引入专利惩罚性赔偿制度利弊的意义不大。现在应当聚焦于面对这项知识产权保护体系中专利保护领域的全新的制度，它在我国的司法实践中适用需要哪些方面的帮助，从而进行完善。

该制度在我国专利保护领域的建立时间较短，在司法实践中适用面对一定困境也在情理之中。但面对现在的困境，还需立法、司法多方面的共同协助。解决专利惩罚性赔偿制度适用落实之困境，明确专利惩罚性赔偿制度赔偿金额确定之细则，改变专利判赔一贯偏低的司法惯性，使惩罚性赔偿制度的预防功能和示范功能在专利保护中起到应有作用，还专利领域秩序之明朗，完善我国知识产权保护体系，强化我国知识产权保护力度，增强我国技术创新发展动力，真正达到法律效应和社会效果的共同向上。

著作权法定赔偿计量标准的考察与建构

吴悦婷*

一、缘起与问题

知识产权损害赔偿难以计算是普遍共识①。以著作权为例，作品作为著作权的权利客体，无形性特征决定其市场价值的流变性②。同时，作品又是经济学意义上的公共产品，对其利用形式具备非消耗性和非竞争性③，因此在具体个案中存在作品权利人的实际损失、侵权人的违法所得难以确定等问题。在原告举证能力有限、法院能够查明的信息整体受限时，清楚计算传统损害赔偿基数难度要求过高。而法定赔偿制度，缘起知识产权侵权损害的特性以及司法系统的效率追求④，法定赔偿允许法官在一定数额幅度内自由地酌定赔偿数额，从而将法院从算数难题中解救。

---

* 作者简介：吴悦婷，1999 年 7 月生，华东政法大学知识产权学院研究生在读。

① 转引自张春艳. 我国知识产权法定赔偿制度之反思与完善 [J]. 法学杂志，2011 (5)：118–121.

② 徐聪颖. 论知识产权法定赔偿的定位与规范适用问题 [J]. 湖北社会科学，2020 (10)：117.

③ 刘维. 中国知识产权裁判中过度财产化现象批判 [J]. 知识产权，2018 (7)：83.

④ 田娟，宋庆文. 知识产权侵权损害的法定赔偿制度 [J]. 广西社会科学，2004 (8)：98.

2001 年《著作权法》首次引入法定赔偿，在第四十八条规定，在权利人的实际损失、侵权人的违法所得、权利使用费均难以确定的情况下，由人民法院根据侵权行为的情节，判决给予 50 万元以下的赔偿。2021 年《著作权法》加大保护力度，将法定赔偿金额上限提升至 500 万元，增设 500 元赔偿下限。这意味着只要认定需要进行民事赔偿，则侵权人最低需要赔付 500 元，不论侵权行为性质、侵权后果等具体情况。

法定赔偿固然在法定限额内赋予法官最大限度的裁量自由，法官通过对关联因素的全面、综合考察，灵活地酌定赔偿数额对当事人予以救济。但此种自由既是制度优势所在，又伴随初始风险。现有立法对法定赔偿的适用规则几乎未作设置，仅是明确下至 500 元、上至 500 万元的判赔区间，至于具体个案取哪个数额点则交由法官自由心证，仅呈现给当事人"综合考虑……等因素，酌定赔偿……元"的判决结果。因为立法存在空白，对于审判结果当事人无从对照权威规则文本。而法院通常并不揭示数额确定的过程，使得法定赔偿制度更加难以捉摸。基于法定赔偿制度在著作权诉讼中一骑绝尘的高适用率，法定赔偿的难以捉摸事实上决定著作权审判的难以捉摸，有学者统计在 2012—2015 年审结的 6705 个著作权侵权案例，有高达 99.6% 的案例均通过法定赔偿判赔①。而司法的扑朔迷离显然是不容乐观的，裁判结果难以服众，当事人将质疑酌定数字的合法、合理性。巨大的裁量空间在判赔过程中也令法官犯难，没有标准、原则作指引，审判人员宛若一叶孤舟，奋力划行避免陷入"随意性裁判"的漩涡②。侵权人的同一侵权行为侵犯权利人

---

① 詹映. 我国知识产权侵权损害赔偿司法现状再调查与再思考：基于我国 11984 件知识产权侵权司法判例的深度分析［J］. 法律科学（西北政法大学学报），2020（1）：194.

② 张春艳. 我国知识产权法定赔偿制度之反思与完善［J］. 法学杂志，2011（5）：119.

若干作品的若干权能，采取不同的计量标准将导致法定赔偿数产生巨大的差异，在人人皆是创造者、人人皆是传播者的数字环境中问题尤甚。

司法判赔不仅直接决定个案当事人利益，也在各个方面发挥导向作用，关系行业产业发展，指导公众行为规范①。过低的赔偿金额无法实现权益保护的基本要求，助长侵权泛滥，危害无须赘言；而畸高的赔偿数额也背离实质公平的司法追求，不合理的市场杠杆恐催生不合理的滥诉；长此以往，将偏离著作权立法本旨。基于此，本文拟借 2021 年《著作权法》修订之际遇，整理法定赔偿计量标准在我国司法实践及学术研究中的基本情况，结合域外经验，立足本土需要，探索符合我国国情的法定赔偿计量标准。

本文以"著作权损害赔偿""知识产权损害赔偿""法定赔偿""酌定赔偿"为关键词，在威科先行及北大法宝的法律法规数据库中进行检索，总结出法定赔偿计量标准的有关规范文件共计 9 份，可以总结两点共性。

第一，文件效力位阶低。9 份文件中仅有一规范性文件系由最高人民法院发布。同时该文件为司法官员的公开讲话，属于司法政策性质文件，并不属于具有裁判效力的正式法源②。也就是说，法定赔偿至今已实施二十余年，仍无任何具备法的效力的法律渊源对其计数标准予以规定。其他由地方法院发布的地方司法文件也仅在地方辖区内具有参考指引作用，一方面辐射范围有限；另一方面并不具备强制拘束力。

第二，内部标准不一致。在前文 9 份现行有效的规范性文件中，存在以作品数量为计量标准和以权利数量为计量标准的两种观点，说明我国司法实务就计量标准的选取并未达成共识。其中，北京高院、湖南高

---

① 侯猛. 不确定状况下的法官决策：从"3Q"案切入 [J]. 法学, 2015 (12)：15-22.
② 转引自郭松. 司法文件的中国特色与实践考察 [J]. 环球法律评论, 2018 (4)：190.

院、广东高院及深圳中院应对不同类型作品采取了不同计量标准，如摄影作品、美术作品采取作品数量标准；而对于影视作品、音乐作品则采取权利数量标准。在同一份规范性文件中，面对本质相同的权利客体（作品）采取不同的计量标准，实质内核是对不同类型的作品提供不同水平的区分保护。而《著作权法》提供作品的保护是平等的，此种区分设置的正当性基础何在，前述文件并未对此进行说明。

表1 我国现有著作权法定赔偿计量标准规定

来　源	效　力	规　定	标　准
最高人民法院副院长曹建明在全国法院知识产权审判工作座谈会上的讲话①	"两高"文件	……适用法定赔偿办法时应当按照每一侵权行为分别酌定赔偿额……	权利数量
北京市高级人民法院《关于确定著作权侵权损害赔偿责任的指导意见》②（失效）	地方司法文件	第十条 适用法定赔偿方法应当以每件作品作为计算单位	作品数量
北京市高级人民法院《关于侵害知识产权及不正当竞争案件确定损害赔偿的指导意见及法定赔偿的裁判标准》③	地方司法文件	2.9 【其他基本赔偿标准】……可以按照每部作品5万元以下酌情确定赔偿数额 3.2 【复制、发行、在线播放的基本赔偿标准】原告为词、曲著作权人的，每首音乐作品的赔偿数额一般不少于600元…… 3.4 【公开现场表演的基本赔偿标准】…每首音乐作品的赔偿数额不少于3000元……	作品数量＋权利数量

① 曹建明. 加强知识产权司法保护、优化创新环境、构建和谐社会［EB/OL］. 2005-11-12.
② 关于确定著作权侵权损害赔偿责任的指导意见［EB/OL］. https：//bjgy. bjcourt. gov. cn/article/detail/2005/03/id/830801. shtml, 2005-1-11.
③ 关于侵害知识产权及不正当竞争案件确定损害赔偿的指导意见及法定赔偿的裁判标准［EB/OL］. https：//bjgy. bjcourt. gov. cn/article/detail/2020/04/id/5090617. shtml, 2020-4-23.

续表

来　源	效　力	规　定	标　准
湖南省高级人民法院《关于审理涉及网络的著作权侵权案件若干问题的指导意见》①	地方司法文件	25. 原则上每首歌不低于 500 元，每部 MV 作品不低于 800 元……美术或摄影作品……每幅作品不低于 500 元。 影视作品……（1）在互联网上传播影视作品的……每部作品不低于 5 万元……（2）在局域网上传播影视作品的……每部作品不低于 3000 元……	作品数量＋权利数量
广东省高级人民法院关于印发《广东省高级人民法院关于审理侵害影视和音乐作品著作权纠纷案件若干问题的办案指引》的通知②	地方司法文件	9. 网站在线提供电影作品播放或者下载服务的，每部作品…… 11. 电视台播放电影作品构成侵权的，每部作品…… 13. 侵害摄影作品著作权的，每幅作品……	作品数量＋权利数量
深圳市《中级人民法院关于知识产权侵权损害赔偿问题的裁判指引》③	地方司法文件	（一）卡拉 OK 经营者播放音乐作品、音乐电视作品和录音录像制品，每首歌曲赔偿…… （二）销售盗版音乐光盘（没有合法来源），每张赔偿…… （一）摄影作品每幅赔偿……	作品数量＋权利数量
天津市高级人民法院《关于审理著作权侵权纠纷案件的指导意见（节录）》④	地方司法文件	64. 侵权复制美术作品、摄影作品，适用法定赔偿规定，一般可按每份……	权利数量

---

① 关于审理涉及网络的著作权侵权案件若干问题的指导意见［EB/OL］. https：//www.xunlv.cn/laws/10143，2011-5-5.

② 关于审理侵害影视和音乐作品著作权纠纷案件若干问题的办案指引［EB/OL］. https：//www.faxin.cn/lib/dffl/dfflContent.aspx? gid = B24899&libid = 010205，2012-12-10.

③ 关于知识产权侵权损害赔偿问题的裁判指引［EB/OL］. https：//law.wkinfo.com.cn/legislation/detail，2011-12-1.

④ 关于审理著作权侵权纠纷案件的指导意见（节录）［EB/OL］. https：//www.lawlawing.com/community/229014，2006-4-5.

来　源	效　力	规　定	标　准
浙江省高级人民法院民三庭印发《关于审理网络著作权侵权纠纷案件的若干解答意见》的通知①	地方司法文件	在网络环境中侵犯影视作品著作权的……每集电视剧在……	作品数量
江苏省高级人民法院《关于知识产权侵权损害赔偿适用定额赔偿办法若干问题的指导意见》②	地方司法文件	第十五条　适用定额赔偿办法一般应当以每项具体权利作为计算单位	权利数量

二、我国著作权法定赔偿计量标准的观点梳理

通过对知网文献进行检索整理，可知此前我国学界对法定赔偿制度的研究更多集中在法定赔偿功能、法定赔偿考虑因素等方面，对于法定赔偿计量标准的讨论较为少见。伴随《著作权法》出台对法定赔偿条款进行修改，法定赔偿区间发生大幅变动，既存的观点也多少因此蒙上时效性色彩，因此有必要结合现有条件对其进行重新审视。

（一）行为数量说

有学者提议法定赔偿额可以在权利价值确定的基础上，以一件作品的一次侵权行为来确定最终的赔偿数额③。根据行为数量标准，同一侵权行为侵犯若干作品的若干具体权利，也仅依照侵权行为数量进行法定

---

① 关于审理网络著作权侵权纠纷案件的若干解答意见 [EB/OL]. https：//www. lawlawing. com/community/185658, 2009-10-20.

② 关于知识产权侵权损害赔偿适用定额赔偿办法若干问题的指导意见 [EB/OL]. http：//www. lsbar. com/law/144889, 2005-11-18.

③ 张以标, 吴卫兵. 论著作权侵权损害法定赔偿额的确定 [J]. 山东科技大学学报（社会科学版）, 2009（1）：38.

赔偿计算，因此得出的法定赔偿金额相比之下最为稳妥保守。该标准学界尚无具体的计量操作说明，但标准本身得到了最高法的肯定，时任最高人民法院副院长曹建明在座谈会中表示"适用法定赔偿办法时应当按照每一侵权行为分别酌定赔偿额"[①]。

本文认为，行为数量标准最大的弊处在于难以克服的技术问题，即侵权行为的范围难以界定，以致难以判断有关事实系单一侵权行为的持续状态，还是若干侵权行为的集合。试举一例，侵权人在一持续时间段向电脑上传多件隶属不同权利人的不同作品：

（1）倘若将该持续时间段发生的侵权行为视为同一侵犯他人复制权的行为，则仅存在一次侵权，对侵权人的赔付要求并不严苛。但持续时长应如何设置，侵权间歇后的继续侵权是否应重新计次，又如何把握间歇时长？

（2）倘若将计量标准该持续时间段发生的侵权行为理解为多次上传复制件的集合，即为若干个侵犯复制权的行为，则又与权利数量说发生实质内容的混同。

有学者提议"应根据侵权行为种类的不同，对权利人的损害进行'法定赔偿'的叠加计算"[②]，然而正如（2）中所指出的，侵权行为的种类由行为所触犯的专有权利决定，对侵权行为种类的界定实则又指向了对专有权利内容的判断，此时"行为数量说"只是换了一个表面称谓，实际内核仍然是"权利数量说"，缺乏作为计量标准独立存在的基础。

计量标准应当清晰明确、便于适用，而"行为数量说"无法满足

---

① 曹建明. 加强知识产权司法保护、优化创新环境、构建和谐社会 [EB/OL].
https：//law. wkinfo. com. cn/legislation/detail，2005-11-12.

② 徐聪颖. 论侵害商标权及不正当竞争案件中的损害混同与聚合 [J]. 河北法学，
2019（9）：83.

这一基本要求。提出"行为数量说"的学者观点似也摇摆不定，不管是论证抑或结论都游离在行为数量和权利数量二者之间①。事实上，该标准也因上述缺点逐渐受到冷落，理论实务都较少提及，已经排除在计量标准确立的角逐之外。

（二）权利数量说

法律保护的是权利而不是权利客体，侵犯知识产权的行为主要表现为对权利的侵犯②，应对每一项遭受侵害的权利分别适用法定赔偿③。《著作权法》的保护对象确为专有权利，规制对象确为侵犯专有权利的行为，"权利数量说"恰如其分呈现出著作权的保护逻辑，似与法律本质最为契合。

但采取该标准的风险在于侵权人面临（权利数量×作品数量）的多倍赔偿金，而高价赔款可能远超侵权行为造成的损害后果和侵权人实际偿还能力④，造成个案审判中当事人的利益失衡，并最终陷入执行难、保护难的僵局；相应地，过高的赔偿金对于权利人也形成了错误的暗示，将加速知识产权过度财产化的变动趋势，催生商业性批量维权。司法判赔金额的高低并不与知识产权保护水平呈正相关关系⑤，畸高的赔偿金额绝非加强版权保护力度的正确路径。版权保护经验丰富的发达国家也不曾采取该计量标准，而我国尚在法定赔偿适用初阶，著作权侵权

---

① 张以标，吴卫兵．论著作权侵权损害法定赔偿额的确定［J］．山东科技大学学报（社会科学版），2009（1）：38.
② 韩成军．著作权侵权行为的界定与损害赔偿的构成要件［J］．学术交流，2007（8）：52.
③ 周晖国．知识产权法定赔偿的司法适用［J］．知识产权，2007（1）：98.
④ 张春艳．我国知识产权法定赔偿制度之反思与完善［J］．法学杂志，2011（5）：121.
⑤ 曹柯．侵犯影视作品信息网络传播权的法定赔偿［J］．人民司法（应用），2016（13）：85.

态势尚有膨胀之势①，采用权利数量的计量标准将导致倍数级扩增的赔偿金额，无益于产权保护，反而可能平添司法系统的办案负担。

(三) 作品数量说

"作品数量说"主张应当由受到侵害的权利客体数量决定法定赔偿的适用次数。因为著作权侵权"所受损失"的认定核心是作品价值②，作品价值高低决定权利人的实际损失大小，通过作品的数量判断受损的价值总量有据可循，采纳作品数量的计量标准是法定赔偿的应有之义。作品数量的计量标准也已有较为成熟的域外经验可供参考。《加拿大版权法》第 38 条规定法定赔偿限额针对的是每件作品或者其他客体③。美国立法同样采用"每一侵权作品规则"（a per infringed work rule），现行适用的 1976 年版权法第 504 条（C）明文规定"就任何一部作品而言……法定赔偿金为不低于 750 美元或者不超过 30000 美元，以法院视正当而定"④。

支持作品数量标准的研究不占少数，但也有学者质疑其存在无法区分部分侵权和全方位侵权的缺陷：不论对权利作品进行何种程度的侵权，最终都只能进行作品数量计次的赔偿救济，因此侵权行为和侵权责任不对等，情节严重的侵权行为未能承担与之相适应的侵权责任，无异于鼓励潜在侵权人进行全方位的侵权行为⑤。本文意图对这一质疑进行

---

① 杨涛. 完善我国著作权侵权损害赔偿的计算方法——基于比较法视野的研究启示 [J]. 时代法学, 2010 (1)：81.
② 卫绪华. 论全部赔偿原则对著作权法定赔偿制度的指导价值 [J]. 广西大学学报 (哲学社会科学版), 2012 (2)：54.
③ 加拿大版权法 [M]. 易健雄, 译. 北京：知识产权出版社, 2017：91.
④ 十二国著作权法 [M]. 十二国著作权法翻译组, 译. 北京：清华大学出版社, 2011：805.
⑤ 朱启莉, 麻锐. 我国知识产权法定赔偿计量标准的确立 [J]. 哈尔滨学院学报, 2010 (12)：22.

澄清。首先，计量标准并不是法定赔偿的全部，计量标准在法定赔偿的计算中发挥统筹兼顾的指挥作用，率先明确计量标准进行数量计次，再具体考虑整个案例的酌定因素。侵权行为的情节完全可以，也应当交由酌定因素这一步骤予以考虑。假设侵犯 10 部作品的复制权需要赔偿（10×a）元，侵犯 10 部作品的复制权、发行权、广播权则应当赔偿（10×b）元（b>a），是故作品数量的计量标准也能够正确反映全方位侵权和部分侵权的区别评价。此外，还有学者质疑作品数量标准的合理性，认为法官对每件作品进行自由酌定只会加剧类案不同判的现象①。然而，只要适用法定赔偿制度，准允法官自由裁量就会存在类案异判的初始风险，这并不是作品数量标准独有的问题，冀望一种隶属于制度的标准去克服由制度本身决定的弊端，缺乏现实可能性。

如前所述，综合比较现有研究提及率较高的三种计量标准，本文认为以侵权行为和权利数量作为计量单位都存在硬伤，立法不宜采纳；相较之下，作品数量标准俨然是其中的最优选。

三、法定赔偿应确立作品数量的计量标准

（一）"作品数量说"与补偿性制度要求

法定赔偿制度本为补偿性赔偿制度。早在 1998 年《最高人民法院关于全国部分法院知识产权审判工作座谈会纪要》就已明确定额损害制度的补偿性："民事权利受到侵害的基本赔偿原则是赔偿实际损失……可以采用定额赔偿的办法来确定损害赔偿额。"② 法定赔偿计算需遵循补偿性原则的指导，法定赔偿的计量标准也应依照制度本质予以

---

① 林洋．数字音乐著作权法定赔偿适用失范与制度匡正［J］．西华大学学报（哲学社会科学版），2022（3）：94.

② 全国部分法院知识产权审判工作座谈会纪要［OB/EL］．http：//www.law-lib.com/law/law_ view.asp? id=16155，1998-07-20.

确立，明确补偿性的计算导向。

2020 年《著作权法》的第三次修改令法定赔偿最高额升至 500 万元，另外还新设了 500 元最低额。互联网技术的发展已经远超初现法定赔偿时立法者的预设，任何用户都具备比肩传统媒体的复制、传播能力，其轻点鼠标的瞬间就有无数权利作品传向无数用户①，无数个不低于 500 元的计次最终叠加生成巨额赔金。在这一客观环境下，法定赔偿如何能够回归填平权利人实际损失的初衷？1976 年便采用作品数量标准的美国最先面临这一责问——明尼苏达州一妇女因在线共享 24 首歌曲被责令赔付 22.2 万美元②，巨额偿金一度令公众噤若寒蝉，也令学界生疑，1976 年确认的作品数量标准能否继续服务数字时代的计算要求③，就连主审法官也认为陪审团依照作品单位适用法定赔偿得出的结果是"可怕和令人震惊的"④。

对最低法定赔偿金的忧虑不是捕风捉影，也并非美国独有。摄影、美术、文学、音乐、视听作品都是线上侵权的高发区，常见网络生态下规模化的分布传播。有数据显示我国涉互联网版权侵权案件中，网络图片版权侵权纠纷占比最大⑤，而图片版权侵权往往涉及大量权利客体。作品数量固然容易计算，但不加区分固化地适用最低法定赔偿金将得出天文数字违背法定赔偿的补偿性要求，恐打破《著作权法》追求的版权私益保护与社会公益发展的二元平衡。

为了保证法定赔偿能够保持其补偿性，本文建议参考《加拿大版

---

① 王迁. 网络环境中的著作权保护 [M]. 北京：法律出版社，2011：2.

② Capitol Records, Inc. v. Thomas Rasset, 692 F. 3d 899, 901–02 [Z]. 8th Cir., 2012.

③ DEPOORTER B. Copyright Enforcement in the Digital Age: When the Remedy Is the Wrong [J]. *UCLA Law Review*, 2019 (66): 415.

④ 张春艳. 论美国版权法定赔偿的适用 [J]. 理论月刊，2012 (9)：185.

⑤ 朱玥. 网络图片版权维权乱象中法定赔偿制度的价值偏离与回归 [J]. 出版发行研究，2022 (1)：70.

权法》第 38 条法定赔偿"特殊情形"的规定：单个载体有两件以上的作品或者其他客体，或者因提供网络服务侵权，或者判决金额明显不合理的，可视具体情形在 500 加元或者 200 加元以下判赔①。加拿大版权侵权的法定赔偿金下限原为 500 加元，但通过规定设置多客体作品、网络服务提供者、总额不合理等特殊情形，法官则能够衡量计算结果的合理性，进行法定限额以外的灵活调整。"判决金额明显不合理"也发挥了兜底条款的作用，即便日后实践出现新形式的天价赔款，也能一并通过"特殊情形"条款予以应对，令法定赔偿回归其补偿性本色。

（二）"作品数量说"与公正效率价值追求

任何一种法律制度必须具备合理的法律价值，知识产权制度追求的法律价值即是正义与效率②。《著作权法》保障著作权人的合法权益，同时也讲求尽可能效率地进行权益保障。立法规范决定侵权责任追究机制与当事人利益分配机制的系统运作③，是故法律设置了最契合填平损失要求的传统损害赔偿制度，也规定了通过自由酌定高效审判的法定损害制度，力图通过多元保护措施实现高水平版权保护。

然而，任何制度的孤立运作都难以保障法律价值的充分实现，各个制度也根据自身特性各有价值偏重。法院按照法定赔偿数值区间酌定赔偿额时，不可避免与权利人的实际损失存在一定偏离，不能指望二者准确一致④。这是立法技术的取舍，通过牺牲少许补偿填平价值换得更大

---

① 喻志强，戈光应. 著作权侵权法定赔偿条款的理解与适用 [J]. 中国版权，2021（4）：106.

② 梁志文. 补偿与惩罚——著作权法定赔偿制度价值研究 [J]. 电子知识产权，2005（12）：14.

③ 杨涛，黄修斌. 著作权法定赔偿制度的利弊分析与立法完善 [J]. 科技与法律，2008（3）：86.

④ RSO Records, Inc. v. Peri, 596 F. Supp. 849 [Z]. S. D. N. Y. , 1984.

的效率价值①，是故计量标准应当保持自身的效率优势，换言之，立法采取的计量标准应当在司法实践中具备牢靠的可操作性和计算便捷的科学性。

高效率价值正是作品数量标准的显著长处。相较于呼声很高的权利数量标准，作品数量的计量通常仅要求法官完成事实上的认定，也即在事实查验阶段进行客观作品数量的核验，该任务能够便捷明晰地予以确认，无须进行法律规范意义上的分析，而往往是规范层面的评价最为耗费精力。触犯著作权人专有权利的侵权行为或产生权利竞合，需要对侵权行为、侵权目的、侵权行为与触犯的专有权利因果关系②等内容进行复杂的法律判断，权利数量标准要求极高的审判成本。

更进一步观察，作品数量标准的运行内核也契合公正价值的要求：其他计算标准更多倚赖法官专业素养下的自由酌定，也更容易造成因审判人员认识不同导致的类案异判。权利保护恰为秩序正义中最重要的内容③，而保护力度不一极易损害产权保护的秩序正义。效率需兼顾公正的社会准则④，作品数量标准的客观性能够有效避免法律评价的误差，为最大化兼顾效率和公正奠定基础。

诚然，作品数量也非绝对的事实性概念，也存有若干法律问题需要探讨。但此前域外已对此进行摸索，丰富的实践经验可供我国参考。例如，美国巡回法院就什么构成作品数量的基本单位"一部作品"（One Work）就形成了两种意见：一是"功能标准"，适用该标准时，作品仅

---

① 和育东. 知识产权侵权法定赔偿制度的异化与回归 [J]. 清华法学，2020（2）：145.

② 朱启莉. 我国知识产权法定赔偿计量标准的完善 [J]. 云南大学学报（法学版），2012（5）：73.

③ 吴汉东. 知识产权法价值的中国语境解读 [J]. 中国法学，2013（4）：18.

④ 曲振涛. 论法经济学的发展、逻辑基础及其基本理论 [J]. 经济研究，2005（9）：115.

有在具备独立经济价值时能符合"一件"予以计量；二是"发行标准"，适用该标准时，则需要查核权利人系单独发行作品，还是将若干作品作为一个整体共同发行。在支持情况上，至少有四个巡回法院采用功能标准；同时，至少也有一个巡回法院采用发行标准。[①] 倘若后续我国立法引入了作品数量的计量标准，也可循此摸着石头过河，结合具体案件进行具体分析，形成集合中外之长，总结中国经验的"一部"标准。

四、修正的作品计量标准

计赔单位是法定赔偿额确定的基础，法定赔偿在著作权侵权纠纷中适用率极高，《著作权法》对基本制度的计算基础却始终规定空白，将严重滞缓法制一体工作的展开，增设计量标准亟须提上立法议程。同时，应为计量标准引入裁量式的计算方法，从而形成"修正的作品数量标准"，即法官在运用作品单位计算法定赔偿金将导致判赔额明显不合理时，允许法官对每件作品酌定法定区间以外的赔偿金。

实际上，我国早年司法实践已经对此有所尝试。2009 年最高人民法院出台的《关于当前经济形势下知识产权审判服务大局若干问题的意见》虽未明确提出裁量性计算的概念，但《意见》的第 16 条明显具备裁量性计算的雏形："对于难以证明侵权受损或侵权获利的具体数额，但有证据证明前述数额明显超过法定赔偿最高限额的，应当综合全案的证据情况，在法定最高限额以上合理确定赔偿额。"在 2013 年新闻发布会上，最高院知识产权审判庭副庭长金克胜对该计算方式进行明确："在计算赔偿所需的部分数据确有证据支持的基础上，人民法院根

---

① YU V. Calculating Statutory Damages in Copyright Infringement Cases: What Constitutes One Work [J]. *Santa Clara Law Review*, 2018 (58): 382-395.

据案情运用裁量权，确定计算赔偿所需要的其他数据，从而确定公平合理的赔偿数额。"① 同年最高人民法院发布一起商标侵权典型案例，二审法院突破了当时法定赔偿上限 50 万元，根据有关证据进行高达 200 万元的酌定判赔②。2018 年通过达索公司诉知豆公司案，著作权审判也适用了裁量性计算方法③。

裁量性计算方法已平稳融入我国知识产权审判，具备适用基础，后续进行推广的成本也相对可控。此前，适用裁量性计算的案例均是进行超出法定最高额的判赔，结合数字时代著作权侵权特性，单一侵权行为往往触犯诸多权利客体，单一客体分摊所受的损失极低，低于法定赔偿金下限的裁量性赔偿将发挥作用，修正的作品数量标准也能够在多客体的批量诉讼中"大展拳脚"。

综上所述，本文建议采用修正的作品数量计量标准，在《著作权法》第四次修订时可将法定赔偿条款规定为：权利人的实际损失、侵权人的违法所得、权利使用费难以计算的，由人民法院根据侵权行为的情节，针对每件作品判决给予 500 元以上 500 万元以下的赔偿。计算每件作品将导致判决金额明显不合理的，可以根据具体情形对每件作品判决 500 万元以上或者 500 元以下的赔偿。

---

① 酌定赔偿更接近权利人损失 赔偿数额更合理 [EB/OL]. https：//www. chinacourt. org/article/detail/2013/10/id/1110984. shtml，2013-10-22.
② 北京市高级人民法院（2012）高民终字第 918 号民事判决书。
③ 上海市高级人民法院（2018）沪民终 429 号民事判决书。

"三合一"审判改革视域下知识
产权法院的革新

王娅雯[*]

2016 年最高人民法院《关于在全国法院推行知识产权民事、行政和刑事案件审判"三合一"工作的意见》（以下简称《"三合一"审判工作意见》）的出台，掀开了我国知识产权三审合一改革的序幕。意见指出，要加快推进知识产权民事、行政和刑事案件的审判"三合一"工作，这为知识产权司法体制向专门化与一体化改革奠定政策基础。为实现程序集约的目标并统一裁判标准，知识产权审判庭于各省、市分别开始挂牌成立，至今已成立 23 个知识产权审判庭对行政区划内的知识产权案件集中审判，知识产权案件的专属管辖成为司法体制改革的另一主要方向。2014 年 8 月 31 日，第十二届全国人民代表大会常务委员会第十次会议通过了《关于在北京、上海、广州设立知识产权法院的决定》，标志着我国知识产权司法体制改革进入崭新阶段，目前已有 4 家知识产权法院完成建立，进一步提高了知识产权案件审判的专业化程度。作为知识产权领域内司法体制改革的两大方向，实际上，知识产权

---

* 作者简介：王娅雯，中南财经政法大学知识产权研究中心硕士研究生，研究方向：知识产权法。

审判体制的革新正在一定程度上促进"三合一"审判改革目标的实现。一方面，不论是知识产权审判庭的设立，还是知识产权法院的挂牌，均有利于法院在知识产权案件专属管辖中不断探索三审合一的具体展开模式，实现审理模式的形式"合一"；另一方面，这样的司法审判体制有利于知识产权法官的遴选与交流，提高审判队伍的专业化程度，破除民事、行政以及刑事案件之间的专业壁垒，提高审判实质"合一"程度。

"三合一"审判改革以渐进式推动为主要特点，在"双轨制"的保护模式下，首先要实现的就是行政和民事案件的"二合一"，并以刑事案件审理的融合作为最终目标。然而，目前不论是民事侵权与行政确权交叉案件的审理模式创新，还是刑事案件的融合审判，均遇阻碍。知识产权法院地域分布以及审级设计得不尽合理带来的管辖难题，以及法院司法确权职能的缺失，都成为"合一"审判道路的阻碍，为当事人带来不便的同时，也不利于专业审判团队的建设、指导案例的形成与发布以及诉讼效率价值的追求。因此，有必要从知识产权审判现状出发，对目前改革面临的阻碍进行总结，并有针对性地对知识产权司法体制进行革新，助力"三合一"审判改革的推进。

一、"三合一"审判改革要求下知识产权司法体制现状

为顺应目前司法体制改革对效率价值的追求，进一步提高案件审判效率、优化司法资源配置，"三合一"审判改革自知识产权领域试点实施以来成果颇丰，加速了知识产权司法体制改革的进程，从最初的知识产权审判庭挂牌成立到如今知识产权专门法院的建立，无一不体现我国对三审合一的重视。如今已进入知识产权司法体制改革的提升阶段，知识产权司法体制改革通过不断革新已呈现出崭新样态，"三合一"审判改革亦进入新的篇章。

（一）三审合一改革的持续推进

由于知识产权案件本身的特殊性、专业性、技术性，"三审分立"的低效率催生了"三合一"审判的现实需求。《"三合一"审判工作意见》对审判改革如何开展指明了方向，首先需要实现的是将知识产权审判庭从沿用民事审判庭这一名称的传统中独立出来，更名为知识产权审判庭；在审判庭的组成上，则根据实际需要配备专门从事行政审判刑事审判的法官，与知识产权法官一同对案件进行审判。这一安排不仅满足了知识产权案件专业性、技术性所需达到的要求，同时方便法官在审判案件时进行沟通交流以统一事实认定以及裁判标准，在一定程度上避免了民事裁判结果与行政、刑事裁判结果之间的矛盾。

目前"三合一"审判改革已进入深化阶段，目标也从最初的形式合一过渡至实质合一。理论上可以根据知识产权案件审理中对"合一"的运用程度将审判类型分为两大类，即完全三合一模式与部分三合一模式。具体而言，目前实践中不完全三合一模式可以向下划分为民事、行政与刑事案件的合一、民事与行政案件的合一两类。目前改革主要对"双轨制"保护模式下民事案件与行政案件的审理完成了形式融合，并在民事侵权与行政确权交叉案件审理的实质融合上进行探索，《国家知识产权战略纲要》同样指出未来将进一步研究专利无效审查和商标评审机构向准司法机构转变的方式，均表明未来双轨制下司法保护与行政保护实质融合的发展态势。同样，随着知识产权市场价值的攀升，知识产权侵权行为呈现多元化、隐蔽化的特点，触碰市场经济秩序底线的可能性提高，易构成犯罪。因此，如何在目前民事、行政"二合一"的基础上进一步实现刑事案件审理的融合，是未来知识产权"三合一"审判改革需要攻克的另一难题。

（二）知识产权法院的构建布局

知识产权审判探索的实践不断推进，在一定程度上提高了案件审判效率，统一了裁判标准。在全国各省市基本完成知识产权审判庭的挂牌成立后，北京、上海、广州率先开始成立知识产权法院，实现对部分知识产权一审案件及上诉案件的专门管辖。这一举措能够克服知识产权审判庭仍无法解决的一大难题，即地方保护主义，以防止知识产权保护中偏向当地企业而扭曲市场机制①。正如陶鑫良教授指出的，知识产权案件的背后是商业与竞争等市场问题，审判背后的"空间"需要限制，否则就会被过度"地方化"。

知识产权是企业创新能力以及地区经济发展程度的反映指标，因此知识产权案件主要集中在经济较为发达的东部沿海地区，中西部经济欠发达地区则相对较少。为贴合诉讼与审判的需要，知识产权法院则首先在东部沿海城市进行试点，以调节双轨制保护体制下对行政保护的过分依赖而轻司法保护的不协调状态，但这样的布局也呈现出地域分布不均衡的特点。另一方面，首批知识产权法院的建立能够将专业化程度更高的知识产权法官遴选出来以培养优质的知识产权审判队伍，削弱地方保护主义影响，统一裁判标准以便指导案例的形成与发布，为探索知识产权法院在全国范围内进一步部署的方案积累经验。

（三）知识产权案件的审判格局

2018年2月，中共中央办公厅、国务院办公厅印发的《关于加强知识产权审判领域改革创新若干问题的意见》为知识产权强国战略中知识产权诉讼程序制度改革提供了顶层设计。随着"三合一"审判改革的推进以及知识产权法院的部署，最高人民法院知识产权审判庭的成立标志着我国独具特色的知识产权案件审判格局基本形成，它具有如下几个主要特点：第一，在各省市知识产权审判庭以及知识产权法院中，

---

① 龙小宁，王俊. 中国司法地方保护主义：基于知识产权案例的研究［J］. 中国经济问题，2014（3）.

118

均对三审合一的实践模式进行不同程度探索，实现在一次审判中解决知识产权所有相关纠纷；第二，最高人民法院知识产权审判庭作为全国统一的知识产权上诉机构，同时对判决确有错误的知识产权案件进行再审；第三，目前已成立的知识产权法院内部机构以及审判庭的设置方式存在较大差异，但在案件管辖范围上主要审理专利、商标领域内部分民事与行政类一审案件，著作权等技术性较弱的领域内案件一般被分流至基层人民法院审理，知识产权法院仅受理基层人民法院已经作出一审判决的上诉案件；第四，为实现与行政保护之间的衔接，北京市知识产权法院对不服国务院部门作出的授权、强制许可等行政行为案件进行管辖。知识产权法院是被定义为中级人民法院而存在的，但其与一般中级人民法院以及域外知识产权法院相比，体现出中国特色。例如，它不同于仅受理知识产权上诉案件的美国联邦巡回上诉法院，亦不同于韩国知识产权法院仅作为行政法院存在，同时也并未在当下实现如台湾地区智慧财产法院对民事、行政以及刑事案件三审合一的审理模式构建。

二、"三合一"审判改革推进中知识产权诉讼审判困境

我国在知识产权保护上采用的是"双轨制"的保护模式，即司法保护与行政保护并行，即对侵害权利人知识产权的行为，权利人可以选择向法院起诉，亦可向知识产权行政执法机关部门反映并通过行政程序解决，这也是知识产权多元化纠纷解决探索的成果。司法保护作为知识产权的重要保护途径，不仅需要通过司法体制改革不断革新，更要注重与行政保护的衔接与配合。但随着"三合一"审判改革不断深化发展，"双轨制"所带来的弊端也逐渐暴露，本应促进"三合一"实质化推进的司法体制改革发展现状也无法满足知识产权审判的现实需求，主要存在如下几方面的问题。

（一）知识产权法院建设布局不尽合理

目前全国范围内挂牌成立的知识产权法院仅有 4 家，且集中在东部沿海地区，知识产权审判庭也仅有 23 个，在地域分布上也未做到均衡分布。这样的统筹布局模式虽顺应了经济发展与知识产权案件的客观需求，但却未体现出对经济发展较为薄弱地区的照顾与扶持。从当下实践情况来看，已成立的几家知识产权法院并未在内部机构设置以及案件审理程序上制定统一适用的标准，知识产权法庭在审理知识产权案件时的灵活程度则更高，受"先刑后民"审判原则的影响，部分知识产权审判庭"三合一"试点工作开展程度较低，一般民事诉讼受到刑事审判的制约停滞不前，无疑对当事人权益以及司法效率带来消极影响，不利于三审合一的推进。知识产权法院作为知识产权审判庭审理一审案件的上诉法院，在一审无法实质合一审理的情况下，很难在二审中实现"三合一"审判。

因此，中西部地区掀起在新一轮司法体制革新过程中建立本省知识产权法院的热潮，以从侧面证明该省经济发展以及知识产权创新潜力，并减轻跨行政区划进行知识产权审判所带来的地方主义干扰，在诉讼中体现本省保护特色。但是，若不考虑知识产权诉讼需求而建立知识产权法院或知识产权审判庭，挂牌过程中所带来的构建成本以及人员配备成本无法通过足量知识产权案件的审判填补，更有可能建立知识产权法院最主要的功能，即对知识产权审判庭无法克服的地方保护主义带来的负面影响消磨。一方面，中西部地区的专利需求量较少，绝大多数企业采用许可使用等方式来获取专利而非通过自行研发，因此不会有较多的专利、驰名商标领域案件出现；另一方面，若每一个省均成立知识产权法院，在立法并未对如何具体规划内部机构设置方式以及案件审判模式的前提下，各地区仍有较大发挥空间以体现地方特色，但这样一来，很容易将知识产权法院变相异化为知识产权审判庭的简单更名与翻牌成立，无法体现跨区划审理对地方保护主义克服的优势。

（二）知识产权诉讼审级设置存在问题

知识产权法院的功能从最初作为对地方知识产权审判庭的一种修正与优化模式，到目前已经被赋予全新的概念，即将知识产权法院视为司法体制改革的重要组成部分，将其与"三合一"审判改革视作司法体制变革的两大主要方向，最终实现知识产权审判专业化与专门化，提高审判效率、优化资源配置。而三审合一作为渐进式的改革，目前仅在民事与行政"二合一"模式的探索过程中，未来还需克服目前国际社会已形成的"先刑后民"原则带来的根深蒂固的影响。然而，知识产权法院作为对知识产权审判庭的优化，虽在一定程度上能够促进"合一"的实现，但是受制于其案件管辖范围以及审级设置的影响，目前的"二合一"以及未来需要实现的刑事审判融合，均受到较大阻碍。

首先，知识产权法院为中级人民法院，立法却规定由最高人民法院知识产权审判庭直接审理来自对知识产权法院一审裁判不服的上诉案件，同时，最高人民法院知识产权审判庭同样需要受理对上述案件提起的再审案件。这与一般由高级人民法院作为上诉法院，最高人民法院作为再审法院的审判原则不相符，有越级审理的意味。这样的安排虽然能够将案件更多集中至最高人民法院知识产权审判庭，有利于其作出统一裁判，并且对更多的技术性案例进行研讨以发布指导性案例，但是同样也存在如下弊端：其一，所有的上诉案件均需要到最高院知识产权审判庭进行，不利于当事人行使上诉权利；其二，上诉案件一般是对一审案件法律适用错误的纠正程序，较少涉及对事实的认定，在该审判庭同时需要承担再审任务的情况下，将所有的案件集中至该审判庭进行纠错无疑是增加其审判压力。指导性案例不仅需要在法律适用上提出指导性意见，同样需要选取案件事实具有代表性的案例，事实的认定与案情的剖析同样是极其重要的一环。因此，不能简单因为最高院承担着发布指导性案例的任务就将所有的案例集中至该处进行二审。

其次，知识产权案件的管辖设置也不利于刑事案件与民事、行政案件的融合审理。由于知识产权民事案件的复杂性，大多数严重的民事侵权和行政案件均在中级以上人民法院审理，在知识产权法院成立后其同样承担部分案件的初审工作，而涉及最严重侵权的知识产权刑事案件却通常在基层人民法院的刑庭审理，这在审级上显然不协调①。同样，这些法院处于不同的行政区划同样造成了当事人诉讼的不便。例如，对国务院相关部门作出的行政确权决定不服的案件需要到北京市知识产权法院提起诉讼，若该案同时涉及民事或刑事侵权纠纷，目前的管辖设置无法实现知识产权案件的"三合一"审判。

最后，虽然知识产权法院目前仍处于试点运行状态中，第一批试点的三家法院在受案范围上也并未完全统一，但是目前的受案范围主要包括如下几类：（1）知识产权授权确权类行政案件；（2）知识产权行政处罚、强制措施等行政行为引发的行政案件；（3）对基层人民法院审理的第一审知识产权民事、行政裁判不服提起上诉的案件。可以看出，其目前受理的一审案件主要集中在专利、驰名商标领域导致的行政案件，并不涉及著作权领域以及一般民事案件。但在二审上诉案件的受理范围上又主要集中在一审排除的案件类型中。在我国一审作为事实审、二审作为法律审的原则下，知识产权法院承担着"既审事实又审法律"的任务，但其主要审理的一审与二审案件并不是同类案件，这不利于法官专业能力的提升，也无法将"三合一"审判中实质合一的功能突显

---

① 管育鹰. 关于我国知识产权司法保护战略实施的几点思考［J］. 法律适用，2018（11）.

出来。

(三) 民事、行政诉讼未能实现实质合一

"三合一"审判改革至今仍在民事、行政"二合一"的道路上不断探索,至今仍未实现实质合一,且在民事侵权与行政确权交叉案件的审理上受阻,诉讼周期长、循环诉讼的问题时有发生,不仅专利权人的合法权益难以通过司法途径得以维护,这对审判资源而言也是一种浪费。知识产权法院作为中级法院审理专利领域内因行政行为造成的纠纷的一审案件,却并未赋予其对行政机关作出行政确权结果的司法变更权。这一职能的缺失使得法院在审理民事侵权与行政确权交叉案件时处于被动地位,被告人易将对专利权有效性提出异议作为侵权抗辩理由,中止民事诉讼的审理以拖延诉讼时间,若对行政部门作出的决定不服将转变以行政机关为被告的行政诉讼,导致循环诉讼、侵权纠纷无法化解,专利权权属不明必然对专利权人的合法权益造成损失。双轨制保护模式下,知识产权受到司法与行政双重保护,本应为权利人提供更为多元与便捷的维权手段,但由于司法保护与行政保护虽在各自体制内的改革均有所发展与推进,两者间的衔接问题并未得到足够重视,因此造成司法体制改革中司法机关与行政机关的过分独立。目前学界有观点认为,应当将两委的复审视为准司法程序,将其决定直接上诉到相当于高级人民法院的层级作为一审,这样能够简化其裁判程序并实现与民事侵权诉讼的接轨。但是在目前管辖法院仍为北京市知识产权法院这一中级法院的情况下,这一做法并无法真正实现"三合一"。另有观点认为,可以参照国外的做法直接改变案件的性质,将知识产权授权确权案件视为民事诉讼处理,实现双方当事人之间的直接对抗,无须再采用将两委视为被告的

行政诉讼模式①，但在目前法院仍无权对行政确权进行司法审判的形势下，直接更改案件性质显得过于冒进，因此部分学者仍主张赋予法院一定的司法变更权，在审查后对行政确权授权的结果进行更改，但关于这种变更权的效力是绝对的还是相对的，仍未有统一定论。

三、"三合一"审判改革深化下知识产权法院优化改革

司法体制改革方向下，无论是"三合一"审判改革的深化推进，还是知识产权审判体制的改革，均是为了实现审判机构专一化、审判资源集约化以及审判能力专业化。由于大量改革均处于探索阶段，故在实践中产生了衔接不畅、无法共同推进司法体制改革的问题。实际上，知识产权法院作为知识产权司法体制革新需要攻克的核心问题，正能促进"三合一"审判改革的深化。因此，应当着力研究如何在"三合一"审判改革的制度框架下，对知识产权法院优化，主要应当从地域选择、审级设定的修正以及"二合一"模式下审判职能的扩张三方面进行。

（一）根据诉讼需求合理构建知识产权法院

知识产权法院创设的功能之一是克服知识产权审判庭在能够实现民事、行政与刑事案件合并审理基础上仍然无法避免的地方保护主义，但是目前呈现出地域发展不尽平衡的问题。虽然知识产权纠纷与当地经济发展水平密切相关，且由于知识产权审判具有专业性，受理案件数量少的法院，法官审判经验相应缺乏，知识产权保护水平也相对滞后②，因此知识产权法院的布局出现了聚集于东部沿海一带的特征。但这一局面的形成与行政保护主要依靠行政区划设定管辖范围不无关系，"双轨

---

① 冯晓青，徐相昆. 我国知识产权法院发展现状及其改革研究 [J]. 邵阳学院学报（社会科学版），2015（6）.
② 马一德. 知识产权司法现代化演进下的知识产权法院体系建设 [J]. 法律适用，2019（3）.

制"的保护模式下行政保护的地方化对司法保护体系构建造成了一定负面影响，使得审判机关的试点与构建也具有以行政区划界分管辖范围的地方化特点。这样的设置不仅不利于中西部经济欠发达地区知识产权专业法官队伍的建设，积累技术性知识产权案件审判的经验，同样不利于知识产权的保护，为当事人维权带来不便，并加剧了东西部经济不平衡发展局面的形成。然而，值得注意的是，这并不代表各地均需设立自己的知识产权法院，此举不利于各地裁判标准的统一，并造成与知识产权审判庭的同质化发展，知识产权法院沦为知识产权审判庭翻牌改造的结果，不利于克服地方保护主义带来的影响，且在知识产权案件数量少的地区设立专门法院，无疑是司法资源的损耗。因此，在下一轮知识产权法院试点任务开展时，既需要避免新一批知识产权法院仍集中在东部沿海城市的现象出现，又需要合理规划在中西部地区的分布方案，以在匹配各地知识产权案件数量，在知识产权审判资源充分利用的基础上平衡各地知识产权保护力度。笔者认为，应当区别东部沿海一带以及中西部地区，选取不同的指标对是否适合进行专门法院试点进行衡量。在东部沿海地区，可以各省份近些年来发展较好城市的企业专利新增数量为依据，对新增专利价值进行合理评估作为经济发展以及未来知识产权案件数量的预测指标，选取经济发展潜力以及未来审判压力均增幅较为明显的城市作为试点城市，建立知识产权法院；对于中西部地区，同样可以采取上述指标为各地经济发展与审判压力判断的依据，但是并不需要同样按照行政区划的方式选择设立地，而是对中西部地区以华中、华西、华北的方式划分，并在每个区域内选择数个地理位置优越、交通便利并且经济发展潜力较好的城市进行知识产权法院试点工作。

（二）设置知识产权高级法院受理上诉案件

按照当下立法的规定，最高院知识产权审判庭统一受理各地知识产权法院作出一审裁判的上诉案件，且对二审判决不服的可以进行申诉，但是这样的审级设置既与最高人民法院作出裁判的案件不允许申诉的原则相违背，同时诉讼的集中给当事人带来不便，应适当调整，合理分工以对各级法院的审判中心任务进行明确，保证案件事实清楚、适用法律正确、形成统一裁判。对此，吴汉东教授指出，知识产权司法体制深化改革的关键，在于设立知识产权上诉法院或高级法院，使得专门法院系统拥有技术类知识产权案件的终审权①。在知识产权上诉法院中，集中对知识产权侵权以及行政确权的上诉案件进行审理，既能够在一定程度上改变目前行政确权与民事侵权案件在管辖法院无法统一的困境，又能够保证专门法院对相关案件的事实认定与法律适用问题的审理权，将最高院知识产权审判庭的任务单一化为再审的审理。一来上诉法院的设置正与知识产权法院的布局相适应，各地均能够在知识产权案件的裁判过程中发挥出地方特色，使知识产权效用最大程度发挥。二来最高院能够通过对具有各地特色的知识产权案件的再审审查事实与法律适用问题，选取并发布指导性案例供各级法院参考，裁判标准因此得以统一，三审合一得以推进。

另一方面，"三合一"审判改革的终极任务是刑事案件审理模式的融合，因此在审级设置的修正上不得不考虑到刑事案件的审判现状。目前知识产权民事、行政案件已经交由知识产权审判庭或知识产权法院专门审理，而刑事案件仍然在基层法院的刑事审判庭进行一审，这与知识产权犯罪常表现为破坏市场经济秩序、与经济犯罪采取相似的审判模式。然而部分技术性知识产权行政案件与严重民事案件均由中级人民法院审理，若一个案件同时涉及犯罪，就出现管辖法院的矛盾问题，因为

---

① 吴汉东.中国知识产权法院建设：试点样本与基本走向［J］.法律适用，2015（10）：2-5.

此时该中级法院对该案刑事部分无一审管辖权，因此无法实现真正意义上的合一。因此，在今后知识产权法院在全国范围内完成建设的过程中，可以赋予知识产权法院对知识产权交叉案件中刑事部分的管辖权，以提高审判效率，将"三合一"审判改革从形式合一过渡至实质合一的进程中。

（三）赋予知识产权法院专利司法确权职能

在民事与行政"二合一"的深化阶段，专利民事侵权与行政确权交叉案件融合审理模式的探索是亟须解决的问题。我国专利法沿用了欧陆体系民事侵权程序与行政无效程序二元分立体制①，因此导致了专利无效抗辩成为侵权人惯用的抗辩理由，进而将侵权诉讼转向以行政机关为被告的行政诉讼程序中，而目前该类行政诉讼案件的管辖法院被指定为北京市知识产权法院，因此可能导致知识产权侵权诉讼管辖法院被边缘化甚至成为旁观者②，最终造成专利权人不可弥补的损失，为遏制侵权行为需要杜绝此种权力的滥用。根据《全国人民代表大会常务委员会关于授权最高人民法院在部分地区开展民事诉讼程序繁简分流改革试点工作的决定》中的指示，"要优化司法确认程序，更好发挥司法确认制度的实践价值。知识产权案件逐渐增多，司法改革中应稳步深化对依当事人申请的在知识产权纠纷行政协调司法确认制度的探索"。可以明确的是，"双轨制"保护模式虽顺应了我国公法、私法分别发挥各自职能共同治理和社会的传统，但是随着公法、私法界限的模糊，"双轨制"下行政与司法保护二元分立格局所带来的缺陷也逐渐突出。为解决这一弊端，可以赋予法院一定的司法审查权与司法变更权，对国务院

---

① 朱理. 专利民事侵权程序与行政无效程序二元分立体制的修正［J］. 知识产权，2014（3）：37-43.

② 管荣齐，李明德. 中国知识产权司法保护体系改革研究［J］. 学术论坛，2017（1）：111-117.

相关部门作出的专利授权决定进行实质审查，对不符合法律规定的授权决定进行变更，即法院在审理专利民事侵权与行政确权交叉案件时具有司法确权职能，能够对专利权归属进行确认以保证民事侵权案件如期审理。但这一权力的效力应当是相对的，对行政决定的否认应当仅对该案有效，否则违反了行政机关与司法机关相互独立的原则。同时，目前的专利确权程序相对复杂，应当对其进行简化，可行的举措便是将专利复审委员会的决定准司法化，对其可以直接提起上诉一审终审，保持与一般民事诉讼两审终审的一致性，以期在管辖法院相同的情况下，真正实现三审合一。

知识产权刑事保护制度的完善

四川文理学院　杨　宏

习近平总书记在中央政治局第二十五次集体学习上强调，要完善刑事法律和司法解释，加大刑事打击力度。《知识产权强国建设纲要（2021—2035）》要求，"加大刑事打击力度，完善知识产权犯罪侦查工作制度"。为此，《刑法修正案（十一）》提高了部分知识产权罪名的法定最高刑；修改了侵犯商业秘密罪入罪门槛，进一步提高刑罚，加强对侵犯商业秘密犯罪的惩处；同时，增加规定商业间谍犯罪。最高人民法院、最高人民检察院则出台了三部《关于办理侵犯知识产权刑事案件具体应用法律若干问题的解释》（以下分别简称："司法解释一""司法解释二""司法解释三"），并于2023年1月发布《关于办理侵犯知识产权刑事案件适用法律若干问题的解释（征求意见稿）》（以下简称："征求意见稿"）。2023年，最高人民检察院发布《人民检察院办理知识产权案件工作指引》及《最高人民检察院关于全面加强新时代知识产权检察工作的意见》。总的来看，最高人民法院、最高人民检察院修改完善了知识产权相关司法解释，配套制定了侵犯知识产权犯罪案件立案追诉标准，加强了知识产权案件检察监督机制建设。然而，2024年最高人民法院工作报告仅提及知识产权案件的民事程序，并未提及侵犯知识产权的犯罪案件数量等。另外，从公开的官方数据看，

2013 年，全国法院共审结知识产权刑事案件 9212 件；2014 年，案件上升至 10803 件①。2019 年，地方各级人民法院共新收侵犯知识产权刑事一审案件 5242 件②，2020 年有 5544 件③，2021 年有 6276 件④，2022 年有 5336 件⑤。可见，司法实践中，人民法院审结的知识产权犯罪案件数量严重下降，加大对侵犯知识产权犯罪行为刑事打击力度的要求远未实现。诚然，刑法应当秉持谦抑原则，但我国要想建成知识产权强国，对知识产权犯罪行为必须严厉打击，如此才有利于产生新质生产力，实现中国式现代化。

为什么国家要求加大对侵犯知识产权犯罪的打击力度，而实际情况却并不乐观呢？这与知识产权刑事保护制度的不完善有直接的关系。

一、我国知识产权刑事保护存在的问题

学者们对知识产权刑事保护方面的探讨，主要集中在知识产权犯罪的本质、保护对象的范围、知识产权犯罪的入罪门槛、网络知识产权犯罪的规制及刑罚的配置与适用等问题。本文从以下三方面入手，分析现行知识产权刑事保护制度存在的一些问题，试图为知识产权刑事保护制度体系的进一步完善添砖加瓦。

（一）知识产权犯罪的刑事自诉程序启动难

根据最高人民法院关于适用《中华人民共和国刑事诉讼法》的解释（法释〔2021〕1 号）第一条第二项规定：被害人有证据证明的轻微刑事案件属于自诉案件，"侵犯知识产权案"属于其中一种。而"严

---

① 数据来自最高人民法院公布的《2013 年中国法院知识产权司法保护状况白皮书》与《2014 年中国法院知识产权司法保护状况白皮书》。
② 数据来自《中国法院知识产权司法保护状况（2019）》。
③ 数据来自国家知识产权局《二〇二〇年中国知识产权保护状况》第 5 页。
④ 数据来自国家知识产权局《二〇二一年中国知识产权保护状况》第 4 页。
⑤ 数据来自国家知识产权局《二〇二二年中国知识产权保护状况》第 4 页。

重危害社会秩序和国家利益的"侵犯知识产权案则由人民检察院提起公诉。可见，对于侵害知识产权的犯罪行为，我国实行自诉、公诉并行的两条路线。然而，无论是最高人民法院还是国家知识产权局发布的知识产权刑事案件数据，未发现一件由知识产权人直接向人民法院提起自诉的刑事案件。由此可见，法律虽然为知识产权权利人设置了通过自诉追究侵权人刑事责任的救济途径，但刑事救济并未成为知识产权人维权的选择，这种情况的出现与自诉程序启动难直接相关。

国家对某些案件保留被害人的自诉权是国家为维护社会秩序的需要，在接管对犯罪的追诉后，作为对被害人意愿的一种让步。立法者是以以下标准来设置的这类自诉案的：一是案件性质较为轻微、危害不大；二是其所侵犯的主要是个人的权益；三是依靠被害人自身的力量能够完成追诉的任务。如果按照以上三个标准来检视"侵犯知识产权案"，这种"被害人有证据证明的轻微刑事案件"，我们会发现并不妥适。习近平总书记在主持中共中央政治局第二十五次集体学习时强调，"知识产权保护工作关系国家治理体系和治理能力现代化，关系高质量发展，关系人民生活幸福，关系国家对外开放大局，关系国家安全"。"保护知识产权就是保护创新"这句话更是家喻户晓。其一，在建设知识产权强国的宏伟目标、实现中华民族伟大复兴的前进征程中，侵犯知识产权的犯罪行为绝不应当被认定为"案件性质较为轻微、危害不大"，案件性质较为轻微、危害不大的侵犯知识产权行为无疑是以民事侵权的方式解决，可能进入刑事诉讼程序的侵犯知识产权行为危害后果或者情节严重，以至于需要运用刑法去制裁。其二，"侵犯知识产权犯罪"主要侵害的并非个人利益。《知识产权协定》在其序言中声明"知识产权为私权"，学者也认为知识产权的本质是私权[①]，然而从立法文

① 吴汉东. 知识产权总论 [M]. 4 版. 北京：中国人民大学出版社，2020：20-26.

件看，我国并未确立将知识产权作为私权的官方态度。相反，我国的复杂有效并被不断强化、完善的行政执法保护表明，知识产权不仅是知识产权人的财产权，也承担着重要的公共利益职能，关涉公共秩序，并非只关涉个人利益。另外，"侵犯知识产权犯罪"被放在《中华人民共和国刑法》分则第三章"破坏社会主义市场经济秩序罪"，而并没有放在《中华人民共和国刑法》分则第五章"侵犯财产罪"中，可见，立法机关并不认为知识产权是纯粹的私权，反而认为知识产权是事关社会经济秩序这类有关公共利益的犯罪，侵害的并非是个人利益。虽然个人利益被侵害是犯罪的直接表现，怎么能把诉权交给个人去行使？其三，将对犯罪的追诉权交给个人的一个重要原因是法律相信被害人凭借个人能力即可完成追诉犯罪。今天，电子商务发达，互联网已进入 5G 时代，侵害知识产权更加方便，成本更加低，但违法犯罪行为的危害却更大，维权的成本更高。对于知识产权人而言，凭借个人能力查实侵害知识产权犯罪并达到刑事诉讼证明标准——"证据确凿充分，排除合理怀疑"——几乎无法实现，这应该也是近几年知识产权犯罪案件数量并无增长的主要原因，因为靠被害人自诉，提高打击侵害知识产权犯罪的力度极微弱。综上，将侵犯知识产权罪列入自诉案件的第二类是不合理的。

"法释"〔2021〕1 号第一条第二项规定了被害人可以直接向法院提起自诉，同时也提供了通过公诉追究犯罪的途径。该项表明"被害人有证据证明的轻微刑事案件"属于"可选择的自诉案件"。然而，仔细分析该项内容，我们会发现，该项主要规定被害人、公安机关和人民法院之间的衔接关系，人民法院对被害人起诉但提供证据不足的案件，认为可以由公安机关受理的，或者认为对被告人可能判处三年有期徒刑以上刑罚的，应当告知被害人向公安机关报案，或者移送公安机关立案侦查。这种情况应当属于自诉的侵犯知识产权犯罪中最常见的现象，但这里存在的最大障碍是，对于被害人向公安机关报案时证据不足的案件，公安机关以该类案件属于自诉案件为由不予立案，被害人如何获得救济？此外，人民法院对于被害人提出的证据不足的自诉案件，认为可以由公安机关受理的，或者认为对被告人可能判处三年有期徒刑以上刑罚的，应当移送公安机关立案侦查，法律虽然如此规定，但至今除了国务院颁布的《行政执法机关移送涉嫌犯罪案件的规定》外，最高法仅发布了《最高人民法院关于在审理经济纠纷案件中涉及经济犯罪嫌疑若干问题的规定》，这些规定显然对知识产权犯罪案件的移送情况并不适用。换言之，人民法院是否移送、移送的程序与监督等均处于无法可依的状况。那么，人民法院对此类案件自不会移送给公安机关，即使移送了，公安机关也可以不予受理。

综上所述，从法律为侵犯知识产权案被害人设置的自诉路径的落实看，被害人以个人力量追诉犯罪的愿望难以实现。

（二）对侵犯专利的犯罪罪名设置不合理，量刑过低

无论是在《知识产权强国建设纲要（2020—2035）》还是在《"十四五"国家知识产权保护和运用规划》，甚至各地方政府出台的各种有关知识产权的文件中，"专利"总是被放在最前面，它也是最重要的指标。毋庸置疑，专利数量的多少与质量的高低在"知识产权强国"的评价体系中是首要的考察因素。然而，我们又注意到一个十分奇怪的现象，那就是对专利犯罪与对商标、著作权犯罪的刑事打击力度形同虚设，这可以从国家知识产权局历年发布的知识产权保护状况白皮书以及最高法的历年工作报告中窥见端倪。2020年，全国市场监管部门查处假冒专利案件0.71万件，全国知识产权管理部门办理专利侵权纠纷行政裁决案件4.2万余件①，同年查处的商标违法案件的数量仅有3.13万

---

① 数据来自国家知识产权局《二〇二〇年中国知识产权保护状况》第7页。

件，即通过行政执法手段查处的专利违法案件远高于商标违法案件。2021年、2022年国家知识产权局发布的数量对比情况与2020年基本相同。通过司法保护知识产权的状况则与行政保护的状况区别甚大：2020年，地方各级人民法院共新收侵犯知识产权刑事一审案件5544件，其中法院受理的与商标有关的犯罪达到4588件，而假冒专利罪案件仅2件①，在国家知识产权局2021年、2022年公开的中国知识产权保护状况白皮书里，未再出现全国法院受理假冒专利罪的案件数量。从上述数据可以知道：专利违法行为的数量大，高于商标违法行为的数量；大量的专利违法行为是以行政手段处理的，很少甚至并未进入司法程序，而商标违法行为进入刑事司法程序的比例在所有侵犯知识产权的犯罪中最高。

习近平总书记指出，"保护知识产权就是保护创新"。而在知识产权的所有受保护对象中，专利无疑是创新程度最高的知识产品，对一个国家来讲，也是发展经济最为依靠的推动引擎，是决定"中国制造"上升到"中国智造"的关键因素。此外，上文的数据也充分说明，侵犯专利权的行为相当严重，可为什么通过刑事手段打击侵犯专利罪的数量少得如此可怜，假冒专利罪名存实亡，与国家层面及人民心中对专利重要程度的认知相差这么大？答案是，现行知识产权刑事保护制度对专利犯罪的法律规定存在不合理部分。

《中华人民共和国刑法》在1997年做了全面修改，特别是在分则第三章中专设一节，规定了侵犯知识产权罪，充分考虑了对TRIPS协议第六十一条的承诺，这使得中国保护知识产权的刑事立法迈上了一个新的台阶②。《中华人民共和国刑法修正案（十一）》对侵犯知识产权

---

① 数据来自国家知识产权局《二〇二〇年中国知识产权保护状况》第5页。
② 李亮. 知识产权刑法司法保护探究［EB/OL］. 中国法院网，2008-12-11.

犯罪做出了较大修改，但在专利权方面仅有"假冒专利罪"一个罪名的状况并未改变。最高法、最高检先后发布的三个司法解释，仅在"司法解释一"里界定了何为"假冒他人专利"的行为，后两个司法解释对"假冒专利罪"不再提及，"两高"发布的最新《征求意见稿》对"假冒他人专利"的行为的表述基本不变，也没有增加条款。总之，我国仅对假冒专利行为进行打击，对侵犯专利权的行为尚未给予刑事制裁。

我国现行刑法体系对于知识产权犯罪的规制，在定位上受到了社会主义市场经济秩序传统观念的影响，所以才出现宣传时专利重要，但《中华人民共和国刑法》中却只有"假冒专利罪"一个罪名，对侵犯著作权行为进行刑事打击，对侵犯专利权行为却不进行刑事处罚的怪相。从《中华人民共和国刑法》相关条文及司法解释看，我国立法机关形式上将知识产权犯罪视为不同于一般犯罪的扰乱市场秩序的行为，实质上在对具体罪名的构成要件设置时却将其置于侵犯财产犯罪的视野之下①，表现在主要以"违法所得数额、非法经营数额、给权利人造成的经济损失"等认定情节是否严重，体现的是对知识产权权利人财产权的维护，对知识产权犯罪扰乱市场秩序或竞争秩序的关注不够，但《征求意见稿》有所改观，增加了恶意侵权、规模侵权、反复侵权等入罪的考量因素。《中华人民共和国刑法》中侵犯知识产权罪所保护的法益是市场经济秩序，具体到知识产权领域则表现为市场竞争秩序，其终极目的是维护知识产权人通过创新性智力成果等获得的在市场竞争中的优势地位。专利，尤其是发明与实用新型专利，作为创新程度较高的知识财产，权利人通过专利能获得显著的市场竞争优势，美国高通打压中

---

① 王志远. 网络知识产权犯罪的挑战与应对——从知识产权犯罪的本质入手 [J]. 法学论坛，2020，35（5）：116.

国华为正是典型体现。侵害他人专利权的行为无疑损害了专利权人的市场竞争优势，更扰乱了市场竞争秩序，不利于对创新的保护。那种认为"专利侵权没有扰乱市场，而版权侵权和商标侵权扰乱了市场，扰乱了公共秩序，必须用刑事制裁"[1] 的观点是站不住脚的。所以，有许多学者认为，非法使用他人专利行为同样具有严重的社会危害性，应当将该类行为入罪[2]。我国要想建成知识产权强国，无疑必须大力增强对专利权的保护强度。

另外，刑法对"假冒专利罪"的处罚也是最轻的，而且只有一档量刑——"假冒他人专利情节严重的，处三年以下有期徒刑或者拘役"。可以这么理解，假冒专利行为只有"情节严重"一种情形，无论多么严重，无论给专利权人造成多大的直接经济损失等，最多判三年有期徒刑。相反，侵犯商标权、著作权、商业秘密三种犯罪均有"情节特别严重"的量刑档次，《中华人民共和国刑法修正案（十一）》更是将原来的七年以下有期徒刑提高到十年以下有期徒刑。对侵害知识产权的犯罪要加大打击力度，却对"假冒注册商标罪"与"假冒专利罪"，如此严重地区别对待，对企业等推进技术革新、优化生产工艺等研发活动十分不利。

（三）刑罚设置不尽科学

我国对侵犯知识产权罪设置的刑罚主要有两档，即三年以下有期徒刑或者拘役，并处或单处罚金，以及三年以上十年以下有期徒刑，并处罚金。这样规定与我国知识产权犯罪入罪门槛较高是相适应的。附加刑则只设置了罚金一种。由此可见，我国刑法对侵犯知识产权罪设置的刑罚种类有限。

---

[1] 李亮. 知识产权刑法司法保护探究 [EB/OL]. 中国法院网，2008-12-11.
[2] 张浩泽，朱丹. 知识产权刑事保护中的"二次性违法" [J]. 山西高等学校社会科学学报，2020, 32 (5)：32.

《中华人民共和国刑法修正案（九）》对从业禁止作了规定，将从业禁止明确为一种预防再犯罪的措施，同时规定了违反从业禁止相关法律的后果，以提高从业禁止规定的执行力和对相关犯罪的预防作用。2020年《关于办理侵犯知识产权刑事案件适用法律若干问题的解释三（征求意见稿）》的第十四条对从业禁止作了进一步规定，即：对于因侵犯知识产权犯罪被判处刑罚的，可以根据犯罪情况和预防再犯罪的需要，依法禁止其自刑罚执行完毕之日或者假释之日起三年至五年内从事相关职业。对于被判处管制或者适用缓刑的，可以根据犯罪情况，依法禁止其在管制执行期间或者缓刑考验期内从事特定经营活动。《最高人民法院关于加大知识产权侵权行为制裁力度的意见（征求意见稿）》也提出了加大刑事打击力度的要求，其中第二十一条提出，依法严格追缴违法所得，加强罚金刑的适用，加大从业禁止、禁止令的适用，剥夺犯罪分子再次侵犯知识产权的能力和条件。但司法解释三最终没有增加"从业禁止"的规定，最新的《征求意见稿》也没有写入"从业禁止"条款。

二、完善我国知识产权刑事保护制度的建议

如今，我国已进入数字经济时代，网络的普及与发达以及电子商务在中国蓬勃发展的态势，使得侵犯知识产权的方式、手段、危害后果等更加科技化和多元化。我国既然已经拟定了建成知识产权强国的宏伟蓝图，明确了要加大对知识产权犯罪的刑事打击力度，那么对知识产权刑事保护制度的建设也需要与时俱进，适时修正。

（一）取消侵犯知识产权罪的自诉

从前述官方披露的数据可以看出，我国虽然将"侵犯知识产权罪"列为自诉案件的第二类——"被害人有证据证明的轻微刑事案件"，但

法院却从未受理过这类自诉案件，这种自诉救济方式实际上已名存实亡，已经没有保留的必要。

虽然美国、德国等对知识产权犯罪也如同中国一样采取自诉与公诉相结合的方式，但仔细分析会发现，美国、德国等国家虽然出于尊重权利人的意愿，以保护被害人的利益的目的给予被害人自诉权，但美国、德国的知识产权犯罪入罪门槛不高。我国的刑事入罪标准相对较高，根据最高法、最高检发布的三个司法解释，构成侵犯商标权罪要求非法经营数额在五万元以上或者违法所得数额在三万元以上，假冒专利罪要求非法经营数额在二十万元以上或者违法所得数额在十万元以上，侵犯著作权罪要求非法经营数额在五万元以上等，被害人要想完成举证并达到刑事诉讼证明标准几乎不可能。

1979《中华人民共和国刑事诉讼法》颁布后，在自诉权配置上呈现出了扩张的态势。自诉案件的第二类——被害人有证据证明的轻微刑事案件，这类犯罪侵犯的客体有被害人个人权利的主要指向，受犯罪直接侵害的被害人可能有强烈的追诉愿望，在某些案件中被害人也可能掌握充分的证据，因此被害人有成功对犯罪追诉的现实可能性，这正是设置这类自诉案件的合理性所在①。以此标准审视侵犯知识产权罪，侵犯知识产权罪被放在"破坏社会主义市场经济秩序罪"一章中。首先，该类犯罪侵犯的客体是市场经济秩序或称其为市场竞争秩序，并非主要指向被害人个人权利；其次，在数字信息时代，知识产权数字化已经逐步成为趋势，针对知识产权的犯罪手段也更加多元化与科技化，被害人难以具备成功追诉犯罪的能力，也难以负担追诉犯罪的成本。再次，按照现行《中华人民共和国刑法》及相关司法解释的规定，侵犯知识产

---

① 徐阳. 权力规范与权力技术——刑事诉讼中国家权力配置问题研究 [M]. 北京：法律出版社，2010：270.

权罪以"情节严重"为入罪门槛，判断情节严重的尺度则多以违法所得数额、非法经营数额等达到三万元、五万元、十万元以及二十万元等以上为准，如此高的入罪门槛与"被害人有证据证明的轻微刑事案件"中"轻微"二字显然不匹配。最后，被害人不选择通过自诉途径追究侵犯知识产权人刑事责任的原因还在于，对知识产权犯罪规定的刑罚为自由刑和罚金刑，被害人无法从刑事诉讼中得到任何赔偿，因此被害人更愿意通过民事诉讼或行政执法手段来维护自身利益，不愿提起自诉追究其刑事责任。侵犯知识产权犯罪中，经济利益诉求是被害人的最大诉求，权利人甚至担心提起刑事诉讼后，侵害人仅被判处自由刑，其经济损失却难以弥补①。刑法司法实践中，关于是否可以采用刑事附带民事诉讼解决知识产权案件的刑事与民事责任承担问题仍存在较大争议，反对者认为知识产权案件不适用刑事附带民事诉讼，原因在于此类案件既无关人身权利的侵犯，也不存在有形财物被犯罪分子毁坏的情形。尽管有争议，2022 年 3 月，最高检发布《最高人民检察院关于全面加强新时代知识产权检察工作的意见》，要求"全面推进知识产权综合司法保护……探索开展刑事附带民事诉讼，提升综合保护质效"。2021 年 4 月，江苏省高级人民法院发布的《江苏省高级人民法院侵犯商业秘密民事纠纷案件审理指南（修订版）》，要求"在侵犯商业秘密犯罪刑事自诉、公诉案件中，探索引导自诉人或者被害人及时提起刑事附带民事诉讼，一并解决民事赔偿问题"。可见，务实解释"因犯罪行为造成的直接经济损失"，通过刑事附带民事诉讼解决被告人的民事责任承担问题是加大对知识产权犯罪刑事打击力度的有力抓手。

综上，在我国现行刑事保护体系下，对侵犯知识产权犯罪保留被害

---

① 李春雷，刘南男. 我国知识产权犯罪现状及其防控研究 [J]. 知识产权，2007，17
（3）：20-25.

人的自诉权已经没有现实价值，自诉权更是从来未曾使用过，理应取消，将知识产权犯罪完全通过公诉方式追诉才符合实际。

（二）增加侵犯专利权罪，提高量刑

对于一个国家来说，强大的创新能力是经济发展的关键推动力；专利则是所有知识财产中最具有创新性的智力成果，为国家的经济发展和国际竞争力增强提供了强大的支撑。在知识经济的时代，专利保护制度不仅保障了创新者的权益，更是推动社会发展、科技进步的引擎。因此，发达国家都非常重视专利保护，世界上主要国家都将侵犯专利行为入罪，美国关于专利的罪名有"侵害专利权罪""假冒专利权罪""伪造专利特许证罪"三类；德国1976年颁布的《专利法》规定的专利权犯罪主要是非法使用他人专利罪，法国主要有专利申报欺诈罪、申请期间泄露专利秘密罪、侵害专利权罪、侵害外观设计权罪等①。可见，对侵害专利权行为进行刑事处罚是国际通行的做法，而我国对侵犯专利行为仅设置了"假冒专利罪"一个罪名，对侵犯专利权的行为无论多么严重都不用刑事手段打击，这是不妥适的。中国要想从知识产权大国建成知识产权强国，对专利的保护必须加强，应当增设"侵犯专利权"相关罪名，并且在量刑上应当改变"假冒专利罪"仅有一档的状况，将专利与对商标、著作权、商业秘密的保护同等对待。

（三）增设资格刑

我国刑法对知识产权犯罪设置的刑罚种类仅有主刑和罚金这一种附加刑，刑罚种类比较单一，建议增设资格刑，具体是增加从业禁止，对单位犯罪可以责令侵权企业全部或部分关闭、停止或暂停营业②。从国

---

① 刘军华，丁文联，张本勇，等. 我国知识产权刑事保护的反思与完善［J］. 电子知识产权，2018（5）：90-91.

② 黄晖，朱志刚，译. 法国知识产权法典：法律部分［M］. 郑成思，审校. 北京：商务印书馆，1999：147.

家知识产权局每年公布的查处知识产权违法犯罪案件的数量看，我国知识产权领域违法犯罪现象严重，对罪犯判处监禁刑和处以罚金尚不能有效遏制犯罪，刑罚的功能之一就是剥夺犯罪分子再次犯罪的机会和能力，对于那些以侵犯知识产权为业、多次侵权、规模化侵权者而言，通过资格刑剥夺其再次犯罪能力十分必要，如此才能为创新创业者撑起一片蓝天。因此，建议对侵权者个人增加从业禁止的刑事处罚，对犯罪的单位则可以效仿法国的做法，责令侵权企业全部或部分关闭、停止或暂停营业。

对知识产权犯罪加大刑事打击力度，是回应国家创新驱动发展战略的召唤，是我国建设知识产权强国的必然选择。知识产权刑事保护面临着立法、司法保护体系的挑战，唯有不断完善方能达成宏愿。

刑民衔接视阈下的著作权刑事保护研究

张一泓*

知识产权作为工业时代的产物，对我国来说亦是名副其实的舶来品，《TRIPS 协议》更是在开篇明确表示"知识产权是私权"，针对私权的保护更多的应当是权利人自身寻求法律救济，这毫无疑问是共识观点。因此，在知识产权的保护上，民事自力救济模式成为最优先的选择。然而，面对层出不穷的知识产权侵权行为，当民事保护难以为继时，刑事保护的应用能在很大程度上发挥保障性、兜底性的作用，织密知识产权法律保护网。为实现对著作权的全面有效保护，1997 年《刑法》，就规定了侵犯著作权罪和销售侵权复制品罪，并通过一系列司法解释对前述规定的司法适用进行了解释，但一直以来著作权刑事保护都存在百家争鸣的学术观点和截然不同的司法判例。2020 年《刑法（修正案十一）》对刑法二百一十七条和二百一十八条关于著作权犯罪的两个条文进行了修改，扩大了著作权犯罪的入罪范围，进一步严密了著作权保护的刑事法网，这是著作权犯罪的两个条文自 1997 年刑法制定以来的首次修订，透露出强化著作权刑事保护的政策导向。然而，在强化著作权刑事保护的同时，著作权保护凸显出来的刑民脱节现象也愈演

---

* 作者简介：张一泓，浙江省丽水市人民检察院检察官助理。

愈烈。基于此，本文试图对《刑法（修正案十一）》修改的侵犯著作权罪和销售侵权复制品罪展开分析，在论证著作权刑事保护二次违法性原则的基础上，立足刑民衔接，以期厘清著作权刑事保护规则。

一、著作权犯罪的类型化分析：刑民脱节的具体表现

基于知识产权的私权利属性，只有在侵权行为的性质及后果已经严重损害权利人利益及社会经济秩序时，公法介入对该行为进行否定性评价并处以刑事处罚才具有正当性。新修订的《刑法》第二百一十七条以穷尽式列举立法的模式，规定了五大类需要受到刑法规制的侵害著作权的行为，第二百一十八条规定了销售侵权复制品的行为，本部分试图对两个条文所规定的六大类行为进行类型化剖析。

（一）侵害狭义著作权的行为

《刑法》第二百一十七条第一款规定"未经著作权人许可，复制发行、通过信息网络向公众传播其文字作品、音乐、美术、视听作品、计算机软件及法律、行政法规规定的其他作品的"。该款规制未经许可对著作权人复制权、发行权、信息网络传播权的侵害且达到情节严重或数额较大程度的行为。复制和发行本是著作权法规定的两种行为类型，然而在本款中并未用标点符号进行分隔，使得对于本条中"复制发行"产生了不同的理解，虽然司法解释进行了相关的规定，但并未消除关于此处"复制发行"理解的争论，而对于该问题的理解，究其本质，是著作权保护刑民衔接与刑民独立的相关争议所在。另外，本次修改新增"通过信息网络传播"的规定，以此终结《最高人民法院、最高人民检察院发布关于办理侵犯知识产权刑事案件具体应用法律若干问题的司法解释（一）》（以下简称《司法解释（一）》）将"通过信息网络传播视为复制发行"① 的权宜式规定。将侵害信息网络传播权的行为单列规定更为重大的意义在于，表明了立法者意识到信息网络传播行为与发行行为在著作权法意义上的差异，这意味着至少在著作权犯罪领域，立法者在"刑民衔接"与"刑民独立"的问题上最终倒向了前者②。

（二）侵害邻接权的行为

《刑法》二百一十七条第二款规定"出版他人享有专有出版权的图书的"，认定为侵犯著作权罪。《著作权法》第三十三条规定：图书出版者享有的专有出版权由合同约定产生，受到法律保护。因此，"图书专有出版权"的享有者并非著作权人，而是获得著作权人授权的图书出版者，该"专有出版权"属于邻接权的一种。而所谓"出版"也并非《著作权法》明确授予著作权人的法定权利类型之一，"出版"通常认为是复制与发行行为的结合，故本款的规定亦使得销售他人享有著作权的图书的行为是纳入本款进行规制的，抑或构成销售侵权复制品罪，在实务中存在处理的差异。

《刑法》第二百一十七条第三款规定"未经录音录像制作者许可，复制发行、通过信息网络向公众传播其制作的录音录像的"认定为侵犯著作权罪。该款是对录制者邻接权的法律保护规定，且该款仅将未经许可复制、发行和信息网络传播三种行为的侵害纳入刑法规制。未经许可擅自出租录音录像的行为将构成侵害录制者权的民事侵权行为，但并不会受到刑法的规制。此种规定符合当前录制品的市场现状：在当前的网络时代，出租录制品的行为已经大幅减少，针对该行为进行刑法规制

---

① 《最高人民法院、最高人民检察院关于办理侵犯知识产权刑事案件具体应用法律若干问题的解释（一）》第十一条第三款：通过信息网络向公众传播他人文字作品、音乐、电影、电视、录像作品、计算机软件及其他作品的行为，应当视为刑法第二百一十七条规定的"复制发行"。

② 杨馥铭.刑民衔接视域下信息网络传播行为侵权与入罪范围的教义学分析：以《刑法修正案（十一）》相关修改为背景 [J]. 电子知识产权，2022（6）：28.

已无现实必要性。

《刑法》第二百一十七条第四款规定"未经表演者许可,复制发行录有其表演的录音录像制品,或者通过信息网络向公众传播其表演的"认定为侵犯著作权罪。本款是此次刑法修改的新增规定,是进一步强化对表演者权保护的立法选择。本款和第三款对录制者权保护的规定一样,并未将著作权法中表演者权的所有权利类型均纳入刑法规制,而是仅将复制、发行和信息网络传播三种行为纳入刑法规制。需要注意的是,该款中的"复制"与《著作权法》第四十五条第五款中的"复制"应做同等解释,即不包括无载体到有载体的复制。原因在于,该款明确规定复制的客体是"录有其表演的录音录像制品",该复制行为的前提是表演者的表演已经被录制了下来。对表演者现场表演进行录制此种从无载体到有载体的复制行为受到表演者权中的"录制权"控制,但刑法并未将"录制权"纳入,故擅自录制表演者现场表演的行为并不受到刑法第二百一十七条的规制。

(三)侵害其他法益的行为

《刑法》第二百一十七条第四款规定"制作、出售假冒他人署名的美术作品的",可以构成侵害著作权罪,对该行为的规制同样规定于《著作权法》第五十三条第八款。前述规定规制了社会上常见的假冒名人字画的现象。排除他人制作冒名作品的行为是否属于署名权的范围,在学术界存在较大的争议。有学者认为冒名发表损害了特定作者的社会声誉,影响被冒名者的经济利益,应引入《著作权法》的管辖范围①。也有学者认为冒名行为已经超出了署名权的问题,应当属于侵犯他人姓名权的行为②。根据《著作权法》的规定,署名权"即表明作者身份,

---

① 郑成思. 著作权法原理 [M]. 北京:大学出版社,1998:147.
② 刘春田. 知识产权法 [M]. 北京:中国人民大学出版社,2002:68-69.

在作品上署名的权利"，只有当相关主体创作出了作品，在该作品上才会产生其所享有的署名权的问题。而制作冒名作品的行为模式中，被冒名的主体并未通过创作作品产生署名权，而是实际创作者为了借助其社会声誉将其姓名署名在相关作品之上，此种行为属于侵犯被署名者姓名权的行为。当然，亦有学者认为：排除他人冒名发表或虚假署名属于署名权的"禁止权"范围①。对此，本文认为著作权是基于创作行为而产生的法定权利类型，无创作则无权利。著作权具有法定的排他性，即著作权本质上是禁止权而非自用权，但此种禁止权在于禁止创作者之外的主体在创作者享有著作权的作品上排除创作者署名的行为，而非本款规制的行为。诚然，《著作权法》亦规定了该行为构成民事侵权，司法实践中也将此种行为认定为著作权侵权②，但从《著作权法》的理论上分析，该行为并不构成著作权侵权，而是侵犯被冒名人的姓名权。在英美法系的版权法中，对于此种冒名行为通过规定禁止冒名权进行规制③。基于我国当前美术作品市场上此种以假乱真现象频发，对该种冒名美术作品的制作、出售行为进行刑法规制是司法实践的选择。

《刑法》第二百一十七条第五款是本次刑法修正新增条款，该款规定将未经许可，故意避开或者破坏技术措施的行为纳入刑法规制。本款的内容同样规定在《著作权法》第五十三条中，作为著作权民事侵权行为的类型。但和前述禁止冒名行为的规定一样，单纯的破坏技术措施的行为并不构成对著作权的侵权，但若行为人破坏技术措施后又对作品进行了复制、发行等后续利用行为，则分别构成破坏技术措施的违反《著作权法》的行为和侵权行为。将破坏技术措施的行为纳入刑法规制

---

① 吴汉东. 知识产权法 [M]. 北京：法律出版社，2021：199.
② 吴冠中诉上海朵云轩、相关永成古玩拍卖有限公司著作权纠纷案：（1995）沪高民终（知）字第48号
③ 参见英国《版权法》第84条；新西兰《版权法》第102条；澳大利亚《版权法》第195AC条等.

是进一步强化著作权保护的举措，然而，在民事领域技术措施与著作权法规定的权利限制之间的冲突问题①，以及提供破坏技术措施相关服务的行为在刑事案件中的认定将成为该款适用时难以回避的问题，下文将对此展开进一步分析。

（四）销售侵权复制品的行为

《刑法》第二百一十八条将以营利为目的，销售明知是本法第二百一十七条规定的侵权复制品的行为以销售侵权复制品罪定罪处罚。《刑法修正案（十一）》在该行为的入罪条件方面，在违法所得数额巨大的基础上增加了"有其他严重情节"的兜底规定，就此将该罪从单纯的"数额犯"改为"数额犯+情节犯"的模式，且删除了较为轻微的拘役刑。针对该罪适用的理解，包括以下几个方面：

首先，该罪规制的行为并非直接未经著作权人许可实施其专有权利，而是在明知是侵权复制品的情况下对该复制品进行销售，进而对权利人造成了重大损失的行为，在主观方面具有明显的犯罪故意。其次，该罪新增的入罪条件，即"其他严重情节"，根据相关司法解释的规定，本罪中的违法所得数额巨大是指"违法所得数额 10 万元以上的"②，但该数额是在该罪法定刑三年以下的背景下制定的，在该罪的法定刑升格为五年后，该数额亦应当进行调整。当前，针对"其他严重情节"的入罪要件尚未有司法解释作出类型化规定。本文认为针对该要件的理解，在司法解释没有给出量化标准的情形下，应当结合司法解释关于其他知识产权犯罪中"情节犯"要件的解释进行把握。

侵犯著作权罪的入罪标准为"违法所得数额较大或者有其他严重情节"，而销售侵权复制品罪的入罪标准为"违法所得数额巨大或者有

① 王迁．技术措施保护与合理使用的冲突及法律对策［J］．法学，2017（11）：10．
② 参见《最高人民法院、最高人民检察院关于办理侵犯知识产权刑事案件具体应用法律若干问题的解释》第六条。

其他严重情节"。由于违法所得巨大的标准一般情况下应当高于违法所得数额较大，且销售侵权复制品罪入罪的法定刑重于侵犯著作权罪入罪的法定刑，故而与"数额巨大"相并列的"其他严重情节"的标准和要求应当比与"数额较大"相并列的"其他严重情节"更严格、更高①。最后，本罪的行为模式是销售行为，销售在《著作权法》意义上并非专门的法律术语，而是属于"发行"行为的一种，且在著作权法语境下出版行为亦被认为是复制和发行两种行为的结合，故销售侵权复制品的行为在构成本罪的基础上，亦可以被侵犯著作权罪中的未经许可"复制发行"和出版他人享有专有出版权的图书的行为涵盖，如针对此种行为如何定罪处罚成了著作权刑事保护中不可回避的问题。

二、著作权保护刑民衔接的基本要求：二次违法性原则的论证

面对"刑民脱节"的现实情况，基于法秩序的统一性，如何强化"刑民衔接"是完善著作权法律保护体系的内在要求。"刑民衔接"的理论基础在于知识产权入罪的"二次违法性原则"，本部分通过梳理针对该问题的相关理论争议，对"二次违法性原则"的必要性进行论证，为著作权犯罪"刑民衔接"筑牢理论根基。

（一）著作权刑民保护的理论争鸣

在知识产权入罪标准的问题上，是坚持二次违法原则，还是坚持刑事违法独立判断原则，一直存在不同观点。一种观点认为，刑事领域违法构成要件和民事侵权和行政违法领域是一致的，区别仅是危害后果程度上的差异，因此只有在民事侵权或行政违法社会危害性严重的情况下才进行刑法评价，即坚持二次违法性原则。因此，在刑法适用中，我们

---

① 李振林.从具体罪名入手认定侵犯知识产权罪"情节严重"[N].检察日报，2022-03-01.

需要合理把握公权力的介入程度和刑法介入的方式，防止因过度行使公权力对市场经济秩序、市场环境造成不当损害。另一种观点则认为，刑事违法具有相对性，刑法使用也有其独立性，在刑事司法过程中，一律遵循前置性法律的相关规定，然后才涉及刑法适用规范，会使刑法变成纯粹的最后保障，失去独立存在价值。刑法应当遵循自身独立的评判价值，民事、行政处罚依据的前置性法律对刑事判断只能作为一种重要参考，因此，在知识产权犯罪领域，刑法可以也应当在保持合理性的同时作出独立法律判断，即在特定的情形下，部分行为即使不构成知识产权民事侵权或行政违法，亦可以根据刑法规定认定构成知识产权刑事犯罪。

刑法调整的是其他法所调整而又超越其他法调整能力的社会关系，即学理上的"犯罪二次违法性特征"，二次违法性原则的争议是刑民衔接脱节的关键问题。若坚持刑法独立性原则，则刑法中相关法律术语的解释无须参照前置法的规定，则刑民衔接将成为一个伪命题。因而，对二次违法性原则的论证是探讨著作权刑民衔接的前提和基础。

（二）二次违法性原则的必要性证成

针对前述争议，本文认为诚然刑法有其独立的任务与目的，对刑法用语的解释并不必然要求与其他部门法完全保持一致，但当其他部门法对刑法中相同的法律术语已经作出解释的情况下，此种解释不失为一种在先的理解，在刑法语境没有足够充分、合理的理由作出不同理解时，对刑法用语的理解应当在最大程度上与其他部门法保持一致，这是刑法对知识产权领域犯罪进行评价的理论基础，亦是坚持二次违法原则的逻辑基础。

在法律体系中，刑法与其前置性法律是两座并行不悖的堤坝，共同防御着不法洪流对社会生活的侵袭①，且二者在法律责任的承担上呈现

---

① 杨兴培，田然. 刑法介入刑民交叉案件的条件：以犯罪的二次性违法理论为切入点 [J]. 人民检察，2015（5）：24.

出一种递增的关系。因此在同时存在民刑责任条款调节社会矛盾时，优先适用民事条款保障个人权利，其次才是刑事责任条款来实现社会公平正义，亦即先民后刑①。从立法角度分析，知识产权犯罪具有典型的"二次性违法"特征，呈现出"违反前置性法—违反刑法"的二阶递进结构，即知识产权犯罪行为首先是违反前置性的知识产权民事法律，由于前置性法律第一次调整无效，需要刑法来进行第二次规范与制裁②。此外，《著作权法》对侵犯著作权法律责任的规定本质上也呈现出"民事→行政→刑事"的责任承担顺序③。诚如《刑法》第二百一十七条的规定，第一至三款规定的行为均本身构成对著作权或者邻接权的侵害，第四款和第五款构成对其他民事权利的侵害或者违反《著作权法》的相关规定。正如有的学者所说，"著作权刑法的手段特质决定了其在制裁体系中处于'补充法'的地位"④。因此，以"刑民衔接"的基本要求协调刑事和民事保护路径是应当采用的基本模式。

因而，著作权犯罪"二次违法性"原则是刑民衔接的基础，在认定构成侵犯著作权罪的问题上，有关著作权的归属、相关行为与事实性质的认定标准应该与《著作权》法的规定相一致。譬如"思想表达的

---

① 刘艳红.民刑共治：国家治理体系与治理能力现代化路径［J］.法学论坛，2021（5）：47.

② 崔军，钟炜健.知识产权犯罪是否以民事侵权为前提？——略论知识产权犯罪与民事侵权的实体关系［EB/OL］.北大法宝，2020-11-16.

③ 《著作权法》第五十三条规定：有下列侵权行为的，应当根据情况，承担本法第五十二条规定的民事责任；侵权行为同时损害公共利益的，由主管著作权的部门责令停止侵权行为，予以警告，没收违法所得，没收、无害化销毁处理侵权复制品以及主要用于制作侵权复制品的材料、工具、设备等，违法经营额五万元以上的，可以并处违法经营额一倍以上五倍以下的罚款；没有违法经营额、违法经营额难以计算或者不足五万元的，可以并处二十五万元以下的罚款；构成犯罪的，依法追究刑事责任。

④ 贺志军.我国著作权刑法保护问题研究［N］.北京：中国人民公安大学出版社，2011：80-81.

二分法"是判断相似部分是否属于受到《著作权法》保护的表达的判断方法,"接触+实质性相似"是判断是否构成著作权侵权的判断标准,在著作权犯罪中针对"复制"行为的认定应当严格适用前述标准,只有在著作权法意义上构成了复制权的侵权行为,才能进一步通过对数额要件或者情节严重要件进行分析,从而判断是否构成侵犯著作权罪。

(三)刑法谦抑性立场的坚守

在坚持二次违法原则的基础上,刑法谦抑性立场亦是知识产权犯罪评价的理论基础所在。所谓刑法的谦抑性即指只有在其他的社会统制手段并不充分时,或者其他的社会统制手段(如私刑)过于强烈而有代之以刑罚的必要时,才可以发动刑罚①。现代法治发展的基本要求是民法要扩张、刑法要谦抑,对于民法而言,随着人类社会生活的不断发展,各种新型权益类型被纳入民法保护,譬如包含人脸信息在内的个人信息数据、商品化权益等。而与之相对的刑法却必须始终坚守谦抑性的立场:刑事处罚作为最为严厉的责任承担方式,必须坚持"法无明文规定不为罪、法无明文规定不处罚"的要求。

与传统私法的稳定性相较而言,知识产权法与技术的发展结合更为紧密,其需要不断对新技术的创新发展以及不断变化的市场情况做出更为灵活的应对。基于技术的不断发展,对于有关行为与事实的法律定性需要结合具体案情具体分析,因此在知识产权司法领域为司法自由裁量预留了较大的空间②。因此,在知识产权领域,刑法保持谦抑性更具现实意义,在针对相关行为的认定方面,刑法不宜走在知识产权立法的前面,但凡能够通过知识产权法民事规范解决的,则应当尽可能通过民事

---

① 张明楷. 避免将行政违法认定为刑事犯罪:理念、方法与路径 [J]. 中国法学,2017(04):40.
② 譬如《著作权法》规定的兜底性权利类型条款和兜底性作品类型条款。

责任的方式解决，而无须动用刑罚①。此外，针对著作权的刑事保护问题，刑法并非将所有著作权侵权行为或违反著作权法的行为都纳入刑法规制，而是立法者基于社会实践的考量将部分可能严重损害著作权人权益或者扰乱市场经济秩序的行为纳入刑法调整。因此在侵犯著作权罪的适用方面，严格保持刑法的谦抑性，禁止扩大解释相关概念是刑法适用的基本要求。然而，部分司法案件已经出现了扩大侵犯著作权罪适用的迹象。譬如在《刑法》并未将破坏技术措施的行为明确纳入刑事规制的情形下，已经有法院在相关案件中通过扩大解释"复制发行"而对破坏技术措施的行为进行刑事打击②。此种法律适用方式无疑是对刑法谦抑性原则的违反，不符合现代法治发展的要求。

三、刑民衔接的难点：著作权刑事保护的挑战

坚持著作权刑民衔接的基本原则，将化解实务中著作权刑民脱节的尴尬境地，随之而来的是基于著作权复杂的侵权判断标准。在部分行为在《著作权法》上的评价尚存在较大争议的基础上，刑法对此的评价若是亦步亦趋，则在很大程度上将造成司法实践的混乱，甚至动摇罪刑法定的基本原则，对此类行为如何进行刑法上的定性判断是刑民衔接顺畅的关键所在。

（一）刑法中复制行为的判定

《最高人民法院关于审理著作权民事纠纷案件适用法律若干问题的解释》第十五条规定，由不同作者就同一题材创作的作品，作品的表达是独立完成且具有创作性的，应当认定作者各自享有独立的著作权。

---

① 崔军，钟炜健. 知识产权犯罪是否以民事侵权为前提?：略论知识产权犯罪与民事侵权的实体关系［EB/OL］. 北大法宝，2020-11-16.
② 参见叶某侵犯著作权罪案件：北京市石景山区人民法院（2012）石刑初字第 330 号刑事判决书。

因此，在判断是否构成复制权侵权的问题上，不仅需要对是否构成实质性相似进行判断，还需要对行为人是否接触过原作品进行判断。若行为人完全是独立创作完成，即使与他人享有著作权的作品构成实质性相似也不构成侵权。通俗来说，即是著作权法允许巧合的存在，这是著作权的排他性与专利权排他性的区别所在。

基于著作权犯罪"二次违法性"原则，侵权著作权罪中复制行为的认定同样需要通过"接触+实质性相似"进行判断。诚如在李海雁侵犯著作权罪一案中，公诉机关认为犯罪嫌疑人的游戏保留了原作品的基本表达，虽然其游戏中的玩具在武器、背包上和权利人的作品表达之间存在细微差别，但前述差异没有体现出犯罪嫌疑人创作的个性化特征和独创性表达，因而犯罪嫌疑人的游戏在与原作品构成实质性相似的基础上，犯罪嫌疑人的行为构成复制①。在侵犯著作权罪认定中，针对是否构成实质性相似的问题，应与著作权民事侵权的认定标准一致，即若行为人在保留了原作品基本表达的基础上添加了具有独创性的新表达，此种行为不构成"复制"，属于演绎行为，依据《刑法》第二百一十七条的规定，演绎行为并不在侵犯著作权罪的规制范围内，不能构成侵犯著作权罪。因此在复制行为的认定上需要严格适用"接触+实质性相似"标准，确保非复制类行为不会被纳入刑法对复制行为的规制中。此外，针对复制行为，根据著作权理论可以分为精确复制和非精确复制，针对精确复制，毋庸置疑是属于复制权的控制范畴，理应纳入刑法规制；针对非精确复制，在没有添加符合独创性的新表达的情形下，为了避免行为人通过部分改动逃脱法律制裁，从而产生著作权保护的法律漏洞，此种行为也应当纳入复制权的规制范畴，可以构成侵犯著作权罪。

---

① 参见最高人民检察院 2018 年度检察机关保护知识产权典型案例之十，上海市第三中级人民法院刑事裁定书（2018）沪 03 刑终 25 号。

(二) 信息网络传播行为入刑范围的判断

本次《刑法》修改明确将信息网络传播行为纳入侵犯著作权罪的规制范畴,以此终结了司法解释将信息网络传播行为视为复制发行的刑民脱节的问题。针对信息网络传播权的入刑,两方面的问题亟须厘清。一方面信息网络传播行为的外延,应该严格按照《著作权法》对该行为"交互式"要件的规定进行判断,即只要在行为人满足通过网络传播作品,使受众可以在个人选择的时间和地点获得作品的基础上,符合以营利为目的,达到情节严重或数额较大才具有刑事可责难性。通过互联网进行定时直播的行为,在《著作权法》未修改之前,由于广播权外延的明确性,此种行为在司法实践中被纳入"兜底性"条款规制,《著作权法》修改后将此种行为纳入广播权控制。通过网络进行定时直播的行为虽然满足互联网这个载体要件,但定时直播并不满足"交互式"要件,不属于《著作权法》意义上的信息网络传播行为,因此不能纳入刑法规制。

另一方面,当前针对信息网络传播行为的判断,存在多种认定标准,使得在《著作权法》意义上这一持续存在的争议对《刑法》第二百一十七条中关于信息网络传播行为的解释和适用带来挑战。当前,《著作权法》上针对信息网络传播行为的判定标准具体包括:实质提供标准、实质呈现标准、用户感知标准、新公众标准、服务器标准,前述标准的划分均是基于对信息网络传播行为中"向公众提供"要件的不同理解,本质上体现了不同权利配置的价值取向,因此前述标准在认定信息网络传播权保护范围的问题上呈现递减的趋势。然而,以权利配置为导向的前述标准或多或少存在缺陷与不足,任何一种标准都不可能无懈可击。以深层链接为例,支持服务器标准的学者认为其他标准将提供"深层链接"的行为定性为"信息网络传播行为",的确提升了对权利人的保护水平，但将难以避免把部分合法行为纳入侵权的范畴，不当地扩大了信息网络传播权的禁止权范围①，支持其他标准的学者则批评服务器标准不能满足技术、产业和社会发展需求，显得僵化和落后于时代与技术的发展②。

本文认为，基于刑民衔接的基本原则和刑法谦抑性的基本立场，针对在网络环境下的信息网络传播行为入刑问题，刑法应当保持相对克制的价值取向，故信息网络传播行为入刑的范围应当小于或等于《著作权法》上的侵权范围。在《著作权法》上对信息网络传播行为的判断存在多种纷繁复杂的标准的情形下，《刑法》的判断贸然采用任何一种标准都将对罪刑法定原则产生冲击。因此，立足当前作品网络传播的实际情形，摆脱权利配置取向的束缚，以行为人的传播行为是否获得权利人许可为要件，构建信息网络传播行为的侵权和入刑判断标准不失为一种可以考量的选择。当然，前述在认定设链行为是否构成侵权的问题上则保持较为克制态度的新公众标准更符合刑法谦抑性基本立场的价值判断，在以是否获得许可要件的判断标准问题上具有一定的借鉴意义③。据此，本文认为可结合新公众标准的部分观点，并通过引入默示许可制度对信息网络传播行为的入刑范围进行判断。

《刑法》第二百一十七条中关于信息网络传播权入刑的前提条件是以营利为目的和未经著作权人许可，若行为人实施的信息网络传播行为获得了著作权人许可，则该行为不构成民事侵权亦不构成刑事犯罪。权利人许可既包括明示许可，也包括默示许可，两者都可以阻却侵犯著作权罪的构成，进而缩小信息网络传播行为的入罪范围，规避在前述不同标准下，该行为入罪范围的不确定性。相较于传统媒介时代而言，当前

---

① 王迁. 论提供"深层链接"行为的法律定性及其规制 [J]. 法学，2016（10）：39.

② 刘银良. 论服务器标准的局限 [J]. 法学杂志，2018（05）：69.

③ 万勇. 深层链接法律规制理论的反思与重构 [J]. 法科学，2020（01）：38.

网络时代中互联网传播的快速、高效、广泛，大大地增加了作品与作者在社会公众面前的曝光度，从而给作者带来了更多通过发放版权许可获取许可费的机会。此外，在许多情况下，作品传播本身给著作权人带来的曝光度和知名度的提升所产生的收益能远超版权许可费的收益，作为理性经济人的著作权人希望尽可能地扩大作品的传播范围，从而默许甚至希望他人通过网络传播其作品。因此，以是否获得许可来对行为人通过网络进行的"交互式"传播行为进行法律上的定性具有现实的基础。虽然当前《著作权法》中尚未明确规定默示许可制度，但《民法典》中关于以默示方式作出意思表示的规定成为民事领域默示许可的法律依据所在①。据此可以行为人是否获得权利人许可为要件，进行如下判断：（1）若权利人通过明确的声明表示禁止他人通过信息网络传播其作品，则行为人以营利为目的，通过前述"交互式"方式传播作品的行为，具有刑法的可责备性；（2）若权利人并未发布前述声明，在网络传播行为没有明显违背权利人的意愿或明显损害权利人利益的情况下，通过默示许可制度，认定该行为获得了著作权人的许可，从而阻却其刑事犯罪的构成。

（三）破坏技术措施刑事犯罪与合理使用的协调

《刑法（修正案十一）》将破坏技术措施的行为纳入刑法规制，这对于云计算时代的著作权保护具有重大意义。当前技术措施分为接触控制措施和版权保护措施，针对技术措施的规避也分为直接规避技术措施的行为和提供规避技术的行为。合理使用制度是防止著作权滥用的安全阀，其在平衡公共利益和私人权利之间具有重要作用。我国《著作权法》并未规定接触作品权、阅读权等禁止性著作权利类型，个人学习

---

① 《中华人民共和国民法典》第一百四十条：行为人可以明示或者默示作出意思表示。沉默只有在有法律规定、当事人约定或者符合当事人之间的交易习惯时，才可以视为意思表示。

研究、适当引用等合理使用行为都以接触、阅读作品为前提，而当前的技术措施并不能智能到区分合理使用和侵权，因此技术措施的出现使得这类权利限制失去了实际上的效能。

为了平衡技术措施保护和合理使用制度，有学者认为直接规避技术措施的危害主要体现于对作品的后续侵权行为，该行为本身对权利人的影响有限，为给合理使用留下适当空间，无须禁止；向他人规避技术措施的手段可能严重影响权利人的利益，法律应予以禁止，但同时为给合理使用留下空间，确因技术措施无法实现合理使用时，需提供有关符合法律要求的合理使用声明，可以获得规避手段①。本文认可该观点。此外，单纯破坏技术措施的行为在《著作权法》意义上属于违法行为，而非著作权的侵权行为，因此，《刑法》对该行为的规制并不是以该行为构成对著作权侵权为前提，而是基于破坏技术措施的行为对著作权市场交易秩序的破坏，否则对单纯提供规避技术措施行为，尤其不存在正犯情况下的针对该行为帮助犯的著作权刑事犯罪认定存在理论上的障碍。

据此，针对破坏技术措施行为的刑法规制应做如下区分：（1）针对单纯破坏技术措施而并未进行后续利用的行为，该行为在不构成民事违法的基础上不应受到刑法的规制；（2）直接规避技术措施且进行了后续利用的行为，可通过《刑法》第二百一十七条第一款的规定进行刑法规制；（3）行为人向第三方提供规避技术措施的方法，此种行为严重破坏交易秩序，且不应以后续第三方是否实施犯罪行为为入罪的前提，在符合营利等入罪要件的基础上具有刑事违法性；（4）行为人向第三方提供规避技术措施的方法且第三人实施了后续复制、发行等行为，此时行为人和第三方的行为均具有刑事可责备性，二者的犯罪行为相互独立，

---

① 王迁.技术措施的保护与合理使用的冲突及法律对策 [J].法学, 2017 (11)：09.

并不存在主从犯关系，分别适用《刑法》《刑法》第二百一十七条第一款和第五款定罪处罚。

（四）销售侵权复制品法律适用的辨析

根据《刑法》第二百一十八条的规定，销售侵权复制品，达到入罪要求的构成销售侵权复制品罪，按照该条规定定罪处罚。但在司法实务过程中，销售侵权复制品这一行为究竟如何定性却产生了诸多不同的看法甚至是争议。在"顾然地等人非法经营案"① 中，公诉机关以非法经营罪提起公诉，最终法院以销售侵权复制品罪进行判决，在该案的审理过程中，法院内部对该案件的处理亦有不同的观点分歧：第一种观点认为，销售侵权出版物的行为同时符合销售侵权复制品罪和非法经营罪的构成要件，为想象竞合关系，按照特殊法优于一般法的原则，以销售侵权复制品罪定罪处罚。第二种观点认为，虽然销售侵权复制品罪与非法经营罪为法条竞合的关系，当适用特殊法明显罚不抵罪时，不必然遵循特殊法优于一般法的原则，应适用重法，以非法经营罪定罪处罚。第三种观点认为，应当按照司法解释的规定，"销售"属于"发行"的范畴，应以侵犯著作权罪定罪处罚②。

非法经营罪与侵犯著作权罪、销售侵权复制品罪在司法实务中存在一定的适用争议，该问题不在本文的研究范围内，本文着重就《刑法》上的销售与发行问题进行分析。针对前述问题，知识产权法学界和刑法学界存在较大的观点撕裂。知识产权法学者普遍认为，发行涵盖销售，按照司法解释将《刑法》第二百一十七条的"复制发行"解释为包括"复制或发行"的观点，将架空《刑法》第二百一十八条的规定。但刑法学界则认为发行和销售分别独立，正如上海司法系统于 2017 年召开

---

① 参见上海市第二中级人民法院（2005）沪二中刑初字第 1 号刑事判决书.
② 李少君. 侵犯著作权罪"复制发行"之理解与适用 [D]. 上海：华东政法大学 2021：43.

的知识产权刑法保护研讨会上，与会专家认为《知识产权刑事司法解释（一）》第十二条规定的"发行"包含的销售行为应指首次销售行为，而《刑法》第二百一十八条规定的销售侵权复制品行为应指发行后的后续销售行为，这也是当前在刑法学界占主流观点的"首次销售说"。

针对前述案件引发出的问题，本文认为根据《著作权法》的规定，发行是"以出售或者赠与方式向公众提供作品的原件或者复制件"的行为，销售行为理所当然地属于发行行为的一种。根据刑民衔接的基本原则，刑法上的销售行为也应当隶属于发行行为范畴，这也是法秩序统一性微观层面的本质要求，即各个法律部门之间就某一概念不得做出不尽相同，甚至对立的解释①。针对《刑法》第二百一十七条和第二百一十八条的适用问题，复制和发行本是著作权法规定的两种行为类型，然而在《刑法》第二百一十七条中并未用标点符号进行分隔，使得对于本条中"复制发行"产生了不同的理解。基于现有司法解释的规定，销售侵权复制品的行为在现行刑事法律下既可以通过《刑法》第二百一十七条定侵犯著作权罪，亦可通过《刑法》第二百一十八条定销售侵权复制品罪。对此，2020 年，浙江省法院、省检察院、省公安厅在《关于知识产权刑事案件适用法律若干问题的会议纪要》（下文简称《会议纪要》）中指出："由于相关司法解释规定的侵犯著作权罪的入罪标准明显低于销售侵权复制品罪的入罪标准，一般情况下只要符合销售侵权复制品罪的行为亦构成侵犯著作权罪，应依照上述规定，以侵犯著作权罪定罪处罚。"诚然，前述《会议纪要》是基于司法解释的规定而进行机械性适用的结果，但此种认定模式并不具有法理基础，亦不符

---

① 松宫明孝. 刑法总论讲义［M］. 钱叶论，译. 北京：中国人民大学出版社，2013：81.

合两个罪名的立法目的。

销售侵权复制品罪的入罪标准之所以高于侵犯著作权罪，原因在于前者并不从事产生侵犯著作权源头作品复制件的行为，仅仅是一种扩大著作权侵权后果的行为，对著作权的侵犯上呈现出间接性和帮助性特点，因而前者的社会危害性低于后者，基于此其入罪标准理应高于后者。因此，二者入罪要件的高低具有法理和事实的基础，基于此，认定二者规制范围存在重合进而选择性适用入罪要件较低的侵犯著作权罪的行为不具有法理基础，不应当成为司法实践中的行为模式，明晰二者法律适用的边界具有现实必要性。

为了使《刑法》第二百一十七条与第二百一十八条的规定相衔接，二者的适用范围相对明晰，基于著作权犯罪"二次违法性"理论，本文赞同王迁教授的观点，即本条规定的"复制发行"只能是既复制又发行此种特定的行为①，以此将单纯的销售行为纳入第二百一十八条的规制范围，进而明晰二者的法律外延。此外，针对第二百一十七条中"出版他人享有专有出版权的图书的"和销售他人享有专有出版权的图书的行为区分问题，前述《会议纪要》规定："出版"一词具有特定的含义，是指将作品编辑加工后，经过复制向公众发行的行为，即此处的"出版"本身是复制和发行行为的综合，与前述"复制发行"做同等的"复制且发行"的理解。因此，单纯销售、贩卖他人享有专有出版权的图书的，不属于"出版"图书，非法销售他人享有专有出版权的图书的，如达到违法所得 10 万元的入罪标准，则构成销售侵权复制品罪。

---

① 参见王迁. 论著作权保护刑民衔接的正当性 [J]. 法学，2021（08）：07.

知识产权检察综合履职实践探索与路径完善

——以成都市知识产权检察实践为例

邓贵杰　钟会兵　邓中孟*

教育、科技、人才是全面建设社会主义现代化国家的基础性、战略性支撑。习近平总书记在党的二十大报告中指出，加快实施创新驱动发展战略。加快实现高水平科技自立自强。以国家战略需求为导向，积聚力量进行原创性、引领性科技攻关，坚决打赢关键核心技术攻坚战。加快实施一批具有战略性、全局性、前瞻性的国家重大科技项目，增强自主创新能力。实施创新驱动发展战略，完善的知识产权保护体系既是助推器，也是保护伞。为此，党的二十大报告强调："加强知识产权法治保障，形成支持全面创新的基础制度。"检察机关作为国家法律监督机关，在强化知识产权司法保护中承担重要职能。进入新时代，检察机关强化知识产权综合司法保护既是促进创新驱动发展、营造法治化营商环境的必然要求，也是深化能动司法服务保障全面推进科技创新中心建设、加快构建高质量现代产业体系的重要举措，对推动建设知识产权强

---

* 邓贵杰，四川天府新区人民检察院（四川自由贸易试验区人民检察院）党组书记、检察长；钟会兵，四川天府新区人民检察院（四川自由贸易试验区人民检察院）综合业务部检察官助理；邓中孟，四川天府新区人民检察院（四川自由贸易试验区人民检察院）综合业务部检察官助理。

国、世界科技强国，实现高水平科技自立自强具有重要意义。

一、检察机关强化知识产权司法保护的重大意义

（一）强化知识产权司法保护是检察机关促进创新驱动发展、服务一流营商环境建设的必然要求

2021 年，中共中央、国务院印发《知识产权强国建设纲要（2021—2035 年）》强调，打通知识产权创造、运用、保护、管理和服务全链条，更大力度加强知识产权保护国际合作，建设制度完善、保护严格、运行高效、服务便捷、文化自觉、开放共赢的知识产权强国，释放出党中央以知识产权强国建设推动创新驱动发展的强烈决心。知识产权与科技创新之间是相互促进、融合共生的紧密关系，知识产权司法保护力度和水平，直接关系到创新成果保护和创新活力激发，对创新驱动发展战略的实施和一流营商环境建设具有重大影响。检察机关要切实发挥知识产权检察保护在激励创新创造、维护公平竞争、促进法治化营商环境建设等方面的重要作用，为建设创新型国家、优化科技创新环境贡献检察力量。

（二）强化知识产权司法保护是检察机关服务保障成都科技创新中心建设和现代产业体系构建的重要举措

全面推进科技创新中心建设、加快构建高质量现代产业体系，是全面贯彻党中央关于加快成渝地区双城经济圈建设的内在要求。四川省委十一届九次全会强调，要加快建设具有全国重要影响力的科技创新中心，增强成都创新主干和极核功能，强化高端现代产业创新①。成都市

---

① 中共四川省委关于深入推进创新驱动引领高质量发展的决定［EB/OL］. https：//
www. sc. gov. cn/10462/10464/10797/2021/6/21/
60e1cfd38fdb4528aa8f16e08d87f3fe. shtml，2022-05-16.

第十二次党代会要求，坚持把创新作为赢得优势、制胜未来的关键增量，加快建设具有全国影响力的科技创新中心①。检察机关要深刻把握、认真贯彻上级党委决策部署，不断深化知识产权司法保护，助力保障科技创新中心建设和高质量现代产业体系构建。

（三）强化知识产权司法保护是检察机关把握法治思维、深化能动司法的具体体现

2022 年 3 月，最高检发布《关于全面加强新时代知识产权检察工作的意见》，要求全国检察机关依托"四大检察"业务格局，全面提升知识产权检察综合保护质效②。当前我国知识产权司法保护工作面临着新的复杂形势和日益艰巨繁重的任务，迫切需要检察机关与时俱进、主动适应，强化前瞻性思考、战略性布局，加强顶层设计③。检察机关要更加注重系统观念、法治思维、强基导向，主动担当作为，不断深化新时代能动司法工作，以知识产权检察工作高质量发展，激发社会创造热情，释放创新创业活力，为知识产权强国、一流法治化营商环境建设提供有力司法保障。

二、强化知识产权司法保护的成都检察实践

近年来，成都市检察机关在依法追诉知识产权刑事犯罪的同时，聚焦机制创新、工作协同、专业建设、企业服务，多措并举强化知识产权

---

① 牢记嘱托 踔厉奋发 全面建设践行新发展理念的公园城市示范区：在中国共产党成都市第十四次代表大会上的报告 [EB/OL]. https://www.chengdu.gov.cn/chengdu/c151965/2022-05/09/content_ fcd5f5e033a843e6831ab2cb0e41ac17.shtml，2022-06-07.

② 徐日丹，常璐倩. 最高检发布《最高人民检察院关于全面加强新时代知识产权检察工作的意见》精准监督全面提升知识产权综合保护质效 [EB/OL]. https://www.spp.gov.cn/spp/zdgz/202203/t20220302_ 546352.shtml，2022-03-03.

③ 郑新俭. 贯彻新发展理念加大知识产权检察保护力度 [J]. 人民检察，2021（4）.

检察保护工作，不断提升知识产权综合司法保护能级。

（一）推进机制创新，强化知识产权检察工作制度性供给

一是开展知识产权检察职能集中统一履行试点。根据最高检、省检察院关于开展知识产权检察职能集中统一履行试点工作的安排，成都市检察院将天府新区、高新区、武侯区、郫都区四个基层检察院作为试点单位，依托天府中央法务区，成立省市区三级知识产权检察办公室，集中统一履行刑事、民事、行政检察职能，发挥"职能集中"的一体统筹优势专业办理案件、挖掘案件线索、强化检察监督。二是推进全市知识产权刑事案件相对集中管辖。成都市检察院会同市中院、市公安局签署《关于知识产权刑事案件相对集中管辖若干问题的意见》，将全市除高新区、锦江区、武侯区、郫都区以外的18个区（市县）的知识产权刑事案件审查起诉工作指定天府新区检察院统一管辖，以"管辖集中"发挥案件资源和办案资源优势，有效解决知识产权刑事案件管辖分散、专业化程度低、办案质效不高等问题。三是建立"双报制"办案机制。高新区检察院创新建立"双报制"办案机制，要求知识产权权利人在向公安机关报案的同时，同步向检察机关寄送相关报案材料，有效发挥检察机关诉前主导作用，极大增强权利人维权的有效性、及时性，此机制入选国务院知识产权战略实施工作部际联席会议确定为知识产权强国建设第一批典型案例，系全国检察系统和四川省唯一案例。

（二）强化工作协同，促进知识产权行政、司法保护衔接

一是健全与行政协作保护机制。成都市检察院与市知识产权局、市中院、市公安局等五个部门会签《关于加强知识产权行政执法与刑事司法衔接工作的实施意见》，深化知识产权行政执法与刑事司法双向移送，对应当行政处罚的不起诉人员移交行政处理，形成知识产权违法犯罪打击闭环。二是强化侦诉审协作配合。通过法检联席会、检警双向会

商、案件快速通报等机制，促进执法司法信息的互联共享，统一执法司法裁判标准。三是强化检察机关内部协作。成都市两级检察机关坚持一体化办理知识产权刑事案件，在知识产权刑事案件立案后，成都市检察院提前介入，全程指导有管辖权的基层检察院开展审查逮捕、审查起诉、侦查监督、审判监督等工作，有效统一案件证据标准及法律适用标准。[①]

（三）加强专业建设，夯实知识产权检察工作发展基础

一是打造专业办案团队。加强知识产权检察办公室人员配备，成立检察官办案组或指定专人办理知识产权案件，为知识产权检察职能集中统一履行提供人才保障。二是加强知识产权"智库"建设。强化检校合作交流，天府新区检察院与四川大学等高校签署合作备忘录，聘请知识产权领域的高校学者担任专家咨询委员，为案件办理、人才培养提供强大的智力支撑，在双向互动交流中提升知识产权检察办案专业化水平。三是借力科技赋能。强化大数据、人工智能在知识产权检察工作中的深度应用，天府新区检察院自主研发集办案辅助、企业服务等功能于一体的知识产权检察保护智能辅助系统，汇集互联网数据、法院审判数据和全市刑事案件数据，并通过设置具体判断规则及逻辑结构分析模型，自动筛查甄别案件数据，为知识产权案件办理提供及时、全面、详细的数据支撑，以检察智能化助力办案专业化。

（四）延伸检察职能，靶向提供优质知识产权检察服务

一是问需于企，靶向保护。进一步畅通检企沟通渠道，通过主动走访调研、举办检察开放日活动、建立联系人制度等方式，听取不同领域、不同行业的企业在知识产权管理、开发、确权、运用、保护等方面的法律需求，为检察机关靶向保护，为多样化、精准化、便利化知识产

---

① 查洪南．成都：打造知识产权司法服务新高地［N］．检察日报，2021-10-24（3）.

权检察服务提供精准指引。二是探索开展企业知识产权合规体检。天府新区检察院、温江区检察院创新开展企业知识产权法律体检活动，通过专业的知识产权法律风险管理服务，对企业的专利、商标、著作权以及涉诉情况等进行全面调查、科学评估，并针对性提出解决方案，引导企业提高知识产权综合运用管理能力。三是创新知识产权普法形式。落实"谁执法谁普法"普法责任制，改变过去阵地式、书面式宣传模式，借助"高新智慧检察"App、"两微两端""天府微检察"小程序等更具时代感和信息化的新媒体平台进行犯罪预防宣传。制作知识产权保护原创普法视频，通过"学习强国"等平台向全社会宣传推送，实现宣传教育广度和强度最大化。

三、当前检察机关知识产权保护工作存在的问题

（一）知识产权刑事检察履职不充分

研究表明，经济犯罪的地域转移与经济发展格局具有同轨性，经济发展速度越快、发展水平越高、经营方式越丰富的地区，经济犯罪的发案总量往往越突出①。2021 年，成都市地区生产总值总量为 19917 亿元，位居全国副省级城市第 3 位。从横向看，成都市地区生产总值总量约为广州市的 70%，是青岛市地区生产总值总量的 1.4 倍②。2021 年，成都市两级检察机关共起诉侵犯知识产权犯罪 47 人，而同期广州市、青岛市两级检察机关起诉的人数分别为 1180 人、119 人③，约为成都市的 25 倍和 2.5 倍，成都市两级检察机关起诉的侵犯知识产权犯罪人数与广州市、青岛市差距较大。据此可以看出，成都市知识产权刑事案件

---

① 杨书文. 试论经济犯罪的寄生规律 [J]. 公安学刊（浙江警察学院学报），2016（6）：85-91.

② 数据来源：2021 年成都市、广州市、青岛市国民经济和社会发展统计公报。

③ 数据来源：2021 年成都市、广州市、青岛市知识产权发展与保护状况白皮书。

办案数量、类型、增速与成都市在全国副省级城市中的经济地位不相匹配。造成上述问题的原因较为复杂，原因之一是"两法衔接"工作较为滞后。虽然在最高检大力推动下，"两法衔接"工作取得积极成效，目前四川省已经建成省级"信息共享平台"①，但囿于检察机关内设机构改革，全省"两法衔接"工作以及配套建立的信息共享平台处于停滞状态，行政机关执法信息主要通过人工方式报送，执法司法信息共享难、低效等问题仍未得到有效解决。检察机关对行政机关"以罚代刑"、应当移送公安机关而未移送的案件线索缺乏同步及有效监督，导致移送公安机关进入刑事立案侦查环节的案件线索很少，"行政机关处理多，移送司法机关追究刑责少"的现象较为严重②。

（二）知识产权民事、行政检察短板弱项突出

"刑强民（行）弱"现象突出。仅 2021 年，成都市两级法院共审理各类知识产权案件 17268 件，其中民事案件 17232 件，占比为 99.8%，行政案件 5 件③，而近三年全市两级检察机关同期办理民事、行政监督案件仅 7 件。可以看出，检察机关在知识产权检察保护中"刑强民（行）弱"的现象非常突出，民事、行政检察职能在知识产权综合司法保护中的作用发挥不充分，检察机关更多时候是在"一条腿走路"，办案数量、质效与人民群众对知识产权综合司法保护的新要求新期待还存在很大差距④。检察机关与法院在知识产权法律适用上还存在

---

① 为推进"健全行政执法与刑事司法衔接机制"改革任务，最高检对各级检察机关开展"两法衔接"工作状况、存在的问题进行了专题调研，制定了《打击侵权假冒行政执法与刑事司法信息共享系统管理使用办法》，向有关部门报送了《检察机关推进两法衔接工作评估报告》，并在健全联席会议、重大案件情况通报、备案审查制度等方面提出了建议。截至 2018 年年底，全国已建成 30 个省级信息共享平台。
② 马一德. 知识产权检察保护制度论纲 [J]. 知识产权，2021（8）：21-31.
③ 数据来源：《2021 年成都市知识产权发展与保护状况白皮书》。
④ 郑新俭. 贯彻新发展理念加大知识产权检察保护力度 [J]. 人民检察，2021（4）：43.

认识分歧。如知识产权刑事案件能否提起刑事附带民事诉讼问题①，知识产权作为一种智力成果，其损害是否属于现行刑事诉讼法及相关司法解释中"物质损害"范畴，法院和检察机关对此存在不同观点，法院以不受理附带民事诉讼为多数意见，导致多数权利人的知识产权因犯罪行为遭受实际损失后无法通过法律救济渠道获得损害赔偿。

（三）知识产权检察专业化建设有待加强

知识产权具有专业性强、技术含量高、知识更新快等特点，相较一般的刑事检察业务，知识产权案件办理涉及诸多前沿性、非法学专业问题，这对办案人员的司法素养、专业能力和技术知识背景提出了更高要求。在最高检开展知识产权检察职能集中统一履行试点的大背景下，需要办案人员在案件办理中强化"法域融合"，全面检索知识产权相关法律法规，善于一体考虑刑事、民事、行政法律适用。当前知识产权检察工作以刑事检察业务为主，办案人员对知识产权民事、行政检察领域的法律法规、监督规律缺乏系统掌握和融合应用。② 专业技术人员辅助办案机制还未有效建立。知识产权案件办理涉及诸多专业技术问题，办案人员仅靠自身所具有的法律专业知识很难胜任，因此需要专业技术领域专家参与技术事实调查。但目前检察机关对专业技术人员参与辅助办案的功能定位、参与程序、职责范围等问题均未明确细化规定，专业技术人员辅助办案、出庭释明涉案争议焦点技术问题的相关机制还未完全建立。

---

① 笔者对北大法宝 2013 年以来的 113 件知识产权刑事附带民事诉讼一审案件进行了分析研判，法院支持的附带民事起诉案件为 46 件，占案件总数的 40.7%，法院不支持的为 58 件，占 51.3%。法院不支持的理由大都为不符合最高人民法院相关司法解释，即附带民事原告诉请的物质损失或经济损失不属于法院受案范围，因此驳回其附带民事诉讼请求。

② 徐燕平.知识产权司法保护的检察路径：以上海市第三分院知识产权检察保护实践为视角 [J].人民检察，2021（6）：23-26。

（四）知识产权检察职能"三合一"和相对集中管辖机制亟待健全

检察机关在推进知识产权检察职能集中统一履行试点工作中，尽管已经组建了专业化的知识产权办案团队，但在具体案件办理中，一体化落实"一案三查"工作举措还不到位。刑事、民事、行政三大检察职能一体推进、融合履职还不够，符合知识产权检察规律的统一履职模式还未完全建立起来，刑民行综合保护效应还未被完全激发①。涉及知识产权刑事案件相对集中管辖实际操作层面的问题需要解决。如案件相对集中管辖后，在实现地域性集中履职的同时，如何优化案件层级流转、移送流程和异地羁押程序，从而提高案件办理质效，避免相对集中管辖带来的程序烦琐、效率低下等问题。

（五）参与社会治理主动性有待提升

2021 年成都市专利授权 8.84 万件，同比增长 34.96%，授权量持续位居副省级城市前列；新增注册商标 16.8 万件，申请受理量位居全国地方受理窗口第一位②，创新活力强劲。实践证明，越是创新活跃地区，知识产权相关纠纷就越多，越是需要加强知识产权司法保护。仅2020 年，成都市知识产权行政执法机关就办理各类知识产权纠纷行政案件 1700 余件③，知识产权侵权违法行为多发、高发，表明知识产权司法保护供给端还需持续发力，尤其是在综合治理上还需下大力气。当前，检察机关在参与知识产权社会综合治理中，仍然存在与行政执法机关会签文件、建立机制多，深入行业、企业解决市场主体知识产权保护难点、堵点少等问题，参与知识产权社会综合治理的成效还不够突出。

---

① 江伟，陈婷婷. 知识产权检察职能集中统一履行的思考和实践路径——以福州市鼓楼区检察院为例 [J]. 中国检察官，2021（5）：13-17.
② 数据来源：《2021 年成都市知识产权发展与保护状况白皮书》。
③ 数据来源：《2021 年成都市知识产权发展与保护状况白皮书》。

四、检察机关强化知识产权司法保护的具体路径

（一）坚持以办案为中心，全面履行知识产权检察工作职能

1. 持续优化知识产权刑事检察工作。推广区域检察官制度，健全重大疑难复杂、新类型的知识产权刑事案件实质化提前介入机制，从源头上提升案件办理质量，促使检察机关的审前主导作用充分发挥。全面推广侵犯知识产权刑事案件权利人诉讼权利义务告知制度，更好保护权利人知情权、参与权和救济权。健全知识产权案件法律要素全要素审查机制，对同一案件同步审查是否涉行政执法、刑事追诉或民事追责情形。健全完善"两法衔接"工作机制，与知识产权执法部门建立常态化沟通机制，统一知识产权案件法律适用、证据标准、材料移送等问题，从根本上解决知识产权案件来源问题，防止知识产权刑事犯罪以罚代刑、降格处理。

2. 补齐知识产权民事、行政检察"短板"。结合知识产权检察职能集中统一履行试点，健全检察机关与法院知识产权案件"三审合一"相适应的诉讼协作机制和依法启动知识产权民事监督、案卷材料调阅机制，重点解决案件起诉、审判、监督等各环节的衔接问题①。加强案件线索来源机制建设，积极与人民法院建立信息共享机制，拓宽民事、行政案件线索来源渠道。增强依职权监督意识，准确把握知识产权民事、行政审判、执行活动规律，探索知识产权民事、行政检察监督新模式。聚焦知识产权民商事纠纷重点领域，系统梳理分析普遍性、倾向性问题，通过制发类案监督检察建议促进司法标准和裁判尺度统一。

3. 深入推进知识产权检察综合履职。发挥综合性司法保护整体效

---

① 闫宝宝. 科技创新视角下知识产权刑事保护路径探索 [J]. 上海公安学院学报，2021（5）：74-81.

能，进一步探索开展刑事附带民事诉讼、"双报制+双引导"、涉企知识产权刑事案件附条件不起诉等工作，提升知识产权综合保护质效。注重大数据的深度应用，对每一类知识产权案件所涉刑事、民事、行政问题进行综合分析研判，通过大数据分析发现行政执法、司法审判中的问题，有针对性地提出对策建议，促进行政机关、司法机关规范执法司法。聚焦行业监管漏洞以及企业市场主体知识产权保护难点、堵点问题，通过深入调研、制发检察建议等方式，帮助堵塞知识产权综合保护中存在的制度漏洞，提升检察机关参与社会治理的工作效能。

（二）聚焦专业化建设，提升知识产权检察履职能力水平

1. 多措并举提升履职能力。加强专业化办案团队建设，以"知识产权大讲堂"为平台，开展高质量的知识产权检察业务培训。积极参与各地知识产权交流和培训，培养一批高质量、复合型知识产权检察人才，持续壮大优化知识产权检察专业人才梯队。强化知识产权检察综合保护意识，着力提升办案人员在办理知识产权案件过程中的"一体化"审查证据事实、"一体化"考量刑事民事行政法律关系、"一体化"推进"四大检察"系统思维和办案能力。加强案件分析研判，积极打造具有引领示范意义的典型案件，形成知识产权检察示范典型引领。

2. 善于借助外部力量。加强与高校科研院所在知识产权检察应用理论研究、人才联合培养等方面的广泛合作。建立健全知识产权检察案件专家咨询制度、专家辅助人参与办案制度，进一步明确专家技术人员参与辅助办案的功能定位、参与程序、职责范围等。针对涉及专利、集成电路布图设计、技术秘密等专业技术性较强的案件，通过专业技术人员辅助办案弥补办案人员专业不足问题。

3. 加快推进检察信息化建设。加快推进行政执法与刑事司法衔接信息共享平台建设，使平台具备跟踪监控、预警提示、辅助决策、案件

移送和监督管理等功能，促进执法司法信息资源共享①。进一步完善知识产权检察保护智能辅助系统，推动知识产权检察监督从个案监督、碎片监督、人工监督向类案监督、系统监督、智能监督转变，有力破解不善监督难题，全面提升法律监督质效。

（三）加强沟通与协作，协同发挥知识产权保护整体效能

1. 健全内外协作机制。认真落实最高检"十四五"规划涉及知识产权检察改革要求，以推进知识产权检察职能集中统一履行和刑事案件相对集中管辖试点为契机，与行政执法机关、公安机关、法院建立更加顺畅的知识产权案件跨区域实质化提前介入、案件会商、"双向移送"等协作机制，实质性解决行政执法与刑事司法工作中存在的"四多四少"现象②，全力打造跨行政区划知识产权检察"成都样板"。

2. 提升知识产权保护协同化水平。针对不同领域、不同行业企业的知识产权保护需求，会同行政机关、司法机关、行业协会建立知识产权一站式保护平台，搭建一体化知识产权纠纷快速解决机制，提升全链条知识产权保护能级。积极推进行政机关、司法机关执法司法人员常态化同堂培训，就知识产权法律适用和实施等重大问题进行交流学习，促进形成共同法治理念和标准规则意识，避免对法律理解不一而各取所需、各执一端，影响知识产权执法司法的整体效果和公信权威。

3. 延伸知识产权检察服务。联合高校知识产权领域的专家学者，进一步完善企业知识产权法律保护评价指标体系，以菜单式、标准化方法开展企业知识产权法律体检，助力企业补齐合规管理短板和平稳创新发展。强化知识产权法治宣传，围绕"4·26"世界知识产权日等时间

---

① 马一德. 知识产权检察保护制度论纲 [J]. 知识产权，2021（8）：21-31.

② "四多四少"是指现实发生多、实际处理少；行政部门处理多，移送司法机关追究刑责少；查出具体实施的一般案犯多，深究幕后操作者少；适用缓刑多、判处实刑少。

节点，借助网络、微信、微博等多媒体平台，通过典型案例以案释法、制作知识产权普法小视频、开展普法讲座、沙龙等形式，预防和减少知识产权侵权违法犯罪行为，推动全社会形成依法保护知识产权、服务保障创新驱动发展的司法环境和社会氛围。

大数据在知识产权检察保护中的应用研究

——以大数据法律监督平台建设为例

李　婷　邓中孟　赵雨蝶*

党的二十大报告提出，要加强知识产权法治保障，形成支持全面创新的基础制度。最高检印发的《最高人民检察院关于全面加强新时代知识产权检察工作的意见》（以下简称《意见》），对加快推进信息化建设提出了明确要求。如何运用好互联网大数据、人工智能、区块链等新一轮科技成果赋能知识产权检察工作，提升法律监督的质效，是检察机关加强知识产权检察综合履职，服务保障创新型国家和社会主义现代化强国建设的重要内容和应有之义。

一、基于大数据构建知识产权法律监督平台的逻辑起点

（一）构建知识产权大数据法律监督平台的必要性分析

1. 检察机关服务保障国家创新驱动发展的客观需要。知识产权是我国建设创新型国家极为重要的支撑，也是我国参与全球竞争的核心要

---

　　* 作者简介：李婷，1990 年 6 月生，四川天府新区人民检察院检察官助理；邓中孟，1994 年 10 月生，四川天府新区人民检察院检察官助理；赵雨蝶，1990 年 9 月生，四川天府新区人民检察院检察官助理。

素。2016 年 5 月，中共中央、国务院发布的《国家创新驱动发展战略纲要》强调，实施创新驱动发展战略，必须"充分发挥知识产权司法保护的主导作用"。知识产权司法保护力度和水平直接关系到创新成果保护和创新活力激发，对创新驱动发展战略的实施和推进产生重大影响。2021 年 9 月印发的《知识产权强国建设纲要》明确要求，"加强知识产权案件检察监督机制建设"。检察机关建设知识产权大数据法律监督平台，既是"加强知识产权案件检察监督机制建设"的应有之义和重要内容，也是检察机关发挥知识产权检察职能在激励创新创造、维护公平竞争等方面的重要作用，积极服务创新型国家建设、优化科技创新法治环境的客观需要。

2. 检察机关深化知识产权司法保护改革的迫切需要。近年来，检察机关强化前瞻性思考、战略性布局，不断加强知识产权司法保护的顶层设计。一方面，2020 年 11 月，最高检组建知识产权检察办公室，建立起专业化知识产权检察办案组织；另一方面，最高检在北京、四川等地检察机关开展知识产权检察职能集中统一履行试点工作，通过优化整合知识产权检察职能，提升知识产权检察专业化水平。然而，知识产权检察改革并不能仅仅止步于检察职能和办案组织的物理整合，亟须运用系统方法，激发知识产权检察工作的"化学反应"，做到高质效统筹推进。在国家深入推进大数据战略背景下，将大数据、区块链等技术运用于检察监督办案中，全面整合检察机关内外部的法律大数据资源，以检察大数据监督信息化发展新样态推动提升知识产权检察监督质效，依然成为进一步深化知识产权检察改革的方向之一。

3. 传统知识产权法律监督方式转型发展的现实需要。当前和今后一个时期，我国加快实现知识产权"两个转变"①。传统知识产权法律监督工作中存在的监督难、软等问题，无法满足知识产权司法保护和需要。一是检察机关在知识产权检察保护中"刑强民（行）弱"现象非常突出，知识产权民事、行政监督的办案数量、质效与人民群众的新要求、新期待还存在很大差距②。二是知识产权案件办理涉及诸多前沿性、非法学专业问题，检察官的知识结构、专业能力还不能适应办案需要，尤其是对知识产权民事、行政领域的法律法规、监督规律缺乏系统掌握和融合应用。三是检察机关参与知识产权社会治理的方法路径还不够清晰，立足司法办案，帮助企业解决知识产权保护难点、堵点问题的方法还不够多，能力还不足。将大数据运用到检察工作中，能够实现检察机关发展模式和办案思维模式的优化，提升办案业务水平和法律监督能力，增强参与社会治理的智能化与显示度。大数据在检察工作中的广泛应用，为检察机关有效解决当前知识产权法律监督面临的难点痛点问题提供了一种全新视角和方法路径。

（二）构建知识产权大数据法律监督平台的可行性分析

在国家大数据战略的推动下，经过多年的迭代发展，检察机关"智慧检务"呈现出中央顶层设计、系统上下共频、产品相对丰富、制度同步改进的现实样态③，工作取得了初步成效。这为建设知识产权大

---

① 两个转变：从知识产权引进大国向知识产权创造大国转变，从追求数量向提高质量转变。

② 数据显示，2021 年全国检察机关共办理知识产权刑事案件 11155 件，（最高检网站）而同期办理知识产权民事、行政诉讼监督案件 544 件（最高检 2021 年人大工作报告），仅是刑事案件办理数的 4.9%，刑事案件占知识产权检察办案的绝大多数。2021 年，全国法院一审结知识产权民事案件 515861 件、行政案件 19342 件（《中国法院知识产权司法保护状况（2021 年）》），是同期检察机关办理知识产权民事、行政诉讼监督案件数的 983.83 倍。

③ 姜昕，刘品新，翁跃强，等. 检察大数据赋能法律监督三人谈 [J]. 人民检察，2022（5）：37-44.

数据法律监督平台积累了坚实的模型基础、数据基础、技术基础和人才基础。

1. 模型基础。近年来，各地检察机关结合司法办案需要，积极探索"大数据+检察工作"新模式，先后研发了各类基于大数据支撑的法律科技创新产品。如贵州省检察机关借助大数据打造"智慧公诉"，有力驱动公诉工作转型升级①。浙江省绍兴市检察院研发智慧民行系统，将传统被动式民事诉讼监督转变为全面、整体、系统、主动的监督②。智慧公诉、智慧民行、智慧刑执等一系列智慧检务产品，均试图建立"大数据池"，并通过大数据碰撞、比对、分析发现监督线索，探索集分析、建模、研判等功能于一体的大数据检察监督路径，为构建知识产权大数据法律监督平台提供了模型基础。

2. 数据基础。2013 年 10 月，统一业务应用系统在全国检察机关全面部署使用③，经过多次升级，统一业务应用系统已经集"流程办案、智能辅助、知识服务、数据应用"等功能于一体，存储了检察机关刑事、民事、行政、公益诉讼"四大检察"办案全流程各环节的海量结构化数据。与此同时，最高检还主动推进跨部门数据共享工作，加强与法院、司法行政管理部门的数据交换和业务协同④。总体来看，检察机关拥有的数据资源种类丰富、体量庞大，已达到大数据的级别，具备大数据的 4V 特征⑤，为建立知识产权大数据法律监督平台提供了数据

---

① 陶建平. 检察工作中运用大数据的价值［J］. 人民检察，2018（10）：15-18.

② 范跃红，胡妮娜."智慧民行"还能发现黑恶犯罪线索：浙江绍兴检察开发"智慧民行"系统民事监督效率效果双提升［N］. 检察日报，2018-09-29.

③ 百年党史中的检察档案全面推行全国检察机关统一业务应用系统［EB/OL］. 中华人民共和国最高人民检察院，2022-08-12.

④ 史兆琨，郭荣荣. 用好大数据为检察监督按下"快进键"［N］. 检察日报，2021-12-24.

⑤ 大数据的 4V 特征：体量巨大（volume）、类型繁多（variety）、时效性高（velocity）、价值高密度低（value）。

基础。

3. 技术基础。2018 年 3 月，最高检建立并投入运行大数据决策分析平台，实现了司法办案、检察办公、队伍管理和检务保障等基本数据的收集工作，并对核心信息进行集中、多维、全面的分析展示。与此同时，各地检察机关以数学算法为核心，涉及机器学习、深度学习、数学建模等技术研发手段，积极研发智慧检务系统，实现对数据信息的直接抓取、高效存储、智能检索、挖掘分析、深度研判、综合利用和可视化展示，这些现代前沿科技在检察事务中的应用为构建知识产权大数据法律监督平台积累了一定的技术研发基础。

4. 人才基础。为解决信息化人才匮乏这一制约检察信息化发展的重大问题，2017 年最高检印发《检察大数据行动指南（2017—2020年）》，提出建立健全检察大数据人才选聘、管理、培养、使用体制机制，建立信息技术人员到办案部门跟班学习制度，将大数据纳入检察机关各条线业务培训班，着力打造专业化的人才支撑体系。近年来四级检察机关通过公招、遴选等方式招录了一大批互联网信息通信技术专业人才，并通过举办信息化网上轻应用大赛、大数据法律监督模型竞赛等活动，积极培养具有大数据思维的检察技术人才。

二、当前知识产权大数据法律监督平台构建的现状与问题

（一）现状考察

1. 深圳南山区检察院。为依法更好保护企业知识产权，营造良好市场环境，深圳南山区检察院自主研发"南山区知识产权保护智慧平台"。平台充分运用信息化手段，自动抓取和筛选涉知识产权信息，建立南山知识产权数据资讯管理中心，汇集全网相关数据、信息资源，以解决知识产权数据和咨询分散问题①。平台接入职能部门、第三方服务机构等优质资源，线上为企业提供业务咨询、知产报备、知产托管、项目孵化等服务，并建立企业报备信息库，统一备档保管涉知识产权信息，同步为相关部门查阅使用和企业锁定证据提供便利服务，真正实现快速且专业的维权保护②。

2. 福州鼓楼区检察院。鼓楼区检察院作为福州市知识产权案件统一归口办理单位，自主研发知识产权检察法律服务"云平台"，其由一个"司法资源库"和两大"服务平台"组建而成③。其中，办案服务主要提供辅助助手和知识库，包括专门的法律法规和裁判文书检索工具与知识库服务工具。公众服务平台包括法律援助服务、法律风险评估、典型案例、知识产权法制教育、庭审直播五个板块。专家服务平台包括法律法规以及裁判文书检索、现场庭审互动平台、远程专家协助平台三大板块。同时，该平台链接省知识产权局"知创福建"线上平台，实现知识产权刑事司法与行政服务、法律咨询、维权保护无缝衔接④。

3. 上海市检察院第三分院。为深化服务保障上海科技中心建设，加大对科创企业知识产权保护的力度，上海市检察院第三分院建立上海检察机关服务保障科创中心建设统一平台⑤，平台突出集群、履职、服务和宣传四项功能，在两院官方微信增设"科创检察"栏目，设置案件信息查询、法律文书查询、法律咨询、举报申诉、法律法规查询和动

---

① 吴伟东，周正."知识产权保护智慧平台"打造大数据应用下的"检察产品"［EB/OL］．正义网，2022-08-11.

② 吴伟东，周正．智慧平台助力知识产权保护［N］．检察日报，2022-04-29.

③ 鼓楼区检察院推进检察工作与数字科技深度融合［EB/OL］．福州新闻网，2022-08-11.

④ 知识产权检察法律服务云平台畅通维权通道：福州鼓楼检察院"三位一体"办案为企业创新发展护航［EB/OL］．法治网，2022-04-23.

⑤ 徐燕平．知识产权司法保护的检察路径——以上海市检察院第三分院知识产权检察保护实践为视角［J］．人民检察，2021（6）：23-26.

态信息发布等通道，为科创主体提供专业化立体化检察保护。

4. 四川天府新区检察院。天府新区检察院自主研发知识产权检察保护智能辅助系统，由三个子系统组成。其中，知识产权检察服务网站为辖区内企业提供法律体检预约、知识产权法律宣传与咨询、知识产权案件举报维权等多种形式的法律服务；知识产权案件检察辅助系统通过数据碰撞，全方位分析裁判文书网、统一业务应用系统等五大数据库中的知识产权案件，实现对知识产权案件的监督、举报受理、智能化答疑等；知识产权案件集中管辖数据交互平台以全省政法机关案件数据交互平台为基础，针对本院统一管辖的 18 个区县检察机关知识产权案件受理情况搭建数据交互子系统，打通跨区域知识产权案件数据交换通道为知识产权办案提供依据。

（二）存在问题

1. 数据来源问题仍未攻克。数字化改革中的智慧检务，应是以"大数据"为依托，实现办案、监督、服务的高质效融合①。大数据的前提是大体量的数据，而当前检察数据量整体上难以满足这一需求②。如四川天府新区检察院知产保护智能辅助系统，系统数据主要从裁判文书网、统一业务应用系统、知识产权案件集中管辖数据交互平台等五大数据库中获取，其中主要数据来源于裁判文书网，而非直接对接法院内部裁判系统，数据来源具有一定的滞后性和局限性。此外，数据权限多维、归口不一，检察机关与行政执法机关的信息共享瓶颈未破，知识产权领域"两法衔接"信息共享平台运行依然存在人工录入自主性强、

① 陈新，夏大伟. 数字化改革背景下的智慧检务问题探究：基于"单元办案·集成监督"的实践思考 [C] //第二届新时代优秀检察成果·智慧检务建设论文集（二），2021.
② 张亚军，黄华. 机遇与挑战：我国智慧检务建设的发展隐忧与平衡路径 [J]. 河北法学，2021（2）：191-200.

行政执法案件量大与人工比对排查效率低的实际问题，对于信息的紧密衔接，行政执法机关往往存在一定程度的抵触和拖延，导致数据共享推进缓慢从而搁置或停止。

2. 大数据深度运用不充分。目前，传统简单累加、比对的数据分析工具和分析方法仍是数据处理的主要手段①。已有的知识产权大数据法律监督平台对数据挖掘与应用力度不足，主要为案件办理提供法律法规、裁判文书以及涉知识产权相关信息的查询，停留在浅表化的法律知识、案件信息及其他相关信息的获取层面，对于各类信息聚合后挖掘深层次成因的运用不够。如福州鼓楼区检察院知产法律服务"云平台"，设置法律法规查询、裁判文书检索等功能，主要为办案提供专业知识支撑；深圳南山区检察院知产保护智慧平台虽建立企业报备信息库，也仅为检察机关调取、查阅和使用涉案证据材料提供便利。二者对于获取的信息资源进行统计整合、分类梳理，并通过数据碰撞挖掘问题成因及涉案线索缺乏深度运用。四川天府新区检察院的知识产权检察保护智能辅助系统，虽然能够以关键词筛选、统计对比分析发现监督线索，但是囿于大数据技术和监督模型设计，目前只能对案件超期审理、合议庭组成不合法等浅表化的程序性问题进行监督，而对于"同案不同判"等深层次实体法律问题无法进行有效识别。

3. 监督平台体系性不强。知识产权大数据法律监督平台构建是系统工程，目前知识产权检察与现代科技融合的情况尚未形成体系化，平台研发往往聚焦服务企业，或者解决刑事、民事等专门类型的问题，尚未实现"四大检察"的融合互通。如深圳南山区检察院和上海市二分检的知识产权大数据平台的功能仅限于为企业提供知识产权法律服务，

---

① 林竹静."人工智能+大数据"驱动的智慧检察路径规划：兼论检察大数据（上海）实验室的发展［J］.上海法学研究，2019（9）：76-89.

而福州市鼓楼区检察院和四川天府新区检察院的知识产权大数据辅助系统分别聚焦于知识产权刑事检察和民事检察业务，也未实现四大检察融合监督。此外，从平台建设上来看，目前从法院、公安、行政执法等部门对接收集的数据无法直接导入检察机关内部办案系统，跨部门线上数据传输、线索推送等瓶颈尚未突破，如需要搭建的平台，设置的功能，相关配套系统，与公安、法院等部门的共享平台建设及后期升级换代和运营维护等均应统筹考量。

4. 供需结合不够紧密。知识产权法律平台研发与司法实践需求脱节，存在"技术拖着业务应用走"现象和"两张皮"问题。一方面，以"实战化"为导向强化应用不够，智能化平台的应用主要集中于统计数据、确定管辖等辅助事项，在独立性智能应用等具体方面则更多依靠人工介入；另一方面，智能辅助办案系统极大提升司法人员的工作效率，由于技术等多种原因的限制，其运用的范围较窄，没有推动平台应用成为检察办案监督的必要方法和必需手段，办案人员试用积极性不高，将智能化的手段延伸至案件专业化办理等方面存在困难①，助力提升知识产权检察综合保护工作质效不明显。

三、基于大数据技术构建知识产权法律监督平台的优化路径

（一）知识产权法律监督平台构建原则

1. 需求主导。包括司法办案和服务为民两个层面，以司法办案需求为主导，即聚焦法律监督主责主业，深入挖掘、优先满足检察机关大数据应用需求，打造优质、实用、好用的法律监督平台，提升一线检察官知识产权办案质量、效率和能力。以服务人民需求为主导，即坚持以

---

① 陈辉. 信息化与智能化：科技创新语境下的司法应对与变革［J］. 上海法学研究，2021（14）：317-332.

人民为中心，把保障人民群众切身利益，破解知识产权维权举证难、周期长、赔偿低、成本高等难点痛点问题作为着力点，积极回应人民群众和市场主体内涵更丰富、标准更高的司法诉求。

2. 法域融合。平台监督重点实现"四大检察""十大业务"全覆盖，对知识产权案件开展"一案三查"，同步审查是否存在行政违法、刑事追诉、民事追责等情形，打破刑事、民事、行政壁垒①。重点关注知识产权刑事、民事交叉领域案件，统筹运用刑事、民事、行政、公益诉讼领域相关法律法规，如刑事案件尚不构成犯罪的，将相关人员移送行政执法机关建议作出行政处罚，发现知识产权犯罪行为损害社会公共利益的，依职权提起刑事附带民事公益诉讼或者支持刑事被害人和市场主体提起刑事附带民事公益诉讼。

3. 绿色开放。"绿色"是指知识产权大数据法律监督平台本质上是一个大数据收集、分析、分流处理中枢系统，"四大检察"案件办理仍在智能化办案辅助平台进行，系统能够互相兼容、有机融合，减少重复建设和研发投入。"开放"包括数据来源开放和用户开放，数据来源开放即数据来源多元化，包括执法司法信息、互联网信息、市场主体信息和投诉举报信息等；用户开放是指平台开放接口，既为司法机关、行政机关执法司法办案提供智能辅助，还为党委政府科学决策部署和市场主体提升知识产权保护能力提供指引帮助。

4. 安全可靠。"安全"是指进一步强化大数据信息安全保障，稳步推进自主可控在知识产权大数据法律监督平台中的系统性应用，从内外两个视角、技术和法律两个维度加强大数据运用安全的风险防范和保障体系建设，实现大数据安全由边界防护、被动防御向全域联动、主动防

---

① 徐日丹，常璐倩. 打好综合履职组合拳知识产权检察跑出"加速度"［N］. 检察日报，2022-04-26.

御转变。"可靠"是指平台监督的针对性强、精准度高，系统升级和运营维护成本低，通过不断学习、更新迭代，实现平台监督点和监督面的扩展，保持系统的可持续发展。

（二）知识产权法律监督工作重点

1. 刑事检察。主要包括民商事活动中利用知识产权技术转移合同实施诈骗、侵犯他人知识产权犯罪；对侵犯知识产权犯罪线索，行政执法机关和公安机关存在《意见》第四条所列情形[①]；公安机关在侦查活动中存在《人民检察院刑事诉讼规则》第五百六十七条规定的十六种违法行为，如采取刑讯逼供非法获取犯罪嫌疑人供述；人民法院知识产权刑事判决、裁定符合《人民检察院刑事诉讼规则》第五百八十四条、五百九十一条规定的十六种抗诉情形，如量刑过轻或过重、遗漏罪名等；人民法院刑事审判活动存在《人民检察院刑事诉讼规则》第五百七十条规定的十六种违法情形；人民法院审判人员、执行人员审理和执行知识产权民事、行政案件时有贪污受贿、徇私舞弊、枉法裁判等行为，涉嫌司法工作人员犯罪；知识产权刑事案件审查逮捕、审查起诉环节的证据审查、量刑建议等智能辅助，对犯罪嫌疑人、被告人羁押期限、羁押必要性审查以及办案期限监督；公安机关、人民法院、监狱、社区矫正机构、强制医疗执行机构等在执行生效的知识产权刑事判决、裁定、决定等法律文书过程中存在违法情形。

2. 民事检察。主要包括知识产权民事生效判决、裁定、调解书符合《民事诉讼法》第二百零七条规定的十三种再审情形，如原判决、裁定认定的基本事实缺乏证据证明、认定事实的主要证据系伪造或未经质证；知识产权民事审判程序中审判人员存在《人民检察院民事诉讼监督规则》第一百条规定的十一种违法情形，如审理案件适用审判程

---

① 参见《最高人民检察院关于全面加强新时代知识产权检察工作的意见》第四条。

序错误、违反法律规定送达；知识产权民事执行活动存在《人民检察院民事诉讼监督规则》第一百零六条规定的四种情形，如决定是否受理、执行管辖权的移转以及审查和处理执行异议、复议、申诉等执行审查活动存在违法、错误情形；知识产权民事案件损害国家利益或者社会公共利益、依照有关规定需要跟进监督或者具有重大社会影响等确有必要进行监督；虚假诉讼犯罪及涉及民事诉讼程序的诈骗类犯罪中的知识产权领域民事虚假诉讼。

3. 行政检察。主要包括知识产权行政执法行为不规范，如作出行政拘留、没收违法所得、罚款等行政处罚违反法定程序，商标、专利、植物新品种等授权确权行政程序违法；知识产权生效行政判决、裁定、调解书符合《行政诉讼法》第九十一条规定的八种再审情形，如不予立案或驳回起诉确有错误、据以作出原判决、裁定的法律文书被撤销或者变更；知识产权行政审判程序中审判人员存在《人民检察院行政诉讼监督规则》第一百零四条规定的十一种违法情形，如调解违反自愿原则或者调解协议内容违反法律、违反法定审理期限；知识产权行政案件执行活动存在《人民检察院行政诉讼监督规则》第一百零九条、第一百一十条、第一百一十一条规定的十七种违法情形，如人民法院在执行活动中违反规定采取调查、查封、扣押、冻结、评估、拍卖、变卖、保管、发还财产以及信用惩戒等执行实施措施；行政机关有违反法律规定、可能影响人民法院公正审理和执行的行为。

4. 公益诉讼检察。主要包括保护国家地理标志产品、维护粮食安全和英烈权益等《意见》第七条之内容①，负有监督管理职责的行政机关，存在《人民检察院公益诉讼办案规则》第六十八条规定的四种违法行使职权或者不作为情形，如对已作出的行政决定，有强制执行权的

① 参见《最高人民检察院关于全面加强新时代知识产权检察工作的意见》第七条。

行政机关怠于强制执行，或者没有强制执行权的怠于申请人民法院强制执行；诉前检察建议发出后，行政机关仍然存在《人民检察院公益诉讼办案规则》第八十二条规定的七种未依法履行职责情形；人民法院已经发生法律效力的公益诉讼判决、裁定确有错误，损害国家利益或者社会公共利益。

5. 社会治理。主要包括《人民检察院检察建议工作规定》第十一条规定的六种发出社会治理检察建议的情形，如涉案单位在预防违法犯罪方面制度不健全、不落实，管理不完善，存在违法犯罪隐患需要及时消除。结合知识产权大数据法律监督平台汇集各类执法司法数据以及社会舆情动态数据，智能化分析研究数据背后反映的问题、原因或者值得关注的特点、规律、趋势、影响等，为党委政府和上级机关制定知识产权保护相关政策文件提供理论依据、数据支撑，并通过检察建议书、知识产权白皮书、专项分析报告等形式向市场主体、社会公众预警，推动知识产权社会综合治理。

（三）知识产权大数据法律监督平台运行模式

知识产权大数据法律监督平台遵循一般软件系统的运行模式，数据处理流程如图 1 所示。

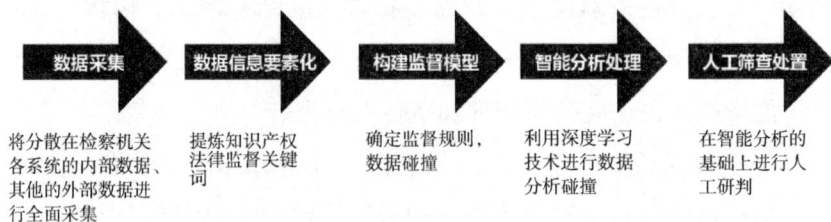

数据采集	数据信息要素化	构建监督模型	智能分析处理	人工筛查处置
将分散在检察机关各系统的内部数据、其他的外部数据进行全面采集	提炼知识产权法律监督关键词	确定监督规则，数据碰撞	利用深度学习技术进行数据分析碰撞	在智能分析的基础上进行人工研判

图 1　数据处理流程图

1. 数据采集。数据采集是大数据平台建设的首要环节，是开展数据分析处理、挖掘数据价值的基础。数据采集主要分为以下两个过程：

（1）确定数据采集范围。知识产权大数据可分为内部数据和外部数据。内部数据：一是指检察机关使用或自主研发的既往司法办案信息化平台如统一业务应用、智慧刑检辅助办案、智慧民行等系统中涉及知识产权法律监督的数据；二是指检察机关面向公众收集知识产权侵权线索的平台，如互联网门户网站线索举报平台、公益诉讼随手拍小程序等涉及的知识产权法律监督数据。这类数据资源较为标准较为统一、可靠性高，采集难度低。外部数据既包括与法院、公安机关、市场监管局等行政机关共享的业务数据，也包括新闻网站、社交平台、自媒体中涉及的知识产权法律监督数据。此类数据更新快、标准不统一、数据结构类型多样，需进行专业采集。

（2）数据采集关键技术。为实现不同来源、不同种类、不同格式的数据全面采集，需对各类数据分类进行处理：①采用 Hadooop 分布式架构存储数据，确保数据采集过程中的高可靠性、高扩展性、高效性、高容错性。②检察机关内部数据采用直接同步的方式，通过规范的接口读取目标数据库的数据。③共享数据从数据源系统内生成数据文件，通过 HDFS 文件系统同步至目标数据库里。④外部数据采集利用网络爬虫技术，设置目标 URL，抓取内容，将其存储为统一的文件数据，便于后续分析处理。

2. 数据信息要素化。数据信息要素化是对知识产权相关法律术语和可能成案的口语化表述进行人工标注，从中提炼知识产权法律监督的关键词，构建知识产权法律监督要素数据集，作为模型构建和模型训练的初始条件，这一步需要检察业务人员充分运用专业知识和办案经验，不断扩充和完善数据集。如将注册商标、统一信用代码、转受让情况、法定代表人等与知识产权法律监督相关的关键词作为数据要素，对数据进行清洗，筛选出符合条件的数据信息列表。

3. 构建算法模型。构建算法模型是指将数据要素作为原材料，使用适当的算法，自动发现知识产权法律监督线索，其关键是运用自然语言处理技术（Natural Language Processing，简称 NLP）理解数据文本内容并自动分类，即从海量数据中精确定位所需信息，使监督线索更可靠、判定结果更客观，有效提高信息检索效率并缓解信息过载的问题，这也是知识产权大数据分析平台构建和数据价值挖掘的技术基础。基于深度学习的文本分类算法通过模拟人脑神经网络机制，为文本分类提供一种端到端的解决方案，与传统采用浅层机器学习模型相比，能够避免繁杂的人工干预过程，有效提高文本分类的准确率。

目前应用较为成熟的深度学习算法模型主要有以下几类：基于前馈神经网络的模型、基于 RNN（循环神经网络）的模型、基于 CNN（卷积神经网络）的模型、混合模型。其中，卷积神经网络算法模型能够保持单词语义的完整性，更加适用于结构相对规范的裁判文书线索提取，循环神经网络模型利用其上下层的动态相关特性，在处理变长文本时性能更优，可更好建立上下文联系，更加适用于新闻、社交平台等数据线索提取。为获得更高的分类精度，技术人员综合考量各类模型的特点，将 CNN 和 RNN 结合，同时利用 CNN 和 RNN 的优点，提出一种新的算法模型，有效解决上下文语义缺失问题①。在实践中，应根据数据源特点选取适当模型，以获得最优性能。

4. 智能分析处理。智能分析处理就是聚焦知识产权法律监督工作重点，利用技术手段对发现的线索进行关联分析、数据碰撞，挖掘出更多有价值的信息，延伸知识产权法律监督触角，主要包括案件类案分析、量刑辅助、决策辅助三个方面。

（1）类案分析。类案分析是指对基本事实、争议焦点、法律适用

---

① LAI S W, XU L H, LIU K, et al. . Recurrent convolutional neural networks for text classification［C］// Proceedings of the 29th AAAI Conference on Artificial Intelligence.［S. l.］: AAAI, 2015: 2267-2273.

等方面具有相似性的案件文书进行检索、识别和推送，其关键技术是案件相似性判定。相似性判定首先需要检察业务人员构建类案规则，如将"同案不同判"视作类案，或者将"超过法定审理期限""法律文书送达违反法律规定"的一类案件认定为类案，其次依靠根据类案规则通过计算机对海量数据进行相似度计算。当前常用算法分为基于统计和基于语义的文本相似度计算。基于统计的计算方法将文本转换为向量，计算向量间的空间距离，此类方法在计算时缺少对文本的句子结构信息和语义信息的考虑，计算的结果会出现偏差；基于语义的相似度计算结果相对准确，但过度依赖于具有层次结构关系的语义词典，会耗费大量人力。近年来，各地学者开始将深度学习引入相似度计算中，如梁鸿翔等人提出一种结合网络表示学习和文本卷积网络的算法，深入挖掘不同案件中的内在联系，有效提升类案发现准确率。未来，融合多种算法的不同优点将是研究趋势，通过业务与技术深度融合，不断增强精准监督质效。

（2）量刑辅助分析。量刑辅助分析是指运用技术手段对案件信息进行分析评价，生成量刑建议参考值，辅助检察办案。具体过程：利用深度学习技术自动提取知识产权犯罪中常见罪名与定罪、量刑有关的事实、情节属性，将其抽取为量刑要素，进行类案分析，从类案判决中建立要素与量刑指导意见和相关法律条文之间的逻辑关系，生成量刑计算模型，并利用已有数据库进行模型校验和优化，不断优化计算模型，辅助检察官提出精准化的量刑建议，促进认罪认罚案件量刑工作规范开展。

（3）辅助决策分析。辅助决策是以知识产权数据库为基础，构建知识产权核心业务指标，从多个维度提供可视化、实时化态势分析和展示，及时发现社会治理相关问题，提升管理者科学决策水平。主要包括数据转换和可视化映射两个过程，数据转换是从数据到可计量数据表的转换；可视化映射是将数据表中的数据转换为坐标、比例等图形化属性的过程①。具体流程：决策者、业务人员确定核心指标库，如知识产权不同罪名数量分布、不同管辖地罪名分布、案件来源分布等；利用文本分类算法自动分析、提取不同指标数据并以数据表的形式存储；对各类数据进行统计计算并以可视化方式展示统计结果。

5. 人工筛查处置。目前，人工智能技术仍处在发展阶段，绝大多数人工智能系统在处理不确定性上尚显不足，也存在一定的可解释性风险，因此，不能将结果判定完全依赖于机器。智能分析处理只是一种辅助手段，人工筛查处置一方面可以在精简的数据中获取高密度价值信息，对最终结果作出合理判断；另一方面可以对重要线索进行深入研判，延伸监督触角。具体实践中，人工筛查处置可分成三个步骤：一是对大数据平台筛选并分析的案件进行初步审查；二是启动深入调查；三是作出审查决定。三个步骤有机结合、环环相扣，确保结果的可靠性。

（四）知识产权大数据法律监督平台基本框架

架构设计是支撑系统运行的顶层环节，如果缺乏有效的数据整体架构设计，会出现数据不可知、需求难实现、数据难共享等一系列问题。知识产权大数据法律监督平台采用分层设计思维，实现高内聚、低耦合，确保平台的高可靠性及易维护性。基本框架具体由五个层级构成，依次为基础设施层、数据资源层、数据分析层、应用功能层、用户层，如图 2 所示。

1. 基础设施层。基础设施层也称支撑层，实现对整个平台部署运行的硬件承载，主要包括服务器、网络、存储设备、信息安全基础设施等物理资源。在建设过程中充分考虑各类资源整合，依托云计算使支撑

---

① 郑娅峰，赵亚宁，白雪，等. 教育大数据可视化研究综述 [J]. 计算机科学与探索，2020（3）：403-422.

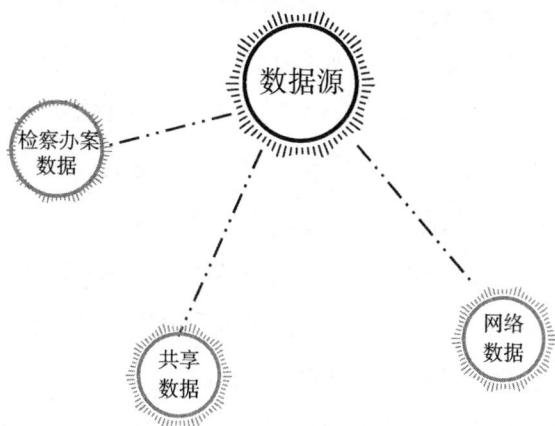

图 2　基本框架

平台虚拟化，确保资源调配、运行维护更加高效便捷。

2. 数据资源层。数据资源层以检察工作网、政务网、互联网平台各类数据为基础，使用 Hadoop 框架来实现集群存储、计算，使用 Ma-pReduce 将计算任务发布到集群中的各个节点以实现并行计算，通过对信息进行汇集、加工、整合，形成标准的数据资源池，为应用功能层提供有效的数据资源。

3. 数据分析层。数据分析层也称中间层，即搭建数据与各功能模块之间的联系，为应用层提供对应的数据分析算法模块，实现各种分析算法的并行化处理，包括数据预处理、数据挖掘、结果展示等功能。这一层是大数据平台的核心，利用深度学习算法，基于分布式调度架构，提供实时的数据检索、计算分析，深入挖掘数据价值。

4. 应用功能层。应用功能层采用微服务架构、前后端分离设计模式，提供各种业务逻辑并对各业务流程进行控制和调度。根据功能不同可分为四大模块：辅助办案、企业服务、辅助决策分析、案件移送，实现数据管理、数据分析、数据可视化展示、企业服务等功能。辅助办案模块通过构建算法模型对知识产权刑事、民事、行政、知识产权案件进行监督，为知识产权检察办案提供智能辅助；企业服务模块通过在互联网开设企业服务端口，并链接政务服务网站，提供企业注册、法律咨询、知识产权体检、举报维权一站式知识产权法律服务；辅助决策分析系统，主要通过对系统中汇集的大量案件信息进行分析碰撞，以可视化的方式展现知识产权案件发展趋势，为检察机关、党委政府制定或者调整知识产权执法司法政策，开展专项治理等提供可靠的决策支撑；知识产权集中移送系统，主要为行政执法机关、公安机关、检察机关和人民法院之间跨系统移送相关案件线索提供通道。

5. 用户层。用户层提供平台和用户之间的接口，根据不同业务需求，综合考虑交互性、实用性，定制手机端、PC端、大屏展示端、Pad客户端，最大化满足用户体验效果。知识产权大数据法律监督平台的目标用户主要包括企业、知识产权行政执法机关、公安机关、检察机关、人民法院、知识产权领域事业单位以及科研院所。

（五）知识产权大数据法律监督平台展望

1. 强化数据来源支撑，发掘高密度价值数据样本。大数据的前提是大体量的数据，而当前检察数据量整体上难以满足这一需求。在国家大数据战略的统筹下，检察机关按照党中央要求，打破数据壁垒，积极主动沟通协作，借助跨部门大数据办案平台东风，促进与行政执法机关知识产权执法数据、公安机关知识产权办案数据、人民法院知识产权审判数据的互联共通，统一汇聚至知识产权大数据法律监督平台，通过数据交换推动信息共享，实现知识产权执法司法协同。

2. 坚持应用需求导向，推动大数据与检察业务深度融合。推进"大数据+检察"，应当以需求为主导，深度融合大数据与检察工作①。

---

① 姜昕，刘品新，翁跃强，等. 检察大数据赋能法律监督三人谈 [J]. 人民检察，2022（5）：37-44.

要转变把手工的材料转变成计算机的数据、把线下的数据复制搬到线上的数据应用模式，根据具体监督事项的需要，统筹调配检察业务和技术部门人员组成数字化办案单元，通过数据碰撞、数据画像、数据挖掘、数据穿透探索构建知识产权大数据法律监督应用模型，实现大数据法律监督从浅表化应用向深度融合嬗变。

3. 夯实数据安全保障能力，筑牢数据安全防线。数据安全是大数据战略的首要底线。知识产权大数据法律监督平台跨部门数据采集过程中，要通过制定统一的数据交换标准、建立数据资源目录、构建专项数据库，保证数据交换安全通畅快捷。对于不同层级的管理人员和不同类别的用户，分层分级赋予数据权限，防止数据被超范围或无授权使用。进一步规范数据管理、交换、共享、运用的主体责任以及责任主体转移、数据再加工后的责任界定，构建权责明晰的数据安全防护责任体系①。

---

① 庞伟华. 深化大数据运用提供更优质检察产品［N］. 检察日报，2022-05-07.

强国战略视域下知识产权综合体
建设的审视和展望

——以司法与行政保护为重点的思考

浙江省宁波市中级人民法院课题组[*]

　　党的十八大以来，习近平总书记围绕知识产权保护工作提出一系列重要论述，阐明了新时代建设知识产权强国的战略目标、具体任务和实施路径，指出要建立高效的知识产权综合管理体制，打通知识产权创造、运用、保护、管理、服务全链条，推动形成权界清晰、分工合理、权责一致、运转高效的体制机制[①]。党的二十大报告更是明确强调，要坚持创新在我国现代化建设全局中的核心地位，加快实施创新驱动发展战略，开辟发展新领域新赛道，不断塑造发展新动能新优势。而面临着加强知识产权保护、优化法治营商环境等层出不穷的创新与挑战，如何依托宁波市知识产权大厦正式投入启用的契机，在法院、公安、检察、市场监管、版权、司法、仲裁等多个部门合署办公的大背景下，优化知识产权资源配置，提升当事人的满意度和获得感；如何完善知识产权保护体系、优化知识产权保护模式、拓展知识产权保护格局，促进知识经

---

　　[*] 课题组成员：浙江省宁波市中级人民法院党组书记、院长陈志君，党组成员、副院长邹立群，知识产权庭庭长陈晴，员额法官孙建英、洪婧。
　　[①] 何志敏.努力开拓知识产权公共服务新局面［J］.知识产权，2021（6）：3-5.

济健康有序发展，正成为当下所面临的重要课题。

一、构建知识产权综合体的实践样本及意义证成

知识产权保护是一项复杂的系统工程。以往，分散的知识产权公共服务体系与企业对知识产权一体化服务的需求存在脱节现象，企业不得不将一件事分成多件事来办，往返于多个政府部门，但问题未必能够得到解决，生产经营成本却大为增加。与此同时，针对新涌现的知识产权问题，由于涉及部门众多，存在协调不畅、进展缓慢及管理空白等问题，知识产权集成运用效果难以充分彰显，知识产权综合保护体系建设尚待积极探索①。

（一）构建知识产权综合体的实践样本

2016 年，宁波市中级人民法院与宁波市知识产权局、司法局、市场监督管理局、宁波海关等单位合作共建"宁波市知识产权综合运用和保护第三方平台"，率先构建多部门协同联动的多元化知识产权纠纷解决机制。2017 年，宁波知识产权法庭正式成立，跨区域管辖知识产权纠纷。伴随着一系列重要工作的开展，宁波亦相继被赋予国家知识产权示范城市、国家知识产权纠纷调解试点城市、国家知识产权区域布局试点城市、浙东南国家自主创新示范区、国家知识产权运用服务试点城市等称号。而作为制造业大市、对外贸易大市，同时也是科技创新大市，保护知识产权已然成为宁波优化营商环境，全方位构筑制造业发展新优势，高水平建设全球智造创新之都的迫切需求；共同营造保护知识产权、激发创新热情、厚植创业土壤的良好氛围，也已成为大势所趋。

2022 年，宁波市知识产权综合体整合全市知识产权发展资源，建成市知识产权大厦。楼宇建设按功能区域划分如下：第一层为知识产权

---

① 吴汉东. 我为知识产权事业鼓与呼 [M]. 北京：中国人民大学出版社，2020：597.

综合服务大厅、文化宣传培训基地、公安及检察机关办公区域等；第二层和第三层引进国内外优秀代理服务机构和资产评估机构，为各类公益服务和中介服务机构提供社会化服务的集中办公区，用于开展知识产权代理服务、法律服务、公证服务、资产评估服务、成果转化服务、质押融资服务等；第四层入驻中国（宁波）知识产权保护中心、国家海外知识产权纠纷应对指导中心宁波分中心；第五层入驻宁波知识产权法庭。同时，综合体内部的知识产权大数据展示平台、文化宣传廊、品牌指导服务站一站式宣教中心等功能区域亦应有尽有。另外，综合体还建立有完备的"一站式"业务咨询、导航等服务，承担了知识产权学术交流、文化宣传、人才培养等职能，并积极组织开展区域知识产权战略规划分析、产业分析及布局引导等研究工作。就其中特色最为鲜明的诉讼服务而言，线下配备有立案窗口、审判庭、调解室等，可实现全流程一体化诉讼；每年"4·26"召开知识产权宣传周新闻发布会、定期举办天一论坛、编印纸质版知识产权维权手册等，可保障全方位重点化宣传；线上则设置有办案办公系统（办案流程操作、电子卷宗存储等）、数字法庭（存储开庭录音录像）、浙江移动微法院（可实现跨域立案、远程庭审、线上调解等）、鄞州知产小管家 App（可实现线上调解等），以及钉钉线上活动等，可实现全链条无缝化衔接。

（二）构建知识产权综合体的意义证成

近年来，多数学者从分散管理的低效率性、缺乏协调和预警机制、法律法规不完善、行政监管执法不严等角度，论证完善知识产权综合体建设的必要性与合理性①。事实上，构建知识产权综合体，既是在行动上响应党和国家号召、再接再厉的奋发之举，也是在理论上深化创新驱

---

① 冯晓青，韩萍．知识产权综合管理改革的法治意义［J］. 人民法治，2018（4）：64-69.

动发展战略、精益求精的探索思考，更是在制度上贯彻落实科技创新法治理念、提供优质司法服务与保障的部署实践。

一是落实中央决策部署的重要举措。2020 年 11 月 30 日，中共中央政治局就加强我国知识产权保护工作举行第二十五次集体性学习。习近平总书记在主持学习时强调："要强化民事司法保护，研究制定符合知识产权案件规律的诉讼规范。要提高知识产权审判质量和效率，提升公信力。要加大行政执法力度，对群众反映强烈、社会舆论关注、侵权假冒多发的重点领域和区域，要重拳出击、整治到底、震慑到位。"习近平总书记还指出："要强化知识产权全链条保护。要打通知识产权创造、运用、保护、管理、服务全链条，健全知识产权综合管理体制，增强系统保护能力。要加强知识产权信息化、智能化基础设施建设，推动知识产权保护线上线下融合发展。"建设知识产权综合体，恰能充分发挥宁波作为全国第一批知识产权运营服务体系建设城市的优势，大力支撑以甬江科创大走廊为核心的创新体系建设，推动高新技术产业的快速发展；以该知识产权综合体为依托，还能吸引具有实力的国内外知识产权代理和中介机构入驻，形成一定规模的知识产权服务行业，打造知识产权人才的孵化器和输出地，为宁波加快建设高水平创新型城市实施"栽树工程"。

二是助力经济社会发展的硬核引擎。伴随着新一轮科技革命和产业革命的快速发展和广泛应用，知识产权的无形性、虚拟化特征更加显著，侵权形态更为隐蔽，侵权形式不断翻新，给其合法性判断带来一定困难。与此同时，随着经济社会的快速发展、公众维权意识的普遍提高，涌入法院的知识产权案件数量呈爆发式增长，案多人少矛盾进一步凸显，亟待构建知识产权综合体，有效缓解司法资源不足的现状。尤其是近年来，知识产权纠纷呈现出主体多样、原因各异、事实复杂程度不一、法律性质迥异等特点，当事人解决纠纷的效率、目的、成本要求各不相同，单一的诉讼渠道已不能满足多元化的需求。此外，在知识产权纠纷中，过分侧重以国家强制力为后盾的诉讼机制，可能会加剧社会关系的对抗性。构建知识产权综合体，恰恰有助于弥补法律规则的空白、疏漏和滞后等带来的弊端，并有效满足当事人解决纠纷的共性需要，合理提升纠纷解决的质量及效果，实现多种救济方式的良性互补与互动。

三是完善知识产权事业的必由之路。知识产权是在知识形态资源之上所设置的私人产权，更是服务于公共政策目标的制度工具。基于知识、技术、信息资源而产生且作为公共政策组成部分的知识产权制度，在现代社会中已然形成一个有机的法律体系。尤其是当下我国正处于从"经济大国"向"经济强国"过渡，从"科技大国"向"科技强国"转变，从"知识产权大国"向"知识产权强国"跨越的关键时期，科学之治、文明之治、法律之治，构成了知识产权现代化治理的基本要求。构建与创新驱动发展要求相匹配，与强化政府公共服务职能相一致的知识产权综合体，是建构知识产权制度文明的必然选择，也是推进国家治理现代化的重大举措①。

四是融贯线上线下治理的客观需求。实践中，知识产权保护工作涉及法院、公安、检察、科技、经信等10余个部门，存在着横向涉及部门多、业务条块分割、管理层级壁垒多等堵点，亟须构建多系统集成、跨部门协同的业务工作机制。与此同时，知识产权领域的相关数据不仅涉及专利、商标、版权、集成电路、植物新品种、地理标志等专业细分门类，还涉及科技、经信、统计等部门的企业信息、科技研发数据、产业发展数据等，各类数据字段复杂、融合无标准，亟须强化机制融合运用，共促产业创新发展。以"市知识产权公共服务平台"为依托，以

---

① 吴汉东. 论知识产权一体化的国家治理体系：关于立法模式、管理体制与司法体系的研究 [J]. 知识产权，2017 (6)：7-12.

综合体建设为保障，打造"线上+线下"双平台，能够为知识产权保护工作提供强力支撑，推动形成多元保护有机结合，"云端服务"与"实体运作"联动融合的良好格局。

二、司法与行政双重视角下知识产权综合体建设的问题及成因分析

纵观知识产权综合体全链条建设中的各项环节，司法与行政保护特点较为突出鲜明，本文亦从中撷取两项环节进行深入阐述。然两者均有各自的政策制度，角度各不相同，目标有所差异，相互衔接不够，亟须建立统筹协调体系。

（一）检视现状

《国务院关于新形势下加快知识产权强国建设的若干意见》提出："推动知识产权保护法治化，发挥司法保护的主导作用，完善行政执法和司法保护两条途径优势互补、有机衔接的知识产权保护模式。"习近平总书记亦在主持中共中央政治局集体学习时指出："要促进知识产权行政执法标准和司法裁判标准统一，完善行政执法和司法衔接机制。"然而，在司法与行政的双重视角下检视当前现状，仍然存在一些问题。

一是司法保护的全面性还不够充分。司法保护在规则引领方面具备先天优势。"作为一种稳定长效的机制，司法保护不仅能够解决纠纷，还能够基于裁判文书的公开性和说理性，明确法律标准，阐明法律界限，从而既能规范当事人和社会公众的行为，又能切实提高知识产权保护的可预期性。"然而，受制于案多人少的矛盾现状，司法裁判在规则引领方面的作用意义树立不够，司法保护知识产权的主导作用仍有待进一步强化。

二是行政保护机制仍需完善。近年来，我国知识产权事业取得突飞猛进的发展，符合国家知识产权战略发展需求，但知识产权行政管理和执法体制改革的步伐却稍显滞后，导致知识产权保护实际效果与需求不相匹配，难以形成长期有序的创新激励机制，不利于创新驱动发展战略更深层次的推进和实施①。尤其是知识产权综合行政管理和执法机构众多，执法权限不一，标准亦不够完善，给当事人维权带来诸多不便。

三是司法行政保护标准衔接不畅。一方面是认定侵权事实不一致。如在一起商标侵权案件中，市场监管部门认定被处罚人仅构成销售侵权商品的行为，权利人针对被处罚人提起民事诉讼后，法院通过查询制造厂家的工商登记、比对销售订单和生产厂家联系电话、实地查看当事人办厂能力等方式，认定其还实施了制造侵权商品的行为，属于未经商标权人许可使用其注册商标。另一方面是判定侵权标准不统一。例如，对于商标近似的判断，行政裁决往往根据音形义等自然标准进行比对，司法裁判则常结合商标知名度、显著性、使用情况等因素综合考量。

（二）成因剖析

知识产权保护具有链条式特点，需统筹完善保护协调机制、加快构建优势互补、有机衔接的保护模式，形成协调、顺畅、高效的知识产权保护顶层设计。而从保护模式、保护特质及保护标准的视角出发，亦不难窥见现存问题的背后成因。

一是保护模式优势各异。我国采用"双轨制"的知识产权保护模式，司法与行政保护两条途径并行不悖、相融互补。司法保护具有终局性、被动性的特质，行政权则相对主动、灵活，两者相互制约、相互联系、相辅相成，共同发挥化解社会矛盾的公共职能②。申言之，行政权倾向于积极主动地干预社会生活，且具备因时因地制宜的适度灵活性，

---

① 姜芳蕊，龙艳，彭培根．基于深化机构改革背景下的湖南省知识产权综合管理改革探索［J］．邵阳学院学报（社会科学版），2018（12）：49-54.

② 万里鹏．专利行政执法与司法保护衔接的三个面向［J］．河北法学，2019（10）：137-146.

司法权则以被动、中立、"不告不理"为特质，具体政策、态度标准、体制机制等更为稳定连贯。

二是保护特质各有利弊。行政行为具有效力上的先定性，追求效率优先及实质结果；司法权则强调程序正义，侧重追求公平价值，并通过行使裁判权的司法机关对行政行为的效力进行审查，践行司法权的终局性效力。事实上，司法权的固有特质及局限使其无从包揽所有的纠纷，而社会矛盾亦具有多样性，并不适宜全部通过司法途径纾解。同时相较于普通民事纠纷，知识产权诉讼的事实认定与法律适用较为复杂，还存在着"成本高、举证难、周期长、赔偿低"等困境。当事人打官司，往往需支出高费用、耗费长时间，即便最终胜诉，也可能出现"赢了官司丢了市场"的尴尬局面。相较而言，行政案件受理门槛低，维权及举证难度小，保护方式更为快捷高效，但也存在处罚力度不足、缺乏有效程序保障，以及权利人无法通过行政保护获得赔偿等弊端。

三是保护标准并不一致。一方面，行政处罚的证据来源于积极、主动的执法过程，证明标准需达到"事实清楚"的程度；民事诉讼的证据由地位平等的双方当事人提交，证明标准为"高度盖然性"，同时亦更加注重对证据的全面审查。而当事人向行政机关举报和向法院起诉的时间并不相同，在此期间被告的主观状态可能发生转化，侵权事实可能更加隐蔽，侵权程度可能持续加深，由此导致认定的事实存在差异。另一方面，行政处罚的实施强调效率，执法过程容易出现标准化、机械化倾向；相较而言，民事诉讼的考量因素更为全面，判定标准更为弹性，利益平衡也更加多元。

三、多重视域下完善知识产权综合体的思考和建议

完善知识产权综合体建设，既离不开司法保护主导作用的发挥和行政保护机制的完善，也离不开顶层设计的积极统筹与具体机制的精准推

进，更离不开市场主体创新意识的培养，知识产权强国建设的谋划及创新驱动发展战略的发展。

（一）司法保护层面

针对知识产权侵权纠纷易发多发，知识产权维权成本高、维权周期长、新业态新领域知识产权保护模式不完善等问题，可以从以下几方面予以化解。

一是进一步发挥司法主导作用。司法是知识产权得到有效保护的最后一道防线，也是震慑侵权行为、彰显法治权威的要义所在。但"主导作用"并不意味着将所有的知识产权纠纷一股脑地纳入司法程序。故此，需持续强化以案件审理为核心的重点举措，坚持因案制宜，通过积极、稳妥地处理专利、商标、著作权、垄断及不正当竞争等各类型知识产权纠纷，提供更加专业、高效、便捷的司法保障。既要注重对权利人合法权益的充分保障，还应兼顾判决裁量标准与行政机关执法尺度的衔接。在此基础上，大力发挥司法保护知识产权在规则制定、价值导向、市场引领等方面的主导作用，切实完善工作机制，稳妥推进"三合一"，进一步凝聚司法智慧，努力服务区域经济。

二是进一步深化司法救济机制。在充分弥补权利人因被侵权而遭受的损失基础上，探索运用经济分析方式，通过综合研判侵权行为人的主观过错、侵权行为类型、持续时间、地域范围、侵权后果等因素实施惩罚性赔偿，进一步提高侵权人的侵权代价。

三是进一步完善司法证据规则。以知识产权诉讼证据规则为指引，建立以诚信原则为导向、激励当事人积极提供证据的诉讼机制，切实减轻权利人的维权取证困难。同时，充分发挥法院调查取证职权，采取证据保全、诉前禁令等方式，及时遏制侵权行为，有效化解知识产权案件证明难的困境。

（二）行政保护层面

知识产权领域涉及的行政法规多、管理部门多、业务系统多，集成度不高，协同性有待加强，需要优化行政保护开展重塑。

一是强化知识产权行政保护职责。在以司法为主导的知识产权保护体系框架内，推进专利、商标、版权等知识产权综合行政执法，集中处理多种知识产权交叉的纠纷案件。与此同时，明确各级执法部门的工作职责和工作重点，并在此基础上深化知识产权行政执法能力建设。

二是完善知识产权行政保护机制。积极破解知识产权行政执法的体制机制障碍，加强纠纷的行政调处及执法力量，创新知识产权行政执法模式，进一步提升数字化执法水平，丰富执法手段与措施。统筹建立统一的知识产权行政执法标准、证据及程序规则、案例指导制度，完善知识产权行政执法与司法保护的规范与协调①。进一步实现行政调处与行政执法的专业化，切实提升行政保护效率。

三是加大知识产权行政保护力度。通过媒体平台公布典型案例，结合行政约谈深化法治宣传，并利用好"3·15""4·26"等契机，普及知识产权法律知识；同时设立有奖举报制度等深化激励，提升权利人维权水平与公众法治意识，以便及时发现、查处并制止违法行为。在接到举报线索后，行政机关不仅需要及时制止侵权行为，还需要及时保全和固定侵权证据，做好移送司法机关的准备，不能简单以罚了事。对于重复和恶意侵权的情形，还应加重处罚。

（三）协同保护层面

针对当下知识产权各职能部门监管信息不互通共享，跨部门、跨层级、跨系统协同不足等问题，可以从以下几方面加以完善。

一是拓宽横向联动，形成保护合力。在既有成熟经验做法的基础

---

① 董涛. 国家治理现代化下的知识产权行政执法［J］. 中国法学，2022（5）：79-80.

上，更充分地发挥技术调查官作用，扩大知识产权纠纷的技术支持覆盖面，通过人才资源共享，优化技术事实查明机制，协助解决知识产权案件中的专门性、技术性问题，提升技术事实认定的中立性、客观性和科学性，推动案件办理更加客观、公正、高效。进一步强化知识产权行政执法与司法保护的深度协作，通过签署专利案件司法行政处理对接工作备忘录等形式，落实证据固定、实物移交等具体事项。还可依托综合体进一步拓宽思路，在行政机关调处知识产权行政纠纷过程中，构建相应的民事调解司法确认机制，切实完善行政程序与司法程序的有序衔接。

二是深化纵向治理，促进齐抓共管。构建统一的知识产权纠纷调处服务信息平台，负责纠纷信息的收集、分析和协调，在自愿的基础上，指引当事人选择合适的解纷途径，提高应对和处置纠纷的主动性。共建诉调对接机制，进一步促进知识产权纠纷多元快速解决，实现司法与行政横向联动，找准企业维权的痛点难点纾困解难，为营造良好营商环境提供坚实有力保障。进一步完善多部门协调的联合查办工作机制，加强知识产权行政管理部门、行政执法机构、互联网管理机构等的联动，坚持以问题为导向，整合执法资源，发挥职能作用形成保护合力，精准打击违法行为，有效提升执法办案成效，形成多机构参与、齐抓共治的良好执法格局。

三是整合保护格局，提升整体效能。有效借助知识产权保护联盟平台，积极利用政府、企业、高校和科研机构等各方资源，进一步加强联盟成员间的相互沟通与合作，建立知识产权保护信息共享机制，形成合力，高效便捷协调解决内部知识产权纠纷。同时，积极完善民事、刑事、行政"三合一"的知识产权大保护格局。在权利要求解释方面，努力实现专利无效行政程序与民事侵权程序的一致性。探索尝试先行部分判决，如案件中有关侵权与否的事实已经查明，可对侵权判定问题先行作出部分判决，允许当事人对此单独提出上诉。既有利于节约司法资源，也有助于当事人达成和解。还可充分调动社会各界积极性，如党政干部、法学教研人员、律师、专利代理人、公证员、退休的法律实务工作者、技术研发人员等，均可纳入职业共同体的范畴一并调处化解纠纷，切实优化资源配置，提高知识产权保护的整体效能。

（四）综合保障层面

知识产权制度设计的初衷，便是赋予发明创造者一定期限的独占权，鼓励其将智力成果公开，促进知识产权信息的创造、传播、扩散，让社会公众从中获益，促进人类文明繁荣进步[①]。故此，知识产权与公共利益具有天然的密切关联。完善知识产权综合体建设，亦应从公共利益这一核心处着眼。

一是构建知识产权综合管理体系。按照精简、统一、效能的原则，组建统一的知识产权综合管理体系，在综合管理体系下，应以推动知识产权运用、营造知识产权环境为重点，统筹协调各项知识产权事宜，逐渐实现从"管理"向"治理"的转变[②]。积极整合知识产权创造、运用、保护、管理、服务的全链条资源，以及司法保护、行政保护、协同保护、社会共治等工作机制；充分完善综合体既有的"业务协同机制"与"运行管理机制"，实现各职能部门的业务信息流转共享，确保知识产权事项"最多跑一地"。

二是提升知识产权公共服务水平。公共服务应当以人民群众的诉求和感受为评价标准[③]。可通过合理布局服务窗口，着力发挥知识产权公共服务集聚区的功能，实现服务资源的高效配置。还可通过发挥注册登

① 李洁. 知识产权公益服务与商业服务的界限，知识产权服务与科技经济发展［M］. 北京：知识产权出版社，2010：27-28.
② 宋世明，张鹏，葛赋斌. 中国知识产权体制演进与改革方向研究［J］. 中国行政管理，2016（9）：34-40.
③ 何志敏. 努力开拓知识产权公共服务新局面［J］. 知识产权，2021（6）：3-5.

记、优化服务、运用保护等职能作用，深化"全类别、一站式、一体化"综合服务，做到让群众"只进一扇门""最多跑一次"，全面提升公共服务的便利化水平。

三是完善知识产权信息共享机制。积极建设特色化、专业化、区域化的知识产权专题数据库和公共服务平台，解决相应数据资源与信息服务碎片化、分散化的问题，为知识产权综合保护水平的提升提速赋能。同时，依托知识产权数据平台的汇集中枢和传输枢纽作用，促进数据共享、业务协同，推动知识产权高质量发展，更好地服务经济社会发展①。

四、结　语

"知识产权现代化治理体系的构建，就是一场以制度创新推动知识创新、以法治建设保障创新发展的伟大社会实践。这是时代的选择，也是中国的选择。"② 以高价值知识产权引领高质量发展为主线，以实现创新价值为导向，以促进产业发展为根本，切实发挥知识产权综合体集聚效应，既是变革过程，也是目标实现，更是贯彻习近平总书记重要讲话精神、落实社会主义法治理念的应有之义。而知识产权作为法治社会的重要基石之一，其重要意义仍有待更充分彰显，潜藏在知识产权这座大厦下的富矿亦有待更多挖掘。希冀立足于宁波知识产权综合体建设的思考能够抛砖引玉，以丰富的浙江实践推动制度的进阶跃迁，同时也能够为知识产权强国建设贡献更多创新智慧与硬核力量。

---

① 何志敏. 努力开拓知识产权公共服务新局面 [J]. 知识产权，2021 (6)：3-5.

② 吴汉东. 论知识产权一体化的国家治理体系：关于立法模式、管理体制与司法体系的研究 [J]. 知识产权，2017 (6)：7-12.

数字经济时代知识产权在线仲裁 机制的不足与完善

贺智杰[*]

一、引 言

科学技术对经济社会的发展具有毋庸置疑的推动作用，而知识产权作为保护广大科研工作者智慧成果的有效载体，对鼓励科技创新具有重大作用。在当今社会，知识产权纠纷大量出现，但因人民法院普遍存在案多人少的尴尬情形，"有困难，找法院"这一口号往往不能让知识产权纠纷双方得到满足。因此，寻找知识产权纠纷诉讼的解决方式成为当下的重要探讨方向。

与此同时，国家对知识产权纠纷的解决也越发重视。2018 年，国家知识产权局在《关于开展知识产权仲裁调解机构能力建设工作的通知》中强调，要大力建设知识产权仲裁调解机构，完善知识产权纠纷多元化解机制。2019 年，国务院发布的《关于强化知识产权保护的意见》中指出，对知识产权仲裁的相关制度，要推动研究工作进行。由此可见，仲裁在我国知识产权纠纷化解中，具有重要作用。

---

[*] 作者简介：贺智杰，1998 年 2 月生，辽宁师范大学民商法学硕士生。

在数字经济时代，知识产权在线仲裁制度应运而生。2009年，中国国际经济贸易仲裁委员会制定了国内第一部《网上仲裁规则》，对在线仲裁程序进行了一些规定。2015年，广州仲裁委发起网上仲裁平台，同时制定《网络仲裁规则》，并在之后建立了中国互联网仲裁联盟。2016年，青岛仲裁委组建了国内首家互联网仲裁院。2020年，中国国际经济贸易仲裁委上线了网上仲裁立案程序。在线仲裁的实践，为知识产权纠纷的有效解决拓宽了路径。本文将围绕知识产权在线仲裁，对有关问题展开探讨。

二、数字经济时代知识产权纠纷的特点

知识产权纠纷，指不同主体相互间因某一知识产权利益的争夺而产生的冲突。与公权力不同的是，知识产权是法律赋予民事主体的一种私权，任何民事主体都可以以特定途径取得这一权利①。进入数字经济时代后，知识产权纠纷出现了如下特点。

（一）大量纠纷发生于互联网领域

伴随着网络时代的到来，知识产权的"数字化"趋势不断加快，网络知识产权在当下成为知识产权主要的表现形式。与此同时，传统知识产权在网络时代披上了浓厚的时代技术特征，并获得了"网络知识产权"名号，即由数字网络引起或和其有关的各类知识产权②。而在互联网领域发生的大量纠纷中，商标权、著作权和专利权与之都有关联。首先，在商标权纠纷中，由于网络购物新模式和互联网金融的出现，部分经营者为在新平台中获取不正当利益，采取抢注商标、盗用商标等方式不正当参与市场竞争，造成其他企业商誉的贬损。其次，在著作权领

---

① 熊琦. 知识产权法与民法的体系定位 [J]. 武汉大学学报，2019（2）：1-8.
② 宗艳霞. 网络知识产权行政法保护制度面临的冲击与应对 [J]. 河南财经政法大学学报，2017，32（1）：66-74.

域，侵犯著作权主要方式包括盗用网页数据、复制网页内容、盗取网络链接和非法采集网页信息等；著作权侵权行为人的此类行为不仅对用户隐私安全带来严重威胁，更对网络资源开发者及网络文化创造者的利益造成损害①。最后，在专利技术领域，因有关部门对互联网专利权保护缺乏关注，致使部分地区的专利授权及申请审批中，出现了错误审批或错误授权的现象，更有部分率先接触互联网的人员，通过互联网抄袭境外发明者的专利产品设计，随后在国内申请专利，由此产生一系列荒诞事件②。

（二）跨地域性、跨国性纠纷增多

在数字经济时代，由于网络技术的发达和全球经济一体化的推进，距离的阻碍不再成为人们交往的鸿沟，但同时也为侵权行为人侵害他人知识产权创造了便利条件，由此大量引发侵权行为人与侵权受害人不在同一地点的情形。在知识产权纠纷中，因网络侵权具有特殊性，往往存在网络信号不稳定和接收对象不特定等情形，由此导致侵权行为实施地与侵权结果发生地不一致的情形；当跨地域乃至跨国纠纷选择以诉讼方式解决时，当事人需要适用《民事诉讼法》有关地域管辖的规定，这将极大增加侵权受害人维权的时间成本和金钱成本③。

（三）妥协性特点进一步加强

由于知识产权纠纷涉及的利益保护在时间上具有紧迫性，超过特定期限后，将导致知识产权利益和市场份额的丧失，部分权利人基于这一原因，愿意以让渡部分知识产权利益的方式换取纠纷的更快速解决，以

---

① 孙群. 网络知识产权的行政法保护研究 [J]. 盐城工学院学报（社会科学版），2021, 34（5）：27-30.
② 金勇. 网络知识产权反侵权路漫漫 [N]. 上海法治报，2021-04-27（B01）.
③ 刘俊杉. 从可望走向可及：知识产权互联网仲裁的机制优势、现实阻碍与因应 [J]. 商事仲裁与调解，2022（4）：90-110.

此获得更多的市场占有率、更大的品牌影响力等现实利益①。同时，在互联网技术飞速发展的当下，知识产权纠纷的迟延解决，会导致权利人面临的负面影响随着网络数据得到更迅速传播，进而给权利人造成更大的损失。上述现状就要求诉讼程序应当在保证审判质量的前提下，对知识产权纠纷案件快审快判。尽管在诉讼程序中存在小额诉讼程序、简易程序等快速解决纠纷的方式，但面对当前快速增加的众多迫切解决纠纷的知识产权案件，仍然不能满足权利人的现实需要。

三、知识产权纠纷在线仲裁的优势

（一）具有独特的经济性优势

在线仲裁可以使纠纷当事人在足不出户的情形下，只需要一台电子设备就能参与仲裁活动的进行，从案件的受理、审理直至仲裁的执行都无须离开家门，并且案件的审限非常短，这一模式与传统仲裁方式相比，有着天然的便捷性优势②。在知识产权纠纷中，因争议各方分处不同地域，甚至分处不同国家，采取传统的线下开庭、线下仲裁等争议解决方式，将使权利人耗费更多的时间和金钱，极大增加争议解决成本；同时还面临着因举证质证审理期限和上诉等烦琐程序导致的争议迟延解决带来的如商誉的贬损、市场份额的减少和知识产权利益丧失等不利风险。采取知识产权在线仲裁方式解决争议，与传统仲裁方式相比，不仅能使权利人快速解决争端以获取更多利益，还可以极大地降低争议解决时间成本和经济成本③，使权利人更好地维护自身权益。

---

① 刘敏. 知识产权纠纷仲裁法律问题研究 [D]. 镇江：江苏大学，2020.
② 郑世保. 论我国在线解决纠纷机制的完善 [J]. 中国社会科学院研究生院学报，2017（4）：126-136.
③ 李虎. 网上仲裁法律问题研究 [D]. 北京：中国政法大学，2004.

(二) 数字化特征更加明显

在知识产权纠纷中，大量争议涉及电子证据。如在互联网领域的著作权纠纷中，与盗用网页数据、复制网页内容、盗取网络链接和非法采集网页信息等争议相关的证据多为存储于云盘、U 盘等介质中的电子证据，并以数据形式进行传输和发送。和传统证据相比，数字空间性和虚拟空间性是电子证据的重要特点。并且，因传统证据位于物理空间，是处理案件的人能进入的有形空间；电子证据位于由 0 和 1 这些数字符组成的虚拟空间或数字空间，是处理案件的人无法直接进入的无形空间①。在线仲裁将互联网作为解决争议的场所，把争议解决程序从以往当事人选择的物理空间搬到了虚拟空间内②。知识产权纠纷采取在线仲裁方式处理争端，能够使电子证据的特性和在线仲裁的特征完美地融合在一起，避免现实世界中的诸多烦琐流程，达到 1+1>2 的效果，使权利人维权更加便捷，避免将知识产权纠纷拖得过久，进而损害权利人合法权益。

(三) 与人工智能等现代技术结合更紧密

将人工智能、大数据、互联网等现代科学技术运用在仲裁机制中，能够更好地对仲裁资源进行智能调配，在纠纷解决过程中加入智能管控机制，并对纠纷解决结果进行智能分析，最终使仲裁全过程知识化、自动化和智能化③。在传统的知识产权仲裁过程中，仲裁人员的个人知识储备、仲裁技能等会深刻影响仲裁结果的走向。当仲裁人员面对新问题和新情况时，如果没有相应的经验积累进行应对，往往会影响仲裁过程

---

① 刘品新. 电子证据的基础理论 [J]. 国家检察官学院学报，2017，25 (1)：151-159.

② 李虎. 网上仲裁法律问题研究 [D]. 北京：中国政法大学，2004.

③ 魏静雅. 论人工智能在多元纠纷解决机制中的应用 [J]. 安徽电气工程职业技术学院学报，2019，24 (4)：64-68.

和结果，使知识产权权利人的利益受损。在数字经济时代，将人工智能等现代科技产物与知识产权仲裁进行结合，将很好地弥补传统仲裁的短板，使仲裁案件当事人更能接受仲裁结果。数字经济时代不仅使社会矛盾出现新变化，社会成员间的纠纷也呈现出多元属性，这不仅包括纠纷事件的多元化，还有民众利益诉求的多元化，数字经济时代的新变化不仅要求我们积极主动地适应新变化，还要解放思想，及时转变传统的纠纷化解思路，充分利用信息平台和人工智能技术，使包括知识产权仲裁在内的多元纠纷解决融入数字化变革内，使仲裁结果更让人信服①，促使知识产权纠纷高效解决。

四、知识产权在线仲裁存在的问题

（一）知识产权纠纷是否具有可仲裁性具有争议

知识产权纠纷能否仲裁，在当前仍然是一个争议较大的问题。反对知识产权纠纷具有可仲裁性的学者认为，一方面，因知识产权涉及社会公共利益，将知识产权纠纷交由仲裁庭进行仲裁，事实上相当于将社会公共利益置于仲裁员可能会作出的仲裁"独断"风险下②，即知识产权有效性问题不应由准司法性质的仲裁方式处理③。国家从保护社会公共利益的角度出发，以不可仲裁事项的形式肯定部分公共政策的存在具有必然性④。另一方面，因行政机关往往对知识产权权利效力保留最终决定权，部分国家以法律的形式否定知识产权效力争议具有可仲裁性。以阿根廷为例，《阿根廷民事诉讼法典》规定，工业产权有效性争议及反

---

① 黄磊.多元纠纷解决的数字化变革［J］.检察风云，2022（14）：15-17.
② 肖志远.中国知识产权纠纷可仲裁性的理论与实证考察［J］.商事仲裁，2013，10（0）：1-21.
③ 王莹.知识产权仲裁研究［D］.北京：对外经济贸易大学，2003.
④ 仝宁.浅论知识产权纠纷的可仲裁性［J］.芜湖职业技术学院学报，2006（2）：42-45.

托拉斯案件不能交由仲裁机构仲裁。此外，一些国家为确保其所授予的知识产权权利符合法律规定的标准，其行政机关便保留知识产权纠纷的最终决定权。若将知识产权纠纷排除在仲裁管辖以外，将导致其同样不能适用知识产权在线仲裁。

（二）仲裁保全流程较为烦琐

我国《仲裁法》第二十八条规定："一方当事人因另一当事人的行为或其他原因，可能使裁决不能执行或者难以执行的，可以申请财产保全。当事人申请财产保全的，仲裁委员会应当将当事人的申请依照民事诉讼法的有关规定提交人民法院。"根据这一规定可知以下两点：第一，当事人无权直接向人民法院递交材料申请财产保全；第二，知识产权纠纷案件中，仲裁机构在纠纷当事人与人民法院中承担的是"材料中转站"的角色，仲裁机构无权对当事人申请保全的材料进行实质审查，也没有作出是否准予保全裁定的权利①。在数字经济时代，知识产权纠纷案件中大量涉及网络数据、电子版权等标的，其财产转移较之传统实物更加迅速，因而知识产权纠纷案件的财产保全更加具有紧迫性。但我国现行法律的规定对仲裁财产保全的规定流程较为烦琐，这一规定不仅不利于制止侵权行为人的知识产权侵权行为，避免侵权损害结果的进一步扩大，还会影响知识产权纠纷当事人优先选择仲裁作为纠纷解决方式，不利于仲裁制度的长远发展②。同时，在知识产权纠纷仲裁案件中，仲裁员是经过当事人双方共同选择后确定的，其更受当事人信任，且较之法官对相关案件更加熟悉，对涉及案件的相关技术知识更加丰富，将仲裁保全的权利交给法院未必是最优选择。

---

① 刘加良 . 论仲裁保全程序中的诉讼谦抑 [J]. 政治与法律，2009（1）：152-156.
② 刘俊杉 . 从可望走向可及：知识产权互联网仲裁的机制优势、现实阻碍与因应 [J]. 商事仲裁与调解，2022（4）：90-110.

（三）公信力较差

在知识产权纠纷案件中，在线仲裁在纠纷当事人中的公信力较差。造成这一结果的原因是多方面的，具体可分为以下几点：首先，尽管许多仲裁机构在通过各种方式寻找在线仲裁发展的新模式，但在仲裁实践中仍然存在较大的局限性。比如，传统仲裁机构未能做到与时俱进，对互联网技术运用与能力不足；仲裁机构对互联网的理解不够深入；具有互联网思维的跨界复合型人才储备不足等因仲裁机构自身原因造成这一境况①。其次是习惯上的原因，与新兴的在线仲裁在虚拟空间中进行不同，传统仲裁在实体的物理空间中进行，当事人既看得见又摸得着，知识产权纠纷当事人能够切身体会仲裁的每一个流程，也能通过与对方当事人、仲裁员的亲身接触获取其内心真实想法和对案件的直观认识，具有更强烈的案件参与感，当事人因此更加倾向于传统仲裁。第三，在传统仲裁中，仲裁中的文件、证据等裁决内容都不向社会公众开放，庭审过程和仲裁会议均通过私下方式进行，即使仲裁参与方进行仲裁这一事件也都进行了保密。而在线仲裁通过互联网技术进行信息传输，仲裁参与人的通信数据有可能会被怀有特殊目的的人监视、访问或销毁，保密性与传统仲裁相比较弱。以上原因致使知识产权纠纷仲裁中，在线仲裁的公信力较差，未能被部分知识产权纠纷当事人优先使用。

五、知识产权纠纷在线仲裁制度的完善

（一）明确知识产权纠纷在线仲裁的受案范围

尽管在学界中，知识产权纠纷是否具有可仲裁性存在争议，但我国法律已对部分内容进行了规定。如我国《著作权法》第六十条规定：

---

① 母洪春，王平．全面推进互联网仲裁 构建线上、线下协同发展新格局［J］．武汉仲裁，2019（1）：139-152.

"著作权纠纷可以调解,也可以根据当事人达成的书面仲裁协议或著作权合同中的仲裁条款,向仲裁机构申请仲裁。"这一规定肯定了著作权纠纷具有可仲裁性;而在专利权纠纷和商标权纠纷中,《专利法》和《商标法》虽没有给当事人提供以仲裁方式解决纠纷的明确规定①,但仲裁协议的契约性质是不被否定的。仲裁协议具有相对性,而仲裁裁决只能且必须以相对性为特征,仲裁裁决的效力只对仲裁协议当事人生效②。因此,知识产权纠纷当事人可通过仲裁协议方式明确双方的仲裁事项,进而进行相关仲裁。而在线仲裁的受案范围,一方面可在充分尊重当事人意思自治的前提下,对当事人在仲裁协议中明确选择使用在线仲裁的案件进行直接受案;另一方面,对当事人未明确对仲裁是否进行线上或线下审理时,可吸取互联网法院"网上纠纷网上审"的经验,在知识产权纠纷当事人未作出选择时优先适用在线仲裁,原因在于涉网络纠纷的特点与在线仲裁的特点更契合,与传统线下仲裁相比,在线仲裁解决此类纠纷更具优势③。同时,网络纠纷适用在线仲裁的有关规则,在程序适用和争议解决上都更具有契合性,更有利于解决纠纷。

(二) 完善现有仲裁保全措施

仲裁保全程序中的权力配置状况,在诸多方面决定着民事保全程序的功能实效性和体系合理性④。知识产权纠纷中的财产具有特殊性,若未得到及时处理,权利人将面临失去市场份额或商业秘密被他人公开等不利风险,因此完善当前仲裁保全制度具有极强的必要性。对此,可从以下几方面操作。首先,仲裁机构应及时建立与法院间的信息共享系

---

① 肖志远. 中国知识产权纠纷可仲裁性的理论与实证考察 [J]. 商事仲裁,2013, 10 (0):1-21.

② 杨桦. 国际商事仲裁裁决效力论 [D]. 重庆:西南政法大学,2012.

③ 刘俊杉. 从可望走向可及:知识产权互联网仲裁的机制优势、现实阻碍与因应 [J]. 商事仲裁与调解,2022 (4):90-110.

④ 刘加良. 论仲裁保全程序中的诉讼谦抑 [J]. 政治与法律,2009 (1):152-156.

统。关于信息共享系统的具体构建，既可采取线上形式进行，也可采用线下方式进行，具体可包括建立法院和仲裁机构之间的信息反馈机制和在线文件传送机制等，使法院及时获知仲裁案件审理中相关情况，并向仲裁机构告知保全案件的材料标准①，以此节约法院审查仲裁材料的司法资源，并高效解决知识产权纠纷当事人担忧仲裁保全时间过久的困扰。其次，法院在执行仲裁庭的临时性保全裁决时，无须进行审查。法院执行仲裁庭的临时性保全裁决时，其主要目的是为使仲裁程序顺利进行，而不是如执行终局性裁决时的监督与限制，对临时性保全裁决进行审查，是没有必要的②。同时，因知识产权纠纷中，临时性保全措施的执行与否对申请执行人的权利维护具有现实性和紧迫性，法院可参考我国《民事诉讼法》的有关临时性保全的担保制度相关规定，要求申请执行人提供相应担保，以防止临时性保全措施的错误执行对被执行人造成的损失。

（三）提升知识产权纠纷在线仲裁公信力

公信力是公权力机构和社会组织等公共组织依靠公众或其他组织的普遍信任而拥有的权威性资源③。知识产权纠纷在线仲裁的公信力直接关乎其自身的权威性和社会合法性问题。为提升知识产权纠纷在线仲裁的公信力，应从以下几方面发力：第一，仲裁机构应不断提升电子技术运用能力，大胆运用电子信息技术发展的成果，加快仲裁服务的现代化步伐，不断提高仲裁质量与效率④。同时不断引进最新的互联网技术，持续提高仲裁现代化水平。第二，为使当事人转变观念，提高当事人对

---

① 刘宁，梁齐圣. 制度、技术、共联：线上仲裁机制建构的可能性三角——从新冠疫情对仲裁带来的挑战谈起 [J]. 商事仲裁与调解，2021（1）：18-34.
② 罗芳. 论我国仲裁保全制度的不足与完善 [J]. 商事仲裁，2010，7（2）：22-29.
③ 熊光清. 公共组织热心服务，才有公信力 [N]. 环球时报，2013-08-12（14）.
④ 李登华，李韶华. 论提升仲裁公信力的路径 [C] //中国仲裁法学研究会. 中国仲裁法学研究会2013年年会暨第六届中国仲裁与司法论坛论文集，2013：456-461.

知识产权纠纷在线仲裁的信任，我国应在建立现代仲裁员制度上进行大胆的探索和尝试，为选拔和培养适应在线仲裁工作，培养精英化、专业化、职业化的仲裁员队伍①，提高其互联网技术的运用能力，培养具有互联网思维的复合型人才，使当事人信任在线仲裁人员。第三，为提高在线仲裁保密性，可在线上开庭时，设置网络仲裁庭的专属密码，限制在线仲裁庭的参与人数，并对违反或侵犯在线仲裁保密性要求的人员进行处罚。

六、结　语

我国知识产权纠纷在线仲裁制度的构建是一个系统性工程，这一制度对于完善知识产权纠纷多元解决机制、缓解法院"案多人少"压力、促进知识产权纠纷高效解决具有重要意义。尽管当前知识产权纠纷在线仲裁制度存在部分问题需要完善，但其未来必将具有广阔的发展前景。2018 年 12 月 31 日，中共中央办公厅、国务院办公厅印发的《关于完善仲裁制度提高仲裁公信力的若干意见》指出："发展互联网仲裁是以习近平同志为核心的党中央深化仲裁制度改革创新、全面推进依法治国的重大决策部署，是站在时代和全局的高度为适应经济社会发展提出的新要求。"本文对知识产权纠纷在线仲裁制度的完善发展提出了自己的一些看法，以期能对这一制度发展作出自己的一些贡献。

---

① 王红松. 领会仲裁法精神，建设现代化的仲裁机构［J］. 北京仲裁，2005（4）：1-6.

律师参与知识产权纠纷
多元化解机制路径探析

谢腾欧*

一、知识产权纠纷的概念及特点

随着我国经济发展，我国正由知识产权大国向知识产权强国迈进，与此同时我国各类知识产权纠纷剧增。数据显示，2020 年，全国法院审结一审知识产权案件 46.6 万件，相较 2019 年上升 11.70%[①]。2021年，全国法院审结一审知识产权案件 54.1 万件，相较 2020 年增长16.1%[②]。我国已超越美国成为全球审理知识产权案件最多的国家。

对于何为知识产权纠纷，目前学界众说纷纭，尚无权威界定。一般认为，知识产权纠纷指知识产权人因行使知识产权，或因不特定第三人侵犯自己的知识产权而与不特定第三人产生的纠纷。也有学者将知识产权纠纷定义为知识产权权利主体因知识产权取得、运营、保护等发生的民事纠纷。上述界定表述虽有不同，但均属于一个大的逻辑，即知识产

---

* 作者简介：谢腾欧，1978 年生，四川文理学院讲师，四川省知识产权培训（四川文理学院）基地办公室主任。

① 2021 最高人民法院工作报告（摘要）[EB/OL]. 经济形势报告网，2021-03-09.
② 最高人民法院工作报告（2022 全文）[EB/OL]. 腾讯网，2022-03-08.

权纠纷为民事纠纷。但事实上，知识产权纠纷不仅仅包括知识产权民事纠纷，还包括知识产权行政纠纷，即知识产权纠纷不仅仅发生在平等的民事主体之间，同样可能发生在知识产权行政管理机关和知识产权行政相对人之间，譬如商标申请人与知识产权局因驳回商标授权申请而发生的行政纠纷，专利申请人与知识产权局因专利申请授权而发生的行政纠纷。笔者认为，知识产权纠纷可分为狭义知识产权纠纷和广义知识产权纠纷。狭义知识产权纠纷仅指知识产权民事纠纷，即知识产权权利人因知识产权取得、运营、保护、服务等与知识产权权利主体之外的民事主体发生的纠纷。广义知识产权纠纷不仅包括知识产权民事纠纷，还包括除知识产权民事纠纷以外的所有与知识产权有关的纠纷。

知识产权权利作为一项特殊的权利，其特殊的权利客体使得知识产权纠纷相较于其他民事纠纷更为复杂与特殊。这些特性深刻影响了权利人选择纠纷解决的方式。知识产权纠纷相较于一般民事纠纷主要具有如下特点：一是处理知识产权纠纷需要极强的专业性。知识产权权利客体的复杂性，使得知识产权纠纷涉及的事实认定具有极强的专业性。如在专利侵权纠纷中，对于是否侵犯了权利人的专利，需要专业人士作出判断。二是处理知识产权纠纷追求时效性。知识产权的财产性权利存续有法定时间限制，其权利的易逝性使得知识产权权利人在知识产权纠纷处理中十分注重高效、快速解决知识产权纠纷，越快解决纠纷越符合权利人的利益诉求，越可能使之利益最大化。三是处理知识纠纷更注重利益平衡。知识产权纠纷涉及各方当事人利益诉求，各方主体根据已知条件进行博弈，谋求自身利益最大化，但纠纷各方利益最大化并不意味着社会利益最大化。因此在知识产权纠纷处理中，需妥善处理各方利益诉求，力争在实现各方利益的最大化的同时实现社会利益最大化。四是知识产权纠纷常常"低调"处理。知识产权的市场价值估值的特殊性需要纠纷各方"低调"化解纠纷。一方面，对涉及商业秘密的知识产权纠纷，权利人为了利益最大化需要对涉案纠纷进行保密，防止因处理知识产权纠纷而泄密；另一方面，部分知识产权纠纷所涉及的产品或服务与普通民众生活紧密联系，而如发生纠纷会成为社会焦点事件，不管诉讼结果如何都可能影响到当事人的商业信誉、社会声誉，故各方当事人均愿意"低调"化解纠纷。

二、知识产权纠纷多元化解机制的必要性

因权利被侵犯引发纠纷是纠纷产生的最常见情形，被侵权人既可寻求私力救济，也可寻求公力救济、社会救济。通过诉讼方式解决纠纷是典型的公力救济，也是传统的纠纷解决模式。

当前纠纷多元化解机制备受各国推崇。纠纷多元化解机制的概念起源于美国的 ADR（Alternative Dispute Resolution）制度，即替代性纠纷解决方式，是对以诉讼方式解决纠纷的替代。事实上，多元化纠纷解决机制是一个有机的纠纷化解系统，其开放性、包容性的特点使得一切化解纠纷的解决方式、方法都可划入这一系统内。多元化解机制不仅包括民事诉讼、行政诉讼还包括其他一切以非诉方式解决矛盾、化解纠纷的方式，多元化解机制给权利人提供了纠纷解决的多种可能，权利人既可通过国家公权力机关获得救济，也可通过自身努力或第三方机构等获得权利的救济。20 世纪 90 年代以来，西方国家普遍应用 ADR 制度，建立起以仲裁和调解为主要内容的、由法院以外第三方主持化解纷争的制度体系，在提高纠纷解决效率、降低诉讼成本、节省司法资源等方面取得了显著效果。

由于在矛盾的多元化解机制中调解制度普遍存在（调解制度不仅存在于非诉纠纷化解机制，在诉讼中调解制度也广泛存在），因此社会上存在将纠纷多元化解机制等同于纠纷调解机制（包括诉讼调解和非诉调解）的错误认识。甚至有学者在研究纠纷多元化解机制时仅仅是

对矛盾调解机制的研究。这种错误认识属于以点带面。纠纷调解虽在纠纷化解机制中占比极重，但也仅仅是纠纷多元化解机制中的一"元"而已，而非纠纷多元化解机制本"元"。纠纷调解机制系纠纷多元化解机制中最为传统、基础的机制，但不是唯一的纠纷化解机制。

同理，纠纷调解机制不是唯一的知识产权纠纷化解机制，仅仅是知识产权纠纷多元化解机制中的一"元"。知识产权纠纷多元化解机制虽然重视非对抗性的纠纷解决，但不否认传统的对抗式的知识产权纠纷化解方式，而是综合各方力量、综合运用各种手段来解决、化解纠纷。

传统的对抗式知识产权纠纷解决方式是通过诉讼和行政方式解决，知识产权纠纷爆炸式增长使得传统方式解决纠纷的不足日益被人们认识，人们逐渐开始寻求更加高效、便捷的纠纷解决方式。市场主体对知识产权纠纷多元化解机制的迫切需求，使得各种非对抗性方式解决知识产权纠纷日益被重视。

知识产权纠纷多元化解机制已成为当今世界解决知识产权纠纷的趋势。世界知识产权组织倡导通过诉讼外机制解决知识产权纠纷。美国、日本等知识产权强国纷纷建立、形成具有本国特色的知识产权纠纷多元化解机制。2019 年 8 月，我国同新加坡、韩国等 46 个国家在新加坡共同签署了《新加坡调解公约》，该公约认可知识产权纠纷中的和解协议，赋予其在缔约国的强制执行力。我国逐渐建立并完善知识产权纠纷多元化解机制既是顺应时代潮流，也是我国缔结、加入有关国际公约后应当履行的国家责任。

知识产权案件审理需要对法官的专业性提出了更高的要求，为统一知识产权案件裁判标准，最高人民法院于 2019 年设立了知识产权法庭。同时为应对近年来我国知识产权纠纷呈现爆炸式增长，最高人民法院不得不在 2022 年发文进一步扩大受理知识产权第一审民事案件、行政案件的基层人民法院的范围①，以此来缓解原有审理知识产权纠纷案件法院的压力。

积极推进建设具有中国特色的知识产权纠纷多元化解机制是深化我国政治、司法体制改革的必然要求。对知识产权侵权行为通过司法途径维权，具有周期长（最高人民法院知识产权庭公布的统计数据显示，2021年知识产权案件平均审理周期为134个自然日②）、成本高、取证难的特点。知识产权纠纷不仅让知识产权权利人头疼维权，也让法院面对如山的维权案件头大不已。调解在知识产权纠纷解决中具有的便捷高效、保密、缓和当事人矛盾、平衡各方利益等优势，有利于促进市场经济发展。发挥人民组织的纠纷化解功能，推动矛盾纠纷的社会内部、就地化解，是推进国家与社会多元共治的长效之策。

在知识经济时代，优化营商环境同样要求建设具有中国特色的知识产权多元化解机制。在众多衡量一地营商环境的指标中，知识产权纠纷化解效率已成为一个重要指标。相较于知识产权纠纷诉讼解决机制，调解、仲裁有着高效、功能多样的优势，更有利于平衡知识产权纠纷各方主体利益，有利于优化营商环境。

三、律师参与知识产权纠纷多元化解机制的路径

律师要参与知识产权多元化解机制，并在其中发挥作用，实现自身价值，除了需要丰富的法律理论知识、实践经验外，也需要积极学习知识产权专业知识，即懂知识产权创造、运行、保护、服务的专业知识，又具有丰富法律理论及实践经验的复合型知识产权律师必将成为知识产权纠纷多元化解机制参与主体中的重要组成部分。

---

① 最高人民法院关于印发基层人民法院管辖第一审知识产权民事、行政案件标准的通知［EB/OL］.中华人民共和国最高人民法院，2022-04-21.
② 数说法庭［EB/OL］.最高人民法院知识产权法庭，2022-03-25.

律师积极主动参与知识产权多元化解机制，并发挥积极作用，不仅能扩大律师的业务范围，更是我国律师的社会责任。律师如何参与并在知识产权多元化解机制中发挥作用？在知识产权纠纷化解中，律师除在传统律师业务中以代理律师身份参与仲裁、诉讼、行政复议外，笔者认为律师还可以通过成为人民调解员主持知识产权纠纷调解、探索建立知识产权纠纷律师工作室进行知识产权纠纷商事调解、积极参加知识产权多元化解培训进行知识产权纠纷多元化解宣传等方式参与到知识产权纠纷多元化解中去。

（一）律师通过传统业务参与知识产权多元化解机制

在知识产权纠纷多元化解机制中，律师可以通过传统律师业务参与到知识产权纠纷多元化解中去，这也是目前律师参与知识产权纠纷化解的主要路径。律师通过传统业务参与知识产权多元化解机制的路径包括：律师通过法律顾问的形式对客户提供知识产权咨询服务、对顾问单位的员工进行知识产权法律知识培训等；律师接受客户委托进行知识产权行政复议，知识产权民事诉讼、知识产权纠纷仲裁；律师为知识产权刑事案件的犯罪嫌疑人、被告，提供法律咨询服务、辩护服务等。

（二）律师成为知识产权纠纷人民调解员，主持化解知识产权纠纷人民调解

在知识产权纠纷多元化解的各种制度中，人民调解制度起着基础性作用，占据极为重要的地位。值得指出的是，调解并非和稀泥，知识产权纠纷的人民调解必须依法进行。同时知识产权纠纷的特殊性使得知识产权纠纷调解中，不仅要求人民调解员具备法律知识，同时要求人民调解员具备专利、商标、著作权、商业秘密等知识产权取得、运营、维护等专业知识，而现有人民调解员中，能胜任知识产权纠纷调解的极其稀少。律师尤其是具备知识产权知识的律师，以人民调解员的身份主持知

识产权纠纷人民调解工作，充分发挥律师作为专业人士在预防纠纷和化解纠纷中的作用，将有助于知识产权纠纷的化解。

　　具有知识产权知识背景的律师担任人民调解员有助于建立知识结构合理的知识产权纠纷调解员队伍。国家对此持支持鼓励态度，四川省在出台的《关于知识产权纠纷人民调解委员会案件调解管理办法》中进一步明确、细化了律师参与知识产权纠纷人民调解的有关事宜。

　　（三）律师积极探索知识产权纠纷商事调解，成立知识产权纠纷律师调解工作室

　　在知识产权纠纷化解调解中，要平衡各方主体之利益首先需要了解、认识到各方利益之所在，这就需要知识产权专业人士参与知识产权纠纷调解。知识产权专业人士在知识产权化解中将发挥越来越重要的作用。

　　从国家政策层面看，国家号召发挥律师事务所等知识产权专业机构作用，以知识产权纠纷化解服务需求为导向，"探索开展知识产权纠纷商事调解。充分发挥律师在预防和化解矛盾纠纷中的优势作用，推动设立律师调解工作室"，利用知识产权律师丰富的专业知识为知识产权纠纷当事人提供调解服务。

　　律师应当积极响应国家号召，探索开展知识产权商事纠纷调解。有条件的律师事务所可以通过设立律师知识产权工作室从事专门的事务，律师工作室的设立能充分发挥律师专业优势及在知识产权纠纷预防和化解中的作用。

　　（四）律师以培训专家身份积极参与知识产权行政部门、司法行政部门组织的各类知识产权纠纷多元化解培训活动

　　知识产权纠纷中的维权路径之选择、侵权信息之收集、证据之保全等均需要相关专业知识。一方面，知识产权纠纷主体或纠纷主体的工作人员需要具备相应法律知识、知识产权知识；另一方面，调解机构、仲

裁机构、行政部门的工作人员也需要具备相应的法律知识、知识产权知识。随着国家知识产权强国战略的深入实施，各类知识产权专门人才缺乏与社会经济发展对知识产权专门人才的日益增长的需求之间的矛盾愈发突出。伴随着知识产权纠纷爆发式增长，在知识产权纠纷化解中，对知识产权纠纷多元化解机制人才急剧增加的需求与知识产权纠纷多元化解决机制中知识产权专业人员匮乏的矛盾尤为突出。

可以预见，为了更好地推动知识产权纠纷多元化解机制建设、实施，知识产权行政管理部门、司法行政部门必将组织各类知识产权纠纷多元化解业务培训班。通过培训班的集中培训一定程度上能提高已有知识产权纠纷化解工作人员业务能力，缓解知识产权纠纷化解专业人士奇缺的窘境。知识产权专业律师应当积极入围各类知识产权培训专家库，参与到各类知识产权纠纷多元化解机制的培训事业中去。律师以培训专家身份积极参与到各类知识产权纠纷多元化解机制培训活动，不仅能为普及知识产权纠纷化解专业知识、提高知识产权纠纷多元化解机制中各方参与主体的专业能力，尤其是提高知识产权人民调解员的法律素养、政策水平、专业知识和调解技能贡献力量；同时也能在一定程度上宣传、树立自己知识产权专业律师的形象，有助于进一步扩展案源。

（五）律师通过传统媒体及互联网新媒体进行知识产权纠纷多元化解机制宣传

律师要通过各种途径展现自身形象。律师应当通过包括互联网新媒体在内的各种渠道展示自己的专业能力，从而获得客户、潜在客户的认可。律师通过传统媒体或互联网新媒体宣传知识产权纠纷多元化解宣传既能向社会公众展示自己的专业形象，也是参与知识产权多元化解机制的一种重要方式。律师宣传知识产权纠纷多元化解机制路径多种多样，既可通过举办讲座的形式进行宣传，也可通过在传统媒体上开设专栏进行宣传，还可通过微博、抖音、微信等新媒体进行宣传。律师宣传知识产权纠纷多元化解的内容主要有两个方面，一是对知识产权纠纷多元化解机制所涉及的知识进行普及性宣传，提高全民知识产权意识，普及知识产权纠纷多元化解机制理念；二是通过对典型知识产权案件的分析、点评进行宣传。律师分析、点评的知识产权典型案例不限于律师本人承办的案件，也可是社会上有一定影响力的案件。比如有律师对 2022 年在四川引发广泛关注的"青花椒"商标案进行分析、点评。

知识产权纠纷多元化解机制已成为化解知识产权纠纷的时代选择。律师想要做到"手把红旗旗不湿"，就必须积极融入其中、加入其中，积极探索知识产权纠纷多元化解机制中的路径。

参考文献

［1］邓家泰．从规则之治到多元共治［J］．山东审批，2016，32（5）：111-113．

［2］徐波，孔元中．知识产权纠纷人民调解工作的探索总结与思考［J］．电子知识产权，2017（9）：58-66．

［3］左文君，张竞均．构建矛盾纠纷多换化解机制：新时代"枫桥经验"解析［J］．长江论坛，2019（5）：83-89．

［4］郭艳．多元调解合力有效化解知识产权纠纷［J］．中国对外贸易，2022（2）：54-55．

［5］洪图．知识产权纠纷多元化解机制研究［D］．北京：北方工业大学，2020．

［6］师迪雅．我国知识产权纠纷诉讼外解决机制研究［D］．西安：西北大学，2020．

［7］浙江省高级人民法院联合课题组．知识产权纠纷多元化解机制问题研究［J］．中国应用法学，2019（2）：127-146．

我国知识产权纠纷多元化解决机制研究

曹媛柯[*]

一、问题的提出

随着科学技术快速发展，人们的文化水平大步向前，新类型作品不断出现，商标与专利的申请量也不断增加。2022 年 11 月，我国商标注册及有效注册的数量为 5624605 件，而有效专利中，发明为 3309822件、实用新型为 10627094 件、外观设计为 2681459 件。相较于国外申请量来而言，我国商标注册与专利授权的数量是远远超过国外的。2021年《知识产权强国纲要》的发布也表明了我国从知识产权大国向知识产权强国迈进的决心。因此对于我国知识产权纠纷的妥善解决不容忽视，建立良好的纠纷解决机制，能够为我国更好地发展知识产权保驾护航。在我国知识产权保护热的环境下，相关的纠纷也在不断发生。从表1 可以看出 2019—2022 年知识产权案件的数量整体是呈上升趋势的，受到疫情的影响，2021 年与 2022 年的知识产权纠纷数量相对减少，但疫情过后是否又会发生反弹，令人担忧。

---

* 作者简介：曹媛柯，女，1999 年 1 月生，西南科技大学的知识产权法学硕士研究生。

表1 我国人民法院受理知识产权民事案件统计（2019—2022）

年　度	著作权案件	商标案件	专利案件	知识产权案件合计
2018	87994	39697	28841	156532
2019	119796	53635	31894	205325
2020	151418	62287	32945	246650
2021	97795	62974	19767	180536
2022	41998	33653	10259	85910
平均	99800	50449	24741	174991

　　《知识产权强国纲要》中为保护权利人的合法权利也增加了惩罚性赔偿的内容，这也更加鼓励群众学会运用法律保护自身合法权益。但是人们所产生的惯性思维急需转变，当事人权利一旦受到侵害，惯性地认为只有寻求诉讼救济才具有更强有力的保障，反而忽略了其他的救济方式。这也导致法院的压力较大，并且诉讼解决时间较长，也给被侵权人造成很大程度上的利益损失。事实上，我国现行的纠纷解决机制存在一定的问题，并且不能够满足于现实社会的需求，因此建设纠纷多元化解决机制具有很大的现实意义，也已经逐渐成为国家的整体战略。知识产权纠纷多元化解决机制的构建，首先，能够解决司法资源相对匮乏的问题，能够为司法体系分忧。其次，多样的解决纠纷方式也会受到人们的青睐，为人们缩小支出，节省时间。最后，多元化解决机制是将诉讼与非诉机制连接起来，将司法、行政、社会三大力量整合起来，能够提供更全面的救济方式，提升社会公众维护知识产权的创新意识。

二、知识产权纠纷的特殊性

（一）复杂性

知识产权本身具有复杂性的特点，这也意味着相关的纠纷也是较为复杂的。首先，知识产权具有非常强的专业性，有很高的专业技术要求。在知识产权纠纷中是有所体现的，比如在著作权领域中判断作品是否构成"实质性相似"；商标领域中如何判定"引人误认""构成混淆"；专利领域中判断符合新颖性与创造性等。文化水平需求不断提升也为知识产权纠纷解决带来了影响，作品类型不再局限于固定的类型、商标权与专利权的授予等工作也具有挑战性。我国知识产权保护的客体不断扩大，如现行《著作权法》第三条第九款改为"符合作品特征的其他智力成果"，开放式的条款也表明对符合知识产权保护条件的作品应当给予保护。除此之外，近两年科技迅猛发展为我们带来了元宇宙，元宇宙中区块链技术改变了作品的形式，新型的作品以及新发生的侵权形式都将使得知识产权纠纷的案件更加复杂。甚至有些案件牵扯到的领域不止一个，天文地理都会涉及，日后解决相关纠纷的难度不断增大，对专业人士的能力要求也逐渐增加。

（二）市场化

知识产权纠纷是由知识产权之间的争议产生的，但解决纠纷最终采取的方式无疑是停止侵权、赔偿损失等，都会落脚于经济性的赔偿。透过现象看本质，实际上，知识产权的争议就是对于市场份额的争抢，拥有知识产权的权利人可以自由行使权利，既可以自己生产、销售，也可合法地转让权利许诺他人销售。转让权利并不会使权利人受损，根据转让权利的范围不同，相对人会支付给权利人合适的费用，这是源于权利人对于其市场份额的支配。如独占许可费用一定会大于排他性许可，而排他性许可的费用也会高于普通许可，这都取决于占据市场份额的大小。理解知识产权的市场化，应该将其放眼于现实生活中，商标注册成功后权利人便获得了商标的使用权，在此期间有出现假冒商标的产品就是对权利人市场份额的侵占，是不合法的。在现实案例中，知识产权纠纷往往与反不正当竞争牵连，被侵权人在起诉时会选择知识产权侵权与反不正当竞争两者，且法院在判决时认定侵犯知识产权的情况下一般也会构成不正当竞争行为，这一现状也是知识产权市场化的象征。知识产权是人的智力成果，权利人对知识产权进行保护能够实现其极大的财产价值。知识产权之间存在着竞争，这也是知识产权市场化的体现。

（三）当事人利益多样化

知识产权当事人利益多样化主要是因为相关的争议主体较多，即知识产权纠纷所牵扯到的人员较多。各个当事人的利益诉求各不相同，也同样造成了利益多样化的局面。一个知识产权可能会涉及不同的主体，如产品的设计者、投资者、使用者以及生产者，他们所享有的权益大小也是不同的。有时采取诉讼的方式很有可能使得双方都会在各方面造成损失，被侵权人也并不能得到其想要的结果。如果权利人有心放弃侵权赔偿而采取合作的方式扩大自己的市场份额，而法院的一纸判决无疑只会打破权利人的想法，从而影响实际被侵权人的商业利益。反观侵权人而言一定程度上虽然有损失，但是却凭借着侵权行为获利，并且在纠纷解决过程中给被侵权人带来很大的障碍。因此知识产权纠纷当事人利益多样化的特点也表明构建知识产权纠纷多元化解决机制的必要性，是顺应当事人需求的，能够更好地平衡各方利益，实现共赢。

（四）高度的涉外化

知识产权是走向国际的，具有高度的涉外性。涉外知识产权，就是指当事人中一方或者双方都是外国人、无国籍人，或是外国企业或组织等之间发生的知识产权纠纷。随着世界各国科技的快速发展进步，各国的知识产权相关法律也随之做出调整。由于国际贸易不断往来，涉外知识产权的数量也开始增加。涉外的知识产权纠纷会受到国际的高度重视并且纠纷案情一般较为复杂，解决纠纷的谈判过程也具有很大的难度和阻碍。首先是各国知识产权法律由于国情不同而有差异，其次国内做出判决被国外认可的程度如何，最后纠纷解决后的履行问题谁来监督。因此，我国对于涉外知识产权问题的解决保持重视态度，2020 年在上海自贸区登记设立世界知识产权组织仲裁与调解上海中心（以下简称"WIPO 上海中心"），并且在 2021 年发布国内首个涉外《知识产权争议商事调解规则》。同时对于调解规则不断进行完善，以求更加快速友好地解决纠纷。这也是我国知识产权纠纷多元化解决机制构建不断进步的体现。

三、我国知识产权纠纷解决机制运行存在问题

（一）诉讼机制单一

我国知识产权纠纷解决中诉讼机制占据主导地位，也形成了发生纠纷时先寻求司法救济的局面。随着国家对于知识产权保护的倡导，社会需求的增加也使得司法体制做出了改变，先后建立了知识产权法院或知识产权法庭，数量也逐渐增加。首先，基于公众对司法的信赖，在发生侵权时往往先选择采取诉讼的方式维权。其次，知识产权本身就是属于私人的权利，需要寻求司法救济给予公权力的保障。司法救济象征着国家强制力，得到司法的认可也意味着取得国家公权力的保障。最后，也正是群众对于司法的认可，获得司法救济就会给侵权人带来一定的威慑力，以防他人再次侵权。国家公权力能够起到很好的警戒效果，更好地维护当事人的权利。这也是诉讼机制在知识产权纠纷解决机制中起主导作用的原因。

但是诉讼机制本身存在着不容小觑的缺点。第一，知识产权案件数量逐年增加，但相关的司法机构和工作人员的数量并未发生很大的变化，不断加重的工作量使得诉讼解决纠纷的效率逐渐下降。解决知识产

权纠纷诉讼程序复杂，耗时较长。商标权与专利权往往会涉及国家机关给予法定授权的问题，这也就牵扯到民事诉讼程序等待行政程序。程序之间的相互等待会耗费大量的时间，其间无法估计当事人的权利损失。第二，通过诉讼程序所需费用较高。知识产权的专业性也意味着需要聘请专业的法律人员参与到诉讼当中，显然聘用的费用是较高的。这对于经济条件一般甚至较差的群体而言，通过诉讼维权是昂贵的，最终也有可能放弃维权，自担损失，而侵权人却获利满满。第三，诉讼最终结果是由司法机关做出的，是国家公权力的象征，这也不免缺少了自主性。诉讼程序是公开的，存在权利人的知识产权内容会遭到泄密的风险，在一定程度上既不能完全满足权利人的现实需求，也可能给当事人带来再次伤害。

（二）行政救济未充分适用

行政救济的地位在我国加入世贸组织前后，发生了不同的变化。加入世贸组织前，对于商标与专利的授权、确权，采取的是行政裁决终局。但在加入世贸组织后，我国知识产权相关法律法规不断完善，逐渐确立了司法终局。即便如此，司法救济并没有完全取代行政救济，对于知识产权保护来讲，行政保护依旧发挥着不小的作用。因为行政主管机关能够采取行政强制措施，如查封、扣押，以及行政处罚等措施，能够及时地制止侵权行为。但行政救济本身存在一些问题，我国知识产权管理部门数量较多，存在着多方执法的现象，并且部门之间发生利益纠纷的现象也较为严重，机制的运行存在一定的阻碍，这也导致行政救济在解决知识产权纠纷中只处于补充适用的地位，且在实践中也很少选用。行政机关内部缺乏一个完善的程序规则，机构内部目前存在不协调的问题，需要完善执法体系，协调各机关之间的执法责任。

（三）非诉救济机制适用有限

调解与仲裁是非诉救济机制的主要类型，这两种解决纠纷的方式在普通的民事诉讼中运用的概率很大，但是在知识产权纠纷的解决中却没有得到充分运用。知识产权纠纷调解包括多种方式：诉讼调解、行政调解、人民调解、行业调解、律师调解等。调解体现了当事人的自愿性，能够很好地发挥出双方的自由选择权。目前主要形成的是司法调解为主、行政调解为辅的非诉救济机制。首先，"能调则调"的司法政策确实带来了一定的影响，提高了结案效率，节省了司法资源。但随着我国调解结案数量的不断上涨，有些个别地区竟出现全调解的现象，这也值得反思。这样高的调解结案率是当事人自愿选择还是出于其他原因当事人被迫选择了调解。其次，行政调解的地位不高，没有一个系统的调解体系，且分散于不同的机关，较为混乱，更无法做到与其他的调解机制完美衔接，反而不能发挥行政调解自身的优势。最后，达成调解协议后需要双方守信，按照协议履行，但是实践中会出现当事人违背协议拒绝履行的情况。对于调解协议的落实，行政机关的监督是十分不到位的，结案后并没有跟进最终的解决。因此当事人在调解协议得不到履行的情况下会再次选择诉讼，无疑是对司法资源的浪费。

四、我国知识产权纠纷多元化解决机制的构建

（一）诉讼机制的完善

知识产权诉讼案件的数量不断增加，但司法工作人员的数量有限。近年来"诉讼爆炸""诉讼累积"等形容知识产权诉讼纠纷日益增加的词汇屡见不鲜。这也导致诉讼机制本身的缺点不停被放大，诉讼程序复杂、耗时长、效率低等。诉讼机制解决知识产权纠纷具有很大的公信力，原因在于司法工作人员具有较强的专业性和技术性，是知识产权领域内的专家，所做出的最终判决十分具有权威性。因此在今后的知识产权纠纷解决的道路上，诉讼机制依旧会发挥巨大作用，对其制度的完善

是十分必要的。完善诉讼机制需要做到以下两点：第一，调整诉讼管辖的机制。我国现行的知识产权案件管辖制度存在一定问题，将著作权、商标权的纠纷与专利权、集成电路布图等严格区分开来，前者的审理由普通基层法院或知识产权法庭管辖，后者则由更高级别的知识产权法院管辖。这样的分类管辖无疑是对著作权与商标权专业性的忽视，同时也会造成二审案件的审判标准不统一。通过权利类型来"一刀切"地认定案件难度大小分配法院管辖显然缺乏合理性。第二，知识产权案件进行分类处理。由于案件数量较大所以对案件的分类显得尤为重要，这样就可以两极分化，案情简单、权利义务明确的一审案件，采取独任制的审理方式或者适用简易程序审理，既可以节约司法资源，也能够提升诉讼效率。相反，案情疑难复杂、专业性要求较高的案件再采取组成合议庭的方式进行审理，以保证诉讼案件审理的公正性。第三，不断引进知识产权领域人才为诉讼机制增添力量，诉讼机制的一审案件解决也是非常重要的，当事人满意则不会选择提起诉讼。具备专业与技术的司法工作人员能够尽可能地在一审中解决好纠纷才能减少上诉率，节省司法资源，保证司法的公信力。

（二）调解机制的完善

调解是我国处理知识产权纠纷的非诉讼手段，是符合中国国情，具有中国特色的。首先，行政调解在知识产权纠纷多元化解决机制中仍然占据着不可或缺的地位，积极进行完善也能够更好地发挥行政救济作用。完善调解机制需要做到以下三点：第一，行政机关应当明确自己在调解过程中的地位，摆正自己的观念。自己是处于中立的第三方，是服务于纠纷当事人的，一切以当事人利益的平衡为中心，不能背离服务的原则变为管理者的角色。第二，在行政机关内部设立专门的调解中心，发挥行政调解的功能。调解中心的工作人员除了树立正确的立场外，还应当积极主动投入工作当中，做到尽职尽责，不断去提升解决知识产权纠纷的良好效果。第三，督促行政调解协议达成后的履行。当事人达成调解协议后若不履行仍然会再次选择诉讼解决纠纷，因此监督协议的履行是至关重要的。应该由负责调解的专员跟进协议的履行，督促双方当事人积极按照协议行动。同时仅仅是监督并不能起到实质性的督促作用，对达成的调解协议给予司法确认，赋予国家公权力的强制性，也能鞭策当事人履约，推动纠纷彻底解决。

其次，我国也建立了许多非诉讼的知识产权纠纷调解机构，这是采取一种社会化的方式来处理纠纷。非诉调解机制具有开放性，其中的组成人员主要是从社会中挑选出来的知识产权领域的专业人士，不仅具有可信度，而且有一定的声望，能够使当事人满意。但地方要根据实际情况推进调解工作的进行，而不能跟风式地前进，背离机构设立的初衷。地方建立调解组织后应该对当中的调解员进行培训，"打铁还需自身硬"，调解员自身能力强是必备的。另外，管理机关应该提供更加专业的指导，对调解工作做得非常到位且纠纷解决完美的典型案例进行宣传，提高公众对调解机制的认识，逐渐了解到调解工作权衡双方利益、效率高等特点。能够使大众更加信任调解机制，最终发挥出调解机制更高的水平，使得知识产权更好地发展与进步。

最后，目前我国诉讼与调解机制不对接。虽然我国地方法院出台了一些关于诉调对接的文件，但是其中的内容基本上是原则性的，具体的程序规范并未说明。诉调对接过程中没有具体实施调解的程序，影响了诉调对接机制的运行效果不佳。因此完善诉讼与调解的链接是十分必要的。如在当事人选择起诉时，应当由诉讼服务中心等其他机构，主动为当事人进行分析并建议其选择合适的调解机制。由专门的负责机构为当事人进行讲解，并做一下对比分析，给予引导。加强知识产权各行政机关的协调与合作，减少其中的矛盾冲突，更应致力于衔接诉讼与调解机制。衔接诉讼与调解可以发挥出两者互补的力量，为纠纷的解决添砖加瓦。

（三）仲裁机制的完善

虽然我国现在设立了许多的仲裁机构，并且有些地区也相继设立了知识产权仲裁机构，但是受理的知识产权案件数量是十分有限的，更多的案件类型是知识产权的合同纠纷。因此通过仲裁解决知识产权侵权类的纠纷并不理想。仲裁机制自身的优越性并没有得到很好的发挥，仲裁机制急需完善。首先，应从完善相关立法入手，对知识产权纠纷案件可以仲裁的范围进行调整，扩大到可以受理知识产权侵权与权利归属的纠纷类型。让仲裁在纠纷解决中不处于弱势地位，能够达到并头前进的效果。其次，提升仲裁机构工作人员专业素质，打造专业性极强的团队，尽力满足当事人的多元化需求，成为一座沟通双方的桥梁。最后，也应该在仲裁机制的宣传方面下功夫，让公众了解到选择知识产权仲裁机制解决纠纷的巨大优势，从而激发当事人选择仲裁方式去解决知识产权纠纷。

五、结 语

知识产权保护意识不断增强使得公众维权意识高涨，进而带来知识产权纠纷案件的增长。我国现行的知识产权诉讼机制存在一定的缺陷，这也是知识产权纠纷多元化解决机制构建的直接原因。知识产权纠纷多元化解决机制是指将性质与功能等不同的纠纷解决方式链接起来，能够相互协调，共同运作形成体系，发挥出更大的治理能力与作用。虽然我国已经致力于构建知识产权纠纷多元化解决机制，但仍处于不成熟的阶段。提倡更加充分地运用仲裁与调解机制，发挥两种机制的无穷力量，以求应对现行知识产权纠纷解决机制现存问题。构建知识产权纠纷多元化可以缓解司法压力，使得纠纷解决得更加高效快捷。

参考文献

［1］吴汉东.中国知识产权法律体系论纲：以《知识产权强国建设纲要（2021—2035年）》为研究文本［J］.知识产权，2022（6）：3-20.

［2］徐明，岳浩然.从管理到服务：知识产权纠纷调解机制的模式重塑［J］.科技与法律（中英文），2022（5）：66-75+94.

［3］沈湫莎.知识产权仲裁调解"上海经验"走上国际舞台［N］.文汇报，2022-11-09（4）.

［4］杨傲多，周靖.四川法院构建知识产权大保护格局［N］.法治日报，2022-05-09（3）.

［5］刘晶晶.浅议知识产权纠纷人民调解的功能和适用：以上海市杨浦区知识产权纠纷人民调解工作为例［J］.人民调解，2022（4）：27-30.

［6］本刊特约评论员.积极推进知识产权纠纷调解工作［J］.人民调解，2021（12）：1.

［7］崔秀花.知识产权纠纷仲裁解决的现实困境及出路：评《知识产权纠纷仲裁解决机制研究》［J］.中国油脂，2021，46（6）：158-159.

［8］戚建刚.论我国知识产权行政保护模式之变革［J］.武汉大学学报（哲学社会科学版），2020，73（2）：154-168.

［9］石胜囡.知识产权纠纷的可仲裁性探究［J］.商，2015（42）：230+221.

［10］刘友华.知识产权纠纷多元化解决机制研究：以纠纷类型化为中心［J］.知识产权，2013（4）：10-15，40.

探究科技成果转化中的知识产权
纠纷救济风险

杨　爽[*]

以科技成果转化为重要驱动力促进了创新。在实际应用中，科技创新转化率总是在低位徘徊，大量研究成果未得到后续产业化和商品化。怎样进一步提高科技成果转化率，这始终是人们关注的焦点。在这样的情况下，基于知识产权纠纷的复杂性及纠纷救济成本高、效率低等特性，要研究成果转化过程中的知识产权纠纷救济风险问题，侵权赔偿制度、证据收集以及纠纷解决效率与科技成果转化有着重要的联系，转化后的结果因权利主体、权益在处理方面均与普通知识产权纠纷案件有所不同。从成果转化过程来看，这一结果非常容易被侵权，也正是其自身的特殊性导致维权的难度加大，侵权认定比较复杂。因此，分析纠纷救济风险，无论是对转化成果维权，还是对推动科技成果转化，都有着十分重要的意义。

一、科技成果转化概述与知识产权纠纷救济的必要性

（一）科技成果转化概述

"科技成果转化是指为提高生产力水平而对科技成果所进行的后续

---

* 作者简介：杨爽，1994 年 8 月生，四川文理学院助教、专任教师。

试验、开发、应用、推广直至新技术、新工艺、新材料、新产品、新产业发展等活动。"科技成果转化知识产权纠纷是指以知识产权为中心，各社会主体间存在利益冲突或因利益对抗，致使知识产权权利难以实现的一种障碍状态。随着民众权利意识不断提高，知识产权的财产属性也在不断加强，知识产权纠纷在市场经济中不可避免地成为一种社会常态。根据纠纷的性质，可将知识产权纠纷分为知识产权民事纠纷、知识产权行政纠纷和知识产权刑事纠纷[①]。以科技成果转化为对象，对知识产权纠纷进行救济，指科技成果的转化过程，合作进程因当事方发生违约和侵权行为而受到阻碍，双方以自行协商或行政的方式进行、司法和其他强制手段遏制侵权，消除歧见、弥补损失过程。

（二）科技成果转化中的知识产权纠纷救济的必要性

科技成果转化纠纷救济行为的发生，是由于当事人违约或者侵权所致。科技成果转化纠纷在性质上属于违约责任范畴，但在具体情形下还存在着不同程度的侵权责任形式。不管是技术合作协议约定不明确引发的权属划分纠纷，还是商业秘密泄露引发的商业秘密侵权风险，抑或是知识产权价值评估纠纷引发的实施难题，其最终表现形式均可概括为侵权或违约。自行协商来解决问题是一种最高效率且成本较低的解题方式，因其出于当事人互相信任与意思自治，通常可以通过协商解决、签署补充协议等形式，可以保持双方友好合作关系，不断促进科技成果转化，以获得合作最大收益。但是在科技成果转化的过程中因涉及核心技术秘密或者重大经济利益等原因，各方很难做到以平和的态度处理争议，但以追求自身利益最大化为宗旨，不妥协，矛盾常常是无法协调的，于是，强制手段就成了当事人保护自己利益的主要途径。在科技成

① 程松亮.中国知识产权纠纷仲裁解决机制及对策研究［J］.武汉仲裁，2020（1）：1-13.

果产业化进程中，技术成果不确定性等特征，导致侵权风险增大，对知识产权人的损害也随之增加，这就要求通过一定的法律制度来进行规制，以减少知识产权侵权事件的发生。我国知识产权保护实行"双轨制"，行政和司法的双进路，抑制侵权行为，让权利人寻求更多的损失赔偿选择。"无救济则无权利"，着重指出了救济对于权利实现的重要性，只有救济手段才能做到合理和有效，以达到积极行使权利的目的。

司法救济，是在知识产权纠纷发生后，当事人为防止违约和侵权行为的持续，通过诉讼的方式请求法院作出裁判，以期获得赔偿的一种救济手段。就纠纷救济方式而言，同时包含违约行为和侵权行为，在判决结果中，权属同时得以认定，既可以确定违约与侵权的关系，赔偿的数额也可以决定，一次性救济，解决所有难题，免除了二次救济的痛苦。从程序上有独立诉讼阶段与合议庭审理两个层次，当事人可以选择起诉或应诉。庭审过程严谨、理性，双方可以平等地争辩，以便确定事实，作出合理的裁决。然而，以化解科技成果转化纠纷，要求各国在司法方面进行大量投资。在司法实践中，司法机关往往以提高诉讼效率为由来认定科技成果转化所产生的法律后果。尽管国家在司法资源方面投资巨大，但只有达到推动科技成果转化，才会觉得它是高效的。目前，科技成果转化纠纷主要包括技术入股和转让两个方面。此外，科技成果转化纠纷在国内法院审理中还是一片空白，也没有可以在此类案件中适用的司法解释。因此，科技成果转化纠纷在司法实践中往往得不到及时有效的处理。当前，在科技成果转化纠纷化解方面，由于采取的是传统的通过诉讼的方式解决纠纷，由此造成该案在一审后出现二审的情况，进入到二审案件，发生再审的概率较大，诉讼时间太长，不利于促进科技成果转化。由于案件周期太长，科技成果转化相关人员将花费大量的时间和精力去打一场官司，从而无心生产经营，甚至使研发人员不能集中精力持续进行有关科技产品的研究与开发，这一化解纠纷的办法不利于科技成果转化。

行政措施，是各级国家管理机关和司法机关在行使知识产权行政权的过程中，依据法律规定对侵犯他人知识产权合法权益的行为所采取的制裁手段。行政程序与司法程序比较，免除提起诉讼、开庭审理和其他手续，程序简单高效。行政程序的费用低廉，双方的开支很少，只是简单地检举，便可达到遏制侵权行为的效果。但行政程序是针对被侵权人而言的，仅发挥遏制侵权和制止损失扩大的作用，行政机关不能直接要求侵权行为人向权利人提供赔偿补偿，权利人无法直接从行政程序中得到赔偿从而得到利益，也需要以其他方式得到弥补和补偿，而且救济是不完全的。因此，对行政程序进行必要限制十分必要。同时将行政程序适用范围限定在法律所明确规定的范围之内，实质上是侵权与不正当竞争并存，违约行为均很难受到行政程序的保障，适用范围较窄。

协商和解，是科技成果转化过程中科技纠纷化解的一种重要方式。它是由当事人之间通过谈判、磋商等方式达成协议，通过对科技成果转化的对话与沟通，形成一定共识或约定的过程；也可称为"调解"，即双方当事人通过非司法途径对某些具体问题进行沟通与磋商后所形成的结果。但因意思自治的结果，形成了一个新补充协议，不具有外在强制约束力，执行力不强，仅依靠双方的诚实信用，才能使协议得以运作，易发生二次违约或者侵权纠纷等。同时在谈判过程中因无强制时间与程序的限制，还可能发生当事人怠于维权的情况，或者是一方没有合作造成了谈判的进程冗长和低效，损失日益扩大等不良后果。

二、科技成果转化中的知识产权纠纷救济风险类型

科技成果转化中知识产权纠纷处理面临的风险贯穿于救济全过程，识别风险类型并合理地规避风险显得尤为重要。以知识产权纠纷救济为视角分析科技成果转化中所存在的主要风险类型，主要包括证据收集风

险、时间成本风险和赔偿不足风险等。

（一）证据收集风险

证据收集的风险表现为在司法救济时，当事人主张在违约侵权和损害赔偿中，相应证据难以收集，或是证据形成时难以保留，造成不能确定对应违约情况、侵权事实或者无法获得相应赔偿。

一方面，知识产权是无形资产，信息化具有便捷性，易使知识产权管理出现遗漏，且权利人无从收集相关侵权证据。与此同时，知识产权赔偿诉讼中，法院通过查阅侵权方的利润，判断赔偿金额，侵权获利证据通常被掌握在侵权者手中，使权利人难以开展取证工作。因此，需要加强对知识产权侵权取证的研究。另一方面是知识产权纠纷中谁主张谁证明的举证责任分配问题。对于侵犯他人专利权或商标权的案件，由于其涉及的范围较广，所以一般是由原告直接向人民法院提起诉讼。商标侵权、著作权侵权通常会留下文字或视听证据，取证也较容易。在专利方面，对产品专利取证比较容易，由于产品专利有其物质载体，起码从外在看可以做一个简单的评价。另外，专利侵权诉讼一般不对被侵权人进行直接的物质损害调查，所以，可以采用间接证明方法来获取证据。但在其他知识产权纠纷方面，如果在专利侵权诉讼过程中，被指控产品不在专利产品权利请求文字说明的范围内，则认为实质侵权、数据库中的侵权赔偿纠纷案件等都难以取证。如果在知识产权纠纷案中没有直接证据证明被控产品被侵犯，那么就无法确定被告是否为真正的侵权行为人。在方法专利方面，鉴于证明上的难度，《专利法》第五十七条第二款仅对专利侵权案件中涉及新产品方法发明专利的举证责任倒置作出规定。在实际工作中，技术问题的复杂性，导致举证责任不明确。举证责任的分配，其目的在于解决当事人之间由于所拥有的资源、所处条件等方面的差异，有可能不公平，但同时也无法解决知识产权案件中取证难的实际问题。

（二）时间成本风险

所谓时间成本风险，指由于诉讼导致科技成果无法及时转化或无法迅速进入市场而损失的商业机会的成本。科技成果转化的过程中，因法律问题或技术问题造成的经济损失属于间接成本。这属于科技成果转化所付出的代价，它因没有能够迅速、高效化解科技成果转化纠纷，并由此带来间接成本。科技成果转化为商品或服务后，因交易双方当事人对科技成果转化中发生的费用承担不一致而造成的纠纷即为科技成果转化纠纷。由于市场快速变换，而科技成果转化的纠纷历来是通过诉讼解决的，这就意味着科技成果转化的纠纷将长期存在，甚至纠纷将长期得不到解决，并且科技产品更新换代快，对权利人造成时间拖延的风险增加，在许多案件中，尽管法院最后将科技成果转化纠纷化解，但却不能使科技成果通过利用资本（投入市场）的力量来转化，因而不利于科技成果的转化。另外，无限制地拖延有可能导致诉讼时效超过，从而使权利人失去胜诉权，不能获得赔偿。

（三）赔偿不足风险

我国专利侵权赔偿方式，从适用先后顺序来看，分别包括以权利人实际遭受的损失，以侵权人因侵权行为而取得的收益为准，参考专利许可使用费倍数，由法院在一万元至一百万元之间自由裁量。看似较为完善的法律规定，却在司法实践运用中出现了偏差，取证需要、举证困难等问题造成了用法定赔偿认定侵权赔偿金额，使其成为主要赔偿方式之一的局面。许多原告专利权人在起诉时并不提交证明其所失利润，或者被告非法获利具体数额的证据，诉讼请求也只是简单地要求赔偿几十万或漫天要价上千万。在诉讼中，法院很少看到所失利润和非法获利赔偿数额的证据，在没有可参照许可费的情况下，只好按法定赔偿确定赔偿额，在具体的计算方面存在着很大的不确定性和模糊性。在此状态下，由于损害赔偿的上限和证明专利侵权的难度，侵权的证据几乎都在侵权人手中，权利人难以获得。因此，在决定赔偿数额时，法官会有保守的倾向，最后赔偿金额将远不足以满足权利人损失。

三、域外经验借鉴

（一）诉讼程序保障

美国知识产权民事诉讼诉前禁令、诉前保全和其他程序，对规避受害方、扩大它的损失范围、保全侵权证据等节省诉讼费用，对维护公共利益均有重要的指导意义。与此同时，诉前禁令也已成为企业知识产权战略十分重要组成部分，关于涉外知识产权纠纷，具体而言，诉前禁令能够给境外企业带来致命冲击。我国的司法实践在签发临时禁令之前，应审议三个层次：案件复杂程度；有关侵权细节不容易判决，是否要求相关领域的专业人士进行干预；签发临时禁令会产生一系列结果。这三个层次上，的确对签发临时禁令带来巨大的挑战。同时，因为《TRIPS协定》并没有建议法院在诉前禁令出台前就应开展听证环节，因此，我国的知识产权行为保全制度还不够全面。尽管提请起诉之前的禁令必须首先结束询问流程，但是与听证流程相比，后者更可靠，更能保护被申请人权益免受侵犯，做到公正办事。听证流程缺失，导致权益受损情况，被申请人参与不足，使他们的相关权益没有得到应有的保障，严重不符合程序正义的要求。

（二）诉讼保险制度

企业在占有和利用知识财产时，往往会产生一些争议，或者很可能自己开发研制了科技成果而被别人违法利用。这些争议一进入诉讼程序往往会给企业带来巨额费用负担。如诉讼程序呈胶着状态时，付不起钱的公司不是草草收场，就此宣布破产。如果能在法律产生争议前采取相应的风险防范措施并待争议真正产生后，就能降低诉讼所生费用负担。而保险恰恰是一种能够为企业在法律纠纷中提供风险分担机制。美国以知识产权保险分散知识产权法律纠纷的成本负担。在中国对外贸易高速增长、企业国际化繁荣发展的今天，建立知识产权保险制度无疑能够降低企业知识产权诉讼费用负担。美国的知识产权保险分为知识产权执行保险与知识产权侵权保险两类。前者以知识产权执行时，可能遇到的妨碍风险为承保对象，后者则以侵犯他人知识产权为承保对象。二者的区别在于知识产权执行保险被保险人为该项知识产权的享有者，而这一享有者在使用知识产权时受到了他人对其权益的侵犯，所以当法律纠纷出现后，被保险人为被侵权方，即提起法律争讼诉讼方为原告；但知识产权侵权保险中被保险人并不是该项知识产权的享有者，却是侵犯他人知识产权者，所以当出现法律纠纷后，被保险人即为侵权当事人，不作为法律争讼启动方，而作为诉讼被告。由此可见，美国知识产权保险制度对于科技成果转化过程中双方权利的保护是非常有意义的。与此同时，在欧洲，英国专利保险较为发达，它把保险标的扩大为在申请程序中的专利、排除与超额费用之设定，亦可供世界各国参考使用。JPO在推动日本专利保险上做了全方位的工作，对海外专利贸易安全性问题的重视，使得日本出现了以本土需求为导向的系列保险。

（三）惩罚性赔偿

美国专利侵权制度引进惩罚性赔偿制度，着重指出法院对赔偿数额的最后决定权，制定了一套有计划地确定赔偿数额的办法，对非法侵权行为，不正当竞争行为进行了强有力的打击，权利人利益得到保障，使技术转移市场公平竞争环境趋于稳定。但是司法实践中，法官往往采用法定赔偿方式来认定侵权赔偿的数额，这就造成了对其他赔偿方式的应用比较少。法定赔偿方式被用作兜底性条款，使法官的庭审做到于法有据，并提高审判效率，但是，它削弱了适用于其他三种方式的能力，主要是实际损失，侵权受益、合理许可使用费这三种方式在司法实践中都不同程度地存在操作上的困难。美国惩罚性赔偿可谓面面俱到，也就是以所失利润或合理许可费为标准，都要赔偿，均将成为增加赔偿的基数，我国惩罚性赔偿限于一定的计算方式，也就是许可费与非法获利并不完全一样，即故意侵权行为，如专利权人未按照规定的这两种办法计算补偿，则不能得到惩罚性赔偿。另一方面是由于我国对于知识产权保护问题的理解、司法裁判惯例等方面原因，法院裁判金额一直不高，这一情况对于科技成果转化权利人十分不利，然而，这可以通过商定一次性赔偿金、执行侵权证据、保留许可费证据以及采用其他各种手段使赔偿金最大化以减少损失来完成。

四、科技成果转化中的知识产权纠纷救济风险防范建议

（一）强化证据收集程序保障

一方面，我国证据保全制度的功能比较单一。现有证据保全制度的功能仅限于传统的固定证据，"以确定事物的现状"证据保全缺失，从而抑制现代证据保全制度应有的功能。也就是说，我国科技成果转化纠纷的救济证据保全，都是建立在"证据可能灭失或以后难以取得"和其他"紧急性"情况存在的基础之上，无证据开示等作用①。另一方面，我国文书提出命令制度也有其不足之处。《民诉法解释》第一百一十二条规定，当事人可向法院提出申请，要求对方出示"书证"，确立了"书证提出命令制度"。然而，《专利法》第六十五条有关于文书提

---

① 崔起凡. 德国专利诉讼证据收集制度及其借鉴［J］. 浙江万里学院学报，2021（6）：27–33.

交命令和证明妨害的规则。这一条款的应用只限于确定赔偿数额，且不适用侵权行为及其他方面认定。

扩大证据保全的作用。德国的"确定事物现状"的证据保全特别调查程序，具有一种揭露性的效果，不以紧迫性为适用条件，值得中国知识产权诉讼制度借鉴。这与扩大举证的国际义务的范围是一致的，强化专利诉讼中对当事人证明权的保护等。另外，我国立法还应合理界定专利诉讼文书中建议指令的适用证据类型和范围。科技成果转化争议的诉讼，法官应持更加主动、更加公开的立场，为了尽可能地维护专利诉讼当事人取证的权利。

（二）引入诉讼保险制度

推行知识产权诉讼保险，可以使得企业在科技成果转化时的维权成本下降，司法机关更迅速、更公正地化解诉讼纠纷。从长远看，知识产权诉讼保险有可能降低知识产权诉讼案件数量，减少诉讼平均费用，仅由于企业有起诉的资金支持作为威胁，造成侵权较少。所以，引入知识产权诉讼保险制度，意味着知识产权诉讼机制有待健全，法院和检察机关充足、公安机关和其他司法力量，为了应对知识产权纠纷诉讼绝对量不断上升的局面，与此同时，国家有足够的知识产权法官、律师和中介机构的法律顾问及其他相应的储备人才。

在企业科技成果的转化中，面对此起彼伏、变幻莫测的知识产权侵权诉讼大潮。知识产权侵权损害赔偿责任，在造成被告重大经济损失的同时，起诉原告亦支付了高昂费用。在此情况下，很多企业借助于分散损失知识产权保险，使自己免于承担知识产权侵权责任。就此意义而言，知识产权诉讼保险保障了企业转化科技成果过程中可能遭遇的知识产权诉讼风险，是企业进行科技创新的一大法宝。

（三）构建双轨制赔偿制度

双轨制赔偿制度是指当权利人所遭受的损失无法得到充分证明时，

赔偿制度，法院可适用法定赔偿和惩罚性赔偿两种制度，对于可证明部分，实行惩罚性赔偿制度进行判赔，对于难以举证的部分则采取法定赔偿制度进行判赔的一种协调制度①。双轨制赔偿方案秉承法定赔偿功能原旨，清晰地划定惩罚性赔偿和法定赔偿之间的边界，法定赔偿预防功能得到发挥。惩罚性赔偿制度就是以处罚为中心的制度，以赔偿为主，以抑制为辅的损害赔偿制度模式②。目标是以高额赔偿方式，处罚侵权行为人，抑制潜在的侵权行为，达到某种社会示范作用。与补偿性赔偿比较起来，惩罚性赔偿制度所承载的社会功能更加丰富。

严格划定两者的边界，是我国现有法律制度的必然选择，还有助于修正以往适用方案中存在的误区，增强知识产权损害赔偿制度抑制功能等。故而，完善知识产权侵权惩罚性赔偿与法定赔偿制度的协调适用路径应当以明确惩罚性赔偿与法定赔偿之间的边界为基础。尽管知识产权侵权惩罚性赔偿制度运行中出现了很少应用的现象，但不应该为"拨乱反正"去"矫枉过正"，应谨慎使用惩罚性赔偿制度。与此同时，厘清法定赔偿所具有的惩罚遏制功能，也有利于避免将法定赔偿作为计算基数应用于方案中的错误倾向，增强知识产权侵权损害赔偿的社会功能，推动实现实质正义是在此基础上提出的，也就是要法官行使自由裁量权的时候，根据法定赔偿制度，在判赔的时候作充分的说理论证，为了满足广大人民群众司法确信。

---

① 孙雅琪. 论知识产权法定赔偿与惩罚性赔偿协调适用路径的完善：基于对双轨制赔偿方案的思考 [J]. 武汉交通职业学院学报，2022，24（4）：60-67.
② 吴汉东. 知识产权惩罚性赔偿的私法基础与司法适用 [J]. 法学评论，2021，39（3）：21-33.